༄༅། །མཉམ་མེད་སྟོང་ཁ་པ་ཆེན་པོས་མཛད་པའི་
བྱང་ཆུབ་ལམ་རིམ་ཆེ་བ་བཞུགས་སོ།།

비할 데 없는 스승 쫑카파 대사께서
지으신 보리도차제광론

보리도차제광론 2

菩提道次第廣論

목차

쫑카파(1357~1419), 작자 미상. 1440~1470년경 중앙티벳에서 제작. 면 위에 불투명수채 및 금 채색. 91.5×75cm. 클리블랜드미술관(미국 오하이오)소장

중심의 쫑카파는 겔룩파 승려의 휘장인 뾰족한 황금 모자를 쓰고 있고, 귀 바로 옆에는 문수보살을 상징하는 검과 책이 있다. 이것은 쫑카파가 지혜의 보살인 문수보살의 화신임을 나타낸다. 쫑카파 입적 이후 불과 수십 년 후에 그려진, 이 비범하고 화려하게 표현된 그림은 겔룩파 승려들이 티벳의 새로운 전성기를 구가했던 16세기 이후 고승들의 초상화의 전형이 되었다. 이 그림에서 쫑카파는 주변의 논사들과 활발한 토론을 벌이는 장면이 묘사되어 있는데, 겔룩파 교학과 수행의 전형이 된 『람림』이 공식화되는 과정을 묘사하고 있다.

역자 서문

2016년 11월, 사단법인의 허가를 얻게 되면서 '나란다불교학술원'이라는 이름에 걸 맞는 첫 역경사업은 나란다의 교학과 수행 법통이 온전히 담겨있는 논서를 번역하는 것이었다. 학술원의 지도위원으로 모신 대풍 로쎌링 사원 출신의 게쎼 툽텐소남 스님께 『보리도차제 광론』을 번역하자고 제안했을 때, 스님은 인도에서 가져 온 짐 가방에서 광론의 해설서로 알려진 『사가합주』 두 권을 꺼내들며 활짝 웃어 보이셨다. 그리고 '이 책을 왜 가져오게 되었는지 이제야 그 이유를 알겠다'고 하셨다. 두껍고 무거워 평소에 가지고 다니지 않는 책 인데도 한국행이 결정되었을 때 스님의 머리 속에 홀연히 『사가합주』가 떠올랐고 무엇인가에 홀린 듯이 짐 가방에 넣었다고 한다. 여담이지만 스님은 정말 무거운 것을 싫어하신다. 여하튼 스님은 그 일로 우리가 광론을 번역하게 된 것을 마치 운명처럼 느끼셨다.

물론 보리도차제론이 티벳 불교사에서 차지하는 위상과 가치는 티벳불교에 관심을 가지고 있는 사람이라면 누구나 쉽게 알 수 있는 것이다. 그도 그럴 것이 달라이라마 존자님의 법문에서 늘 회자되고 법문 주제로 자주 채택되는 것이라서 존자님의 법문을 접한 대부분의 사람들은 그 책이 얼마나 중요한지 잘 알고 있다. 하지만 그것이 아무리 훌륭한 역작이고 티벳 수행자들에게 사랑받는 필독서라 하더라도 우리 한국 불자에게 큰 도움이 되지 않는다면 무슨 소용이 있겠는가.

한 인간의 사고는 시대적 산물이므로 대사의 저술 역시 시대적 고민의 결과로 볼 수 있을 것이다. 그것이 깨달음의 길이라는 보리도의 과정을 해설하는 저술이라고 해도 그 시대를 살아가고 있는 사람들에게 도움이 되고 그 사회가 가지고 있는 문제를 해결하는데 기여하는 방향으로 쓰여질 수밖에 없다. 대사의 해법 속에 고스란히 투영되어 있는 시대상과 문제를 읽으면 그 속에서 지금 우리에게 이 저작이 왜 필요한가에 대한 답을 발견할 수 있다. 이 저술은 당시 티벳 불교사회가 안고 있던 제 문제를 해결하는 데 지대한 영향을 미쳤으며 지금까지 티벳 불교를 지탱하는 힘이 되어 왔다. 스승의 부재, 교리적 오해, 맹목적인 밀음, 가치관의 혼란 등 대사의 시대가 그랬듯이 이 시대에 우리가 직면하고 있는 그와 같은 문제와 당면 과제를 풀어갈 해법을 제시해 줄 것이라 확신한다.

취지와 목적의식이 명확해야 겨우 움직이는 게으른 필자는 『보리도차제광론』, 그것도 900쪽에 달하는 방대한 분량의 작업을 선택하는 데 많은 부분을 고려해야만 했다. 깊은 숙고 끝에 2016년 12월 25일, 티벳력으로 10월 25일 쫑카파 대사의 열반일에 『보리도차제광론』의 번역을 처음 시작하였다. 그러나 번역은 예상했던 것보다 몇 곱절 더 어렵고 고된 작업이었다.

불교원전을 번역하는 모든 번역자가 가지는 어려움은 아마 비슷할 것이다. 원문을 훼손하는 불경不敬을 저지르지 않고, 있는 그대로를 번역해야 한다는 중압감은 직역直譯이라는 방식을 선택하게 한다. 그랬다가 이내 문법과 통사구조, 그리고 문화적 차이에서 오는 상이성이 발생하면 '과연 읽는 사람이 직역한 이 의미를 이해할까?' 하는 회의감에 빠진다. 의미가 통하지 않는 직역은 번역 본래의 목적과 취지가 상실될 수밖에 없다는 사실을 떠올렸다가도 '독자의 이해에 주안점을 두어 매끄럽고 유려한 의역意譯을 선택한다면 원문이 주는 깊이와 미묘함을 놓치고 의미를 한정 지우는 것이 아닌가?' 하는 생각이 들어 슬며시 다시 직역 쪽으로 고개를 돌리게 된다. 그러다가 '직역이란 틀에 갇혀 의미 전달에 걸림돌이 된다면 무슨 소용이 있는가?' 하고 고민의 원점으로 회귀하고 만다.

고민 끝에 내린 결론은 지극히 당연한 답일지 모르겠으나 역자의 입장을 버리고 온전히 읽는 사람의 입장에서 번역하는 것이었다. 그럼에도 불구하고 1권의 번역은 의역에 보수적인 태도를 가지고 가능한 한 직역을 고수하였다. 그 대신 의미를 이해할 수 있도록 풍부한 해설을 달자고 생각했다. 그것은 번역 과정에서 '얼마큼, 어떻게 균형 잡힌 설명을 달 것인가'라는 또 다른 문제에 직면하게 만들었다. 생경한 용어를 일일이 다 설명하자니 백과사전이 될 것 같아 독자의 수준과 어떤 기준에 맞추어 해설을 달 것인지를 정하는 데에도 적지 않은 고민을 해야 했다.

하지만 불행하게도 『보리도차제광론』 1권을 번역하면서 가졌던 이 악몽 같은 고민이 하근기와 중근기 편의 번역에서도 반복되었다. 그러던 중 2019년 나란다불교학술원에서 개최한 대승전법륜대회로 한국을 방문하신 삼동린포체께 이러한 고민을 토로하였다. 티벳어는 물론이고 산스크리트어, 힌디어, 영어에 능통하시고 인도의 철인哲人들이 존경해마지 않는 대석학이신 린포체의 대답은 명료했다. '직역은 불가능하다'였다.

그로써 직역에 대한 나의 고민을 최종적으로, 아니 많이 내려놓게 되었다. 그러나 여전히 직역의 집착을 완벽히 떨쳐내지 못했음을 고백한다. 의역으로 원문이 훼손될지 모른다는 우려도 우려거니와 의역이라는 것은 번역자가 이해하여 옮긴 것이므로 번역자의 주관적 생각이 들어갈 수밖에 없다는 점이, 스스로 용납되지 않았던 것 같다. 역자의 주관이 들어가는 것이 당연하다는 해이함을 버리고 그것을 최소화하려는 노력은 역자가 가져야 할 태도라는 생각 때문에 학술원 지도위원인 게쎄 툽텐소남 스님을 괴롭히고, 많은 티벳의 강백 스님과 여러 어른 스님들을 몹시 번거롭게 해 드렸다.

『보리도차제광론』의 번역은 직역과 의역에 대한 선택뿐만 아니라 원전의 내용에서부터 문맥, 전체의 맥락, 전거典據로 제시된 인용문과 본문과의 연관성을 파악하는 것까지 녹록치 않은 작업이었다. 원문을 직역해 보면 비문非文이 되는 경우가 허다했는데, 원문 자체가 비문인 경우도 많았지만 한국어와 티벳어의 통사구조나 어법 차이에서 오는 문제도 적지 않았다. 이 부분은 특히 직역이라는 틀에 갇히면 도저히 해결이 되지 않는 부분이었다. 막상 우리말로 번역해 놓고 보니 한국어의 표현상 불필요한 조사나 보조사, 지시대명사들도 골치였다. 원전에 인용되어 있는 인도의 경론은 지시대명사의 대향연이다. '저', '그', '이', '무엇' 등등 도대체 무엇을 지시하는지 거의 암호를 해독하는 수준이다. 원문의 의미를 놓치지 않기 위해, 보조사나 지시어 등이 원문에서 어떤 의미와 뉘앙스를 가지는지 그야말로 글자 하나하나를 다 뜯어 해체하는 작업을 하였다. 번역작업을 함께 한 게쎄 툽텐소남 스님은 보조사 하나도 그냥 넘기는 법 없이 까탈스럽게 따지는 필자 때문에 심히 괴로운 시간을 보내셨다. 스님께 심심한 위로와 감사를 표하는 바이다.

인도에 머문 13년 동안 겔룩파의 전통 학제에서 경론과 티벳어를 공부한 것이 번역하는 데 큰 밑거름이 되었지만 심심찮게 등장하는 티벳의 옛 스승들의 지방 사투리나 고어古語 앞에서는 그러한 지식도 속수무책이었다. 방언과 고어를 시작으로 수많은 난제들을 풀어가는 과정은 그야말로 지난한 인욕의 길이었다.

원문의 기본적인 내용은 네 분 대가의 해설을 집대성한 『사가합주』를 근거로 번역하였다. 네 대가들의 해설은 저마다의 특징이 있는데 그 중에 가장 인상적인 것은 잠양 셰빠의 해설이었다. 특히 맥락에 대한 의문이 생길 때마다 잠양 셰빠의 해설을 발견할 수 있었으며 거기에는 어김없이 소제목과 해설이 달려 있었다. 나의 의문을 마치 예상하기라도 한 듯한 그의 해설을 볼 때마다 대가의 예지력에 탄복하였다. 사실 『사가합주』는 보리도차제광론의 가장 유명한 대표적 해설서이지만 대중적으로 읽히는 책은 아니다. 달라이라마 존자님조차 『사가합주』를 보면 되레 더 헷갈린다고 토로하실 정도로 네 분의 설명이 서로 뒤엉켜 있다. 그 속에 얽혀 있던 실타래를 풀어 우리가 원하는 주옥같은 해설을 발견했을 때의 기쁨은 그 무엇과도 바꿀 수 없는 것이었다.

『사가합주』 이외에도 광론의 고어를 해설한 『람림다뙬(lam rim brda bkrol)』, 불교용어를 전문적이고 현대적으로 해설한 『곰데칙죄(sgom sde tsig mzod)』, 불교사와 인물사전인 『둥깔칙죄(dung dkr tsig mzod)』 등이 없었다면 이 책의 번역은 요원한 일이었을 것이다. 이 모두가 티벳의 걸출한 역경사와 논사들의 해설서가 있었기에 가능한 것이었다.

그밖의 의문점들은 다른 여러 관련 서적과 해설서를 비교 대조하여 참고하였다. 관련 문헌과 자료 가운데 가장 도움이 컸던 것은 링린포체의 강설집이었다. 그 강설집은 1981년 세라사원에서 3개월간 링린포체께서 광론의 내용을 한 자 한 자 강설하신 법문의 녹취를 활자로 옮겨 놓은, 3천 쪽에 달하는 방대한 자료이다. 전무후무한 린포체의 강설이 담긴 녹취를 102대 겔룩파 종정을 역임하신 리종린포체께서 사비를 털어 활자로 옮겨 놓으신 것은 뛰어난 선견지명이 아닐 수 없다. 만약 링린포체의 강설 자료가 없었다면 크고 작은 난제들을 해결하기 매우 어려웠을 것이다.

또 어떤 부분은 처음부터 해설이 아예 없거나 혹은 해설서마다 각기 다르게 해석하고 있어 어떤 해석을 채택할 것인지를 선택하는 것도 쉽지 않았다. 그럴 때마다 지도위원인 게쎼 툽텐소남스님을 비롯해 인도, 네팔, 미국, 말레이시아 등 세계 각지에 계시는 여러 게쎼(박사) 스님들과 수차례 문답을 하여 결정하였다. 지금에서야 이야기하지만 때로는 한 줄을 가지고 며칠씩 문답하고 논쟁을 해서 겨우 결정하기도 하고, 때로는 많은 시간을 할애하고도 미제謎題로 남기기도 했다. 그때마다 깊은 실의에 빠졌다가 나오기를 수없이 반복했다.

특히 2019년 가을에 한국을 방문하신 게쎼 예쎼 탑게 스님께 많은 도움을 받았다. 스님은 망명 전 1940년대 티벳 삼대三大 총림에서 경론에 뛰어난 학인으로 가히 천재라는 소리를 듣던 전설적인 인물이다. 보리도차체론의 영역본을 있게 한 장본인이기도 하다. 말로만 듣던 대강백을 모시고 보리도차제론의 여러 의문점을 직접 여쭤볼 수 있는 기회를 가졌던 것은 다시없는 희유한 기회였다. 당시 90세가 넘는 노구를 이끌고 한국을 방문하셨던 스님의 정정하신 모습과 법에 대한 열정에 놀라움을 금치 못했다. 스스로를 성찰하고 많은 생각을 하게 한 계기였다.

그 때 한국에 머물던 3일간 스님을 경주 황룡원에 모시고 끝까지 풀지 못했던 의문들을 모두 모아 밀도 있게 질의하는 시간을 가졌다. 아침 9시부터 질의를 시작하기로 했음에도 스님께서는 30분 전에 먼저 나와 계셨으며, 한 타임마다 3시간 내내 이어지는 질문과 응답, 토론에도 지치는 기색이 전혀 없으셨다. 그분의 열정과 법의 담론에 대한 열의는 도저히 따라갈래야 따라갈 수 없는 위대한 대학자의 풍모 그 이상이었다. 그 이후에도 인도와 미국에 계시는 동안 긴밀하게 연락하며 의문이 있을 때마다 답을 주시곤 하셨다. 늘 후학들을 독려하시고 애정 어린 조언을 아끼지 않으시며 모든 도움을 주시는 스님의 은혜를 어떻게 다 갚을 수 있을까 하는 생각이 든다.

은혜를 입은 스승들이 어디 이뿐이랴. 리종린포체께서는 람림의 역경 불사에 보시금을 보내주신 것부터 링린포체의 강설을 자료로 만들어 주신 덕분에 번역에 실질적인 도움을 받기까지 헤아릴 수 없는 은혜를 입었다. 삼동린포체께서도 학술원에서 주최한 법문에서 받으신 공양금을 역경불사 기금으로 모두 내어 주셨고 어려움이 있을 때마다 길을 밝혀 주는 등불이 되어 주셨다.

이 한 권의 책이 번역되기까지 얼마나 많은 역경사와 선지식, 그리고 스승들을 비롯해 많은 이들의 애정과 헌신이 있었는지를 생각할 때마다 깊은 무게감을 느낀다.

끝으로 이 모든 역경 불사가 가능하도록 물심양면으로 도움을 주시는 나란다불교학술원 이사장 동일 스님과 여러 지원을 아끼지 않으시는 관음사 회주 지현 스님, 이사님들께 감사드린다. 가장 많은 고생을 하신 대풍 로쎌링 게쎼 툽텐소남 스님에게 모든 공을 돌리며, 끝까지 책임을 놓지 않고 귀한 시간을 내어 교정을 봐주신 문정섭 선생님과 공혜조 선생님께도 깊은 감사의 말씀을 전한다. 특히 문정섭 선생님은 남다른 신심으로 책 제작에 큰 후원을 해 주셨고 함께 공부하고 번역하는 과정에도 많은 도움을 주셨다. 아울러 평생 고집스런 딸을 묵묵히 응원해 주시는 부모님께도 감사드린다.

학술원의 모든 활동을 지지하고 깊은 신심으로 후원해 주시는 모든 회원 분들과 이 역서가 나오기까지 크고 작은 도움을 주신 모든 분들께 머리 숙여 깊은 감사의 말씀을 드린다. 이 번역으로 불보살과 스승들 그리고 중생들의 은혜에 조금이나마 보답할 수 있게 되어 무척 기쁘고 다행스럽게 생각한다.

역경불사로 지은 선업善業으로 달라이라마 존자님을 비롯한 나란다 법통의 모든 스승들이 이 땅에 오래 머무시어 부처님의 법이 널리 전해지고 계승되기를 발원 회향하며, 이 책을 접하는 모든 이들에게 쫑카파 대사의 가르침이 잘 전해져서 원하는 바를 이루고 진정한 행복을 얻기를 바란다.

불기 2566년 5월
경주에서
박은정 합장

해제

이 책은 티벳어로 장춥람림첸모(བྱང་ཆུབ་ལམ་རིམ་ཆེན་མོ།)이다. '장춥(보리 菩提, བྱང་ཆུབ་)'은 깨달음이란 의미이며 '람'은 길(도道, ལམ་), '림(차제次第, རིམ་)'은 단계, 순서, 과정 따위를 말한다. 즉 깨달음의 길을 가는 순서 혹은 과정이라는 의미이다. '첸모(ཆེན་མོ།)'는 자세히 해설한다는 뜻을 담고 있어서 한문으로 '보리도차제광론(菩提道次第廣論, 이하 광론)'이라고 한다.

이 책은 불교의 궁극적 목표인 붓다를 이루는 길로 이끄는 안내서이자 지도이다. 이 지도가 가리키는 대로 그 길을 따라 가면 반드시 성불이라는 목적지에 이르게 된다. 사실 부처님의 모든 가르침은 깨달음의 길을 안내하는 거대한 지도이지만 목적지에 따른 안내가 여기저기에 흩어져 있고 또 방대해서 사용할 줄 모르는 여행자에게는 활용하기가 어렵다. 이 책은 깨달음의 길을 가는 여정에서 반드시 어디를 거쳐 가야 하는지, 또 어떻게 가야 하는지를 자세하게 풀어내면서 동시에 하나의 구조로 체계화되어 있어 활용하기 좋은, 매우 훌륭한 지도이다.

'보리도차제(람림)'의 연원은 아티샤(Atiśa: 980-1052) 존자로 거슬러 올라간다. 쫑카파 대사는 『광론』의 예비수습편에서 보리도차제는 근원적으로 미륵보살의 『현관장엄론現觀莊嚴論』의 가르침이며 동시에 아티샤 존자의 『보리도등론菩提道燈論』이라는 원전의 해설이므로 『보리도차제론』의 실질적인 저자는 자신이 아니라 아티샤 존자라고 밝히고 있다. 『광론』의 예비수습편에서 잘 나와 있듯이 아티샤존자는 기울어져가는 티벳 후기 불교의 중흥조로서 국가적 차원에서 왕이 자신의 목숨을 희생해가며 인도에서 모셔온 존귀한 스승이다. 한 나라의 왕이 자신의 목숨을 바쳐가며 정신적 스승을 모셨던 그 간절함은 당시의 시대 상황의 절박함을 짐작케 한다. 당시는 밀교라는 미명 하에 자칭 인도의 아사리(阿闍梨,ācārya), 빤디따(paṇḍita)라고 하는 이들에 의해 사도邪道가 크게 성행하여 무엇이 정법인지 사법인지를 구별하기 힘들었기 때문에 예쎄 외(ye shes 'od) 왕은 이러한 종교적 혼란을 해결하기 위해 인도에서 바른 스승을 모셔 와야 한다는 절박함을 가지고 있었다.

하지만 인도에서 정법과 사법을 가려 줄 뛰어난 스승을 초청하는 일은 쉽지 않았다. 일찍이 예쎼 외 왕은 역경사 린첸상보(rin chen bzang po)를 비롯한 스물 한 명을 인도로 유학을 보내 인재로 키웠으며 티벳에 돌아온 뒤에는 그들이 경론을 번역할 수 있도록 지원하였다. 인도에서 공부를 마치고 돌아온 역경사들에게 정법과 사법을 가려 주고 티벳 땅의 쇠락한 불교를 중흥시킬 수 있는 스승이 누구인지를 묻자 그들 모두 디빰까라 씨리쟈나(Dīpaṃkaraśrījñāna, 아티샤 존자의 본명)라는 분을 모셔야만 가능한 일이라고 입을 모았다.

그들의 말대로 아티샤 존자를 모시기로 결정한 예쎼 외 왕은 인도에 유학했던 스물 한 명의 인재 가운데 한 명인 역경사 갸 쭌뒤 쎙게(rgya brtson 'grus seng ge)에게 많은 금을 주고 여덟 명의 조력자와 함께 인도로 가서 스승을 모셔오도록 하였다. 하지만 아티샤 존자를 모시는 첫 번째 시도는 실패로 돌아갔다.

초청을 위한 시도를 계속하고 실제 스승을 모셔 오는 데까지 많은 재정이 필요했던 탓에 금을 채굴하는 일에 왕이 직접 나서게 되었고 그러던 중에 주변 지역의 이슬람교를 신봉하던 갈록(gar log) 왕에게 볼모로 잡히게 되었다. 그가 불교 국가의 왕이었던 것을 탐탁지 않게 여겼던 갈록은 불교를 버리면 목숨은 살려주겠다고 하며 그를 가두었다. 예쎼 외 왕을 살리기 위해 달려온 손자 장춥 외(byang chub 'od)에게 갈록은 인도에서 스승을 초청하는 것을 포기하고 자신의 지배하에 들어오거나 혹은 예쎼 외 왕의 신체 크기만큼의 금을 받치면 목숨을 살려주겠다고 하였다. 장춥 외는 금을 구해 예쎼 외 왕의 목숨을 구하기로 하고 각고의 노력 끝에 머리를 제외한 신체의 크기에 해당하는 금을 구했지만 갈록 왕은 머리 크기만큼의 금까지 모두 가져 올 것을 요구하며 끝끝내 예쎼 외를 풀어 주지 않았다.

더 이상 금을 구하지 못했던 장춥 외는 예쎼 외를 찾아가 전쟁을 일으켜 무력으로 해결한다면 많은 사상자가 따르는 살생과 악업을 피할 수 없고, 인도에서 스승을 모셔 오는 것을 포기하고 악법을 따르는 왕의 지배하에 들어가느니 차라리 죽음을 선택할 수밖에 없다며 눈물을 흘렸다. 그러자 예쎄 외 왕은 웃으면서 "내가 죽더라도 남은 일을 네가 잘 해낼 수 있겠구나. 법을 위해서 죽는다면 무슨 여한이 있겠는가. 마지막으로 내게 두 가지 소원이 있다. 갈록 왕에게 한 톨의 금도 주지 말고 인도에서 스승을 모셔 오는데 쓰도록 해라. 설사 스승을 모셔 오는 일을 실패하더라도 이 모든 사실을 스승께 고하여 불교를 위해 목숨을 바친 인연으로 내생에는 스승을 실제 뵐 수 있도록 가피하시고 제자로 거두어 주십사 했다고 전해 다오."라고 하며 풀려나기를 포기하고 죽기를 원하였다. 그의 죽음 후 장춥 외 왕이 그 유지를 받들어 많은 우여곡절 끝에 마침내 아티샤라는 뛰어난 스승을 티벳 땅에 모시게 된 것이다.

역사 속에서 불교가 왕권을 강화하기 위한 정치적 도구로써 쓰였다면 티벳의 두 왕은 오직 깊은 신심으로 불교의 위대한 유산을 바르게 계승하려는 애민정신과 보살정신을 보여 주었다. 그와 같은 예쎄 외의 숭고한 희생과 장춥 외의 헌신이 없었다면 오늘날 우리가 이 가르침을 접하는 것은 아마 불가능했을 것이다. 결과적으로 이들 왕이 보여주었던 불법에 대한 진심이 아티샤 존자로 하여금 마지막 여생을 오로지 중생들을 위한 마음으로 전법에 헌신하게 만든 것이다. 아티샤 존자의 전기에서 알 수 있듯이 그는 한 나라의 왕의 아들로 태어나 온갖 향락을 다 누리고 출가하여 위대한 스승으로 추앙받으며 존경과 환대를 받던 사람이었다. 그런 그가 해발 3500미터가 넘는 척박하고 황량한 땅, 유배지나 다름없는 변방에서 여생을 보내려고 결단했다는 것은 보살이 아니고서는 불가능한 일일 것이다.

아티샤라는 인물은 인도 당대의 국가적 인재였기 때문에 티벳 방문도 오직 3년이라는 기한 아래 허락되었으며 3년이 지난 후 인도로부터 귀환을 독촉 받게 되었다. 그의 귀환을 바라는 인도의 수많은 제자들과 대중의 열망이 커지고 귀환 요청이 계속되자 아티샤 존자는 인도 제자들을 위해 모든 가르침의 결정체라 할 수 있는 『보리도등론』을 저술하였고 자신이 인도로 귀환하는 대신 그 책을 인도로 보내었다. 『보리도등론』을 받아 본 인도인들은 아티샤 존자께서 귀환한 것과 다름없다고 크게 만족하였고 존자는 티벳 땅에서 여생을 보낼 수 있게 되었다. 그로써 마침내 법통을 바로 세우고 불교를 중흥하여 대승의 정법을 널리 선양하는 사명을 완수할 수 있었다. 그렇게 하여 부처님의 모든 교설의 핵심이 응축되어 있는 『보리도등론』을 시작으로 티벳 땅에 도차제의 가르침이 뿌리내리고 훗날 제 쫑카파 롭상 닥빠(rje tsong kha pa blo bzang grags pa)에 의해 그 꽃을 피우게 된 것이다.

쫑카파 대사의 생애

쫑카파 대사의 행적은 전생의 인연과 원력에서 비롯된 것이다. 전생에 제석당왕여래帝釋幢王如來(Indraketudhvājaraja) 전에서 미래 악세惡歲에 중관사상과 금강승의 도를 널리 전하겠다고 서원하였으며 그러한 원력으로 1357년 암도지역의 쫑카 마을에 태어났다. 석가모니 부처님의 재세 시에는 바라문의 아들로 태어나 부처님께 수정염주를 공양하며 발심하였는데 부처님께서 미래에 그가 당신의 정견을 바르게 지니고 널리 알리게 될 것이라고 수기하셨다. 쫑카파 대사가 태어나기 전에 최제 된둡 린첸(chos rje don grub: 대사의 첫 번째 스승)은 부모에게 찾아가 이 아이는 특별한 존재이니 태어나면 항상 청결을 유지하여 잘 보살피라고 당부하였다. 3세에 제4대 까르마파 롤빼도르제(rol pai rdo rje)로부터 우바새 계율을 받고 꾼가닝보(kun dga snying po)라는 이름을 받았다. 같은 해에 된둡 린첸은 다시 부모를 찾아가 때가 되었음을 알리고 대사는 사원으로 가게 되었다. 7세에 된둡 린첸으로부터 사미계를 받고 롭상 닥빠(blo bzhang grags pa)라는 이름을 얻었다. 3세에서 16세까지는 은사 곁에 머물며 불교를 수학하였다.

16세가 되었을 때 '더 많은 공부를 하지 않으면 불법과 중생을 널리 이롭게 하지 못할 것 같다.'는 생각이 들어 배움을 위해 위 지역(티벳 중앙지역)으로 떠날 뜻을 스승께 아뢰자 스승께서도 5부 경서 가운데 반야, 중관, 인명(因明: 불교 논리학)이 중요하다고 조언하시며 배움의 길을 허락하셨다. 1373년에 중앙 지역으로 가서 17세부터 36세까지 20년 동안 인도와 티벳 논사들이 지으신 5부 경론을 완전히 배웠다.

쫑카파 대사는 전생에 이미 많은 것을 성취한 대성취자였기 때문에 육신의 스승들뿐 아니라 문수보살께도 직접 가르침을 받았다. 경론에 통달하였기에 36세 때 이미 설법으로 많은 중생을 이롭게 하였지만 악업정화와 복을 짓는 것, 스승과 본존(밀교의 부처님)이 둘이 아님을 관하는 본존관, 경론의 참구라는 이 세 가지에 더욱 매진하라는 문수보살의 말씀에 따라 1392년 여덟 명의 제자를 데리고 올가(A'ol Ga)라는 곳에서 3년간 용맹 정진하였다. 그로써 현교와 밀교의 일체 경론이 진정한 가르침임을 깨치게 되었으며, 그 후 53세까지 밤낮으로 현교와 밀교를 수행하여 마침내 일체의 깨달음을 얻게 되었다. 갤첩 다르마 린첸 (rgyal tshab dar ma rin chen), 캐둡 겔렉 뺄상(mkhas grub dge legs dpal bzang), 제 겐뒨 둡(rje dge dun grub), 둘진 닥빠 갤첸(dul dzin grags pa rgyal mtshan), 잠양 최 제 따시 뺄댄(jam dbyangs chos rje bkra shis dpal ldan) 등과 같은 수많은 뛰어난 제자를 배출하였으며 입적하기 전까지 설법과 논쟁, 저술 활동을 통하여 교학과 수행의 법을 명확히 천명하여 불법을 널리 선양하였다. 1419년, 63세의 나이로 입적하였다. —쫑카파의 뛰어난 전기 『남탈 대베 중옥(rnam thar dad pai 'jug ngogs)』을 통해 자세한 일대기를 알 수 있다.—

쫑카파 대사의 저술

그의 저술 가운데 교학에 관한 수작으로 손꼽히는 대표적 저술을 '따외렉쎄응아(lta ba i legs bshad lnga), 오부선설五部善說'이라고 하는데 용수보살의 『중론中論』 해설서인 『짜

쎄틱첸(rtsa she Tika chen)』, 월칭보살의『입중론』해설서인『죽빼남쎄(jug pai rnam bshad)』, 공쑌의 위빠사나를 설명하는『학통(lhag mthong che chung)』광론과 약론 두 권, 중관과 유식의 사상적 차이와 특징에 대한 책인『당에렉쎄닝보(drang nges legs bshad snying po)』가 그것이다. 수행차제에 관한 대표적인 저술로는『람림』광론, 중론, 약론 세 권과 금강승의 도차제를 밝힌『응아림첸모(sngags rim chen mo)』가 있으며 이밖에도 반야·인명에 관한 저술 등 총 18권이 있다.

『보리도차제론』을 지으신 인연

쫑카파 대사는 1402년 46세에 제쭌 렌다와(rje btsun re mda ba), 역경사 껍촉 뺄상(skyabs mchog dpal bzang)과 함께 라싸 근교의 양바쨉이라는 곳에서 안거를 마치고 라딩의 쇼르양 사원에 머물게 되었다. 그 사원에서 돔뙨빠('brom ston pa)께서 직접 그리신 아티샤의 탱화를 보시고 그 가운데 한 점을 자신의 거처에 모셔 람림 법맥 스승들께 올리는 기도문을 짓게 되었는데 그때 석가모니 부처님부터 스승 남카 갤첸(nam mkha rgyal mtshan)에 이르기까지 모든 법통의 스승을 친견하게 되었다.

그 가운데에서도 아티샤 존자와 그의 제자 돔뙨빠, 뽀또와(po to ba), 쌰라와(sha ra ba) 이 네 분을 한 달 동안 친견하고 직접 법을 들었는데, 마지막에 세 분의 제자가 아티샤 존자의 몸으로 흡수되고 아티샤께서 자신의 손을 쫑카파 대사의 정수리에 대시면서 '정각을 이루는 데 내가 도울 테니 불법을 널리 홍포하라'고 당부하시는 현상을 체험하였다. 이러한 특별한 인연과 당시 게쎄 쌍푸와(gsang phu ba), 꾼켄 술푸바(mkhan chen zul phu ba), 역경사 껍촉 뺄상 세 사람이 도차제의 저술을 강력히 권고하는 시절인연을 맞아 보리도차제론을 저술하게 되었다.

이 때에 문수보살께서 나타나서 "내가 설한 출리심, 보리심, 공사상이라는 세 가지 긴요한 도[삼종요도三種要道]에 포함되지 않은 법이 어디에 있길래 따로 보리도차제론을 짓는 것인가?"라고 물었다. 그러자 대사는 "문수보살께서 설하신 삼종요도에 포함되지 않는 법은 없습니다. 다만 삼종요도를 근본으로 한 아티샤 존자님의『보리도등론』에 세 근기의 도차제와 선대 스승들의 비전을 보충한 것입니다."라고 아뢰고 지품까지의 저술을 마쳤다. 그러나 마지막에 어려운 관품을 짓는 것이 과연 중생들에게 큰 이익이 있을까 하는 회의감이 들었다. 다시 문수보살께서 나타나셔서 말씀하시길 그 이익이 매우 크지는 않겠으나 중간 정도는 되겠다고 하시며 저술을 권하셨다. 그리하여 마침내 불법의 일체 도의 요체를 담아 수행단계를 체계화한『보리도차제광론』의 저술을 완성하게 된 것이다.

『보리도차제광론』의 독보성과 관련 저작

『보리도차제광론』은 쫑카파 대사께서 1402년 46세의 나이에 저술하신 것이다.『보리도차제광론』이 저술되기 전에도『땐림첸모(bstan rim chen mo, 도룽빠 저)』와 같은『보리도등론』의 해설서가 없었던 것은 아니지만 쫑카파 대사의 저술처럼 경론의 전거를 밝히고 논거를 제시함으로써 의문을 해소하고 선대 선지식의 특별한 가르침을 보강하여 자세하고 체계적으로 수행의 원리를 설명한 것은 드물다. 그런 이유로 수행자들에게 가장 많이 읽히는 수행지침서라고 할 수 있다. 좀더 첨언한다면『보리도차제광론』은 까담파의 전통 안에서도 독보적인 저술일 뿐만 아니라 다른 교파의 저술과 비교해 봐도 독보적인 저작이다. 수행체계를 설명하는 다른 여러 저작들은 대부분 하근기나 중근기의 도에 그 설명이 치우쳐 있고 상근기의 지관止觀에 대한 것은 대체로 요약되어 있다. 이에 반해 대사의『보리도차제광론』은 가장 많은 지면을 지관止觀 편에 할애하여 설명하고 있어 지관에 대해『보리도차제광론』

처럼 자세하게 다루는 해설을 다른 곳에서는 좀처럼 찾아볼 수 없다.

『보리도차제광론』 자체가 매우 방대한 해설서이기 때문에 필요에 따라 내용을 요약하여 저술한 것이 『람림딩와(중론)』『람림충와(약론)』이며, 도차제와 관련된 주제 별 가르침을 담은 적지 않은 해설서들이 대사의 제자들에 의해 저술되기도 했다. 도차제에 관한 저작 가운데 대표적인 여덟 권을 '람림티첸게(lam rim khrid chen brgyad)'-『광론』, 『중론』, 『약론』, 『쎄르슈마』(3대 달라이라마 저), 『잠뺄셸룽』(5대 달라이라마 저), 『람림델람』(4대 판첸라마 저), 『뉴르람』(5대 판첸라마 저), 『렉쑹닝쿠』(곰첸 응아왕 닥빠 저)-라고 하고, 『람될락장』(파봉카 저)을 비롯한 열여덟 권을 '람림티쭙게(lam rim khrid bco brgyad)'라고 한다.

『보리도차제론』의 특징과 이익

보리도차제의 가르침에는 세 가지 특징과 네 가지 큰 이익이 있다. 먼저 세 가지 특징은 첫째 현교와 밀교의 핵심을 모두 담고 있다는 점, 둘째 마음을 다스리는 순서를 우선으로 설하고 있기 때문에 실천하기 매우 용이하다는 점, 셋째 용수보살과 무착보살의 교의에 정통한 스승들의 비전秘典으로 보강하였기 때문에 다른 어떤 가르침보다 특별하다는 점이다. 그 밖에도 경론에서 말씀하신 도道와 어긋남이 없는 정도正道를 설하고 그것에 부족함과 과함이 없으며 수행자체에 그 어떤 오류도 없다. 게다가 상근기 중생만이 아니라 하근기, 중근기 등 각 근기의 모든 중생들에게 도움을 주기 때문에 보리도차제는 일체 교설의 문을 여는 열쇠와도 같다.

그와 같은 도차제의 가르침을 온전히 이해하면 또한 다음과 같은 네 가지 큰 이익을 얻을 수 있다. 첫 번째로 부처님의 일체 교설에 모순이 없음을 깨닫게 된다. 이것은 부처님의 말씀이 의미상으로 어떠한 모순도 없다는 것을 뜻하는 것이 아니라 부처님의 일체 교설이 지향하는 바에 모순이 없다는 것을 뜻한다. 이를 깨닫게 되면 부처님 가르침에 우열을 가리거나 소승과 대승을 차별하지 않는다. 두 번째는 도차제의 가르침은 일체 교설을 진정한 가르침으로 받아들이게 된다. 이것은 부처님의 말씀 밖에서 따로 구할 바가 없음을 진정으로 깨닫게 된다는 뜻이자 부처님의 말씀을 실제 수행에서도 적용할 수 있는 안목을 갖게 됨을 뜻한다. 대사는 일체 교설을 진정한 가르침으로 받아들일 줄 모르기 때문에 교법을 많이 배워도 수행하는 법을 모르거나 수행하려는 마음이 생겼을 때 따로 법을 구하게 된다고 하셨다. 세 번째는 부처님의 뜻을 조속히 얻게 되고, 네 번째는 모든 죄업이 저절로 소멸된다.

『보리도차제론』에서 말하는 세 근기의 도

이 책에서는 '꼐부(skyes bu: 사람) 쑴(gsum: 세)'을 세 근기로 번역하였다. 기존의 중국어 번역에서 삼사三士라는 용어를 쓰고 있기 때문에 한국에서 번역된 대부분의 책에서도 그 용어를 그대로 차용하고 있으며 마찬가지로 꼐부 충우(skyes bu chung ngu), 꼐부 딩(skyes bu 'bring), 꼐부 첸보(skyes bu chen po)를 순서대로 하사·중사·상사라고 하고 이를 삼사라고 한다. 사람을 상·중·하로 나누는 것은 결국 그 사람이 가지고 있는 능력, 다시 말해 가르침을 수용할 수 있는 총체적인 역량과 더불어 기질이나 성향, 바람 따위를 잣대로 근기에 따라 나눈 것이다. 따라서 이 책에서는 하사·중사·상사라는 용어 대신 『석량론釋量論』에 근거하여 하근기·중근기·상근기라는 우리에게 좀더 익숙한 용어를 쓰게 되었음을 밝힌다.

근기라는 것은 상대적인 것이기에 어떠한 기준에서 구별되는지를 아는 것이 필요하다. 일반적으로 대부분의 사람들은 하근기에 속한다. 예비수습편에서 대사께서 말씀하셨듯이 하근기에는 주로 현생의 행복을 추구하는 자와 주로 내생의 행복을 추구하는 자 이렇게 두 가지가 있으며, 그 가운데 도차제에서 말하는 하근기는 후자에 해당된다. 도차제에서의 하근기가 주로 내생의 행복을 추구하는 자라면 하근기의 도道에 들어가기 위해서는 내생의 행복을 추구하는 하근기의 마음[意樂]이 필요하다. 어떠한 길을 가기 위해 그 길을 가고자 하는 마음이 없으면 그 길을 가지도, 갈 수도 없기 때문이다.

그렇다면 하근기의 그러한 의요를 어떻게 일으킬 것인가? 누구나 현생의 행복을 추구하지만 현생이 금방 끝나고 곧 내생이 시작된다면 가까운 미래의 행복을 추구하는 것은 당연지사이다. 하지만 현생에 매몰되어 내생이 가까운 미래임을, 곧 닥칠 현실임을 알지 못하기 때문에 그것을 일깨우는 사유와 통찰이 필요하다. 그것이 하근기의 도에서 말하는 죽음의 무상관과 가까운 미래에 겪게 될지도 모를 악도에 대한 고통관이다. 그와 같은 사유를 통하여 내생의 행복을 구하는 하근기의 의요가 생기면 실질적으로 내생의 행복을 이루는 방법이 필요한데 그것이 삼귀의와 인과의 믿음을 바탕으로 한 십선十善의 실천과 악업의 정화이다. 이러한 맥락 속에서 하근기의 도의 구조가 짜여 있다.

중근기의 도道도 이와 마찬가지이다. 중근기는 상대적으로 고통이 적은 선취의 행복을 추구하는 하근기의 목적에 만족하지 않는 자이다. 왜냐하면 선취에 태어나서 누리는 행복은 참된 행복이 아닐뿐더러 잠시 선취의 행복을 누리더라도 그것은 유한해서 다시 악도에 태어나므로 결국 고통이 반복되기 때문이다. 중근기는 하근기가 구하는 선취의 행복조차 괴로움으로 보고 악도와 선취라는 윤회에서 영원히 벗어나 해탈하기를 바라는 자이다.

그러한 바람이 없으면 중근기의 도로 들어갈 수 없으며 중근기의 본래 목적인 해탈을 이룰 수도 없다. 따라서 그러한 중근기의 의요를 일으키기 위해서 고제와 집제를 통해 윤회의 해악과 윤회의 과정을 사유하고 더불어 십이연기로써 윤회의 원인과 결과를 통찰하면 윤회에 대한 환멸과 염증을 느껴 비로소 윤회에서 벗어나 해탈하려는 참된 출리심이 생기게 된다. 그러한 중근기의 의요가 생기면 해탈을 이루는 실질적인 방법이 필요한데 그것이 삼학이다. 하근기와 중근기의 도는 이와 같이 각 근기의 의요를 일으키는 방법과 실질적으로 그 근기가 원하는 목적을 성취하는 방법을 순서대로 설명한다.

대사께서 『광론』에서 수차례 강조하고 있듯이 하근기의 도 없이는 중근기의 도로 나아갈 수 없고, 중근기의 도를 거치지 않으면 상근기의 도로 나아갈 수 없다. 상식적으로 하근기의 도에서 말하는 고통에 대한 통찰 없이 윤회의 고통에 환멸을 느끼는 중근기의 출리심이 어떻게 생길 것이며 선취의 중생들까지 연민하는 상근기의 자비심이 어떻게 생길 수 있겠는가? 이것은 아래 근기의 도란 상위 근기가 반드시 거쳐야 할 과정임을 뜻하는 것이며 동시에 세 가지 근기라는 것은 고정되어 있는 것이 아니라 과정을 통한 노력 여하에 따라 키울 수도, 커지기도 하는 것임을 뜻하는 것이기도 하다. 이와 같이 세 근기의 도에 있어 그 순서와 과정들을 이러한 맥락에서 설명하고 있다는 것을 알게 되면 세 근기의 도의 구조를 파악하고 접근하는 데 용이할 것이다.

마지막으로 보리도차제를 배우는 이들에게 필요한 조언인 것 같아 달라이라마께서 보리도차제의 설법 때마다 늘 빼놓지 않고 하시는 말씀을 소개한다.

"보리도차제론은 반야·중관·인명을 모두 공부한 후에 반야와 중관의 견해가 바탕이 된 상태에서 경론에서 말씀하신 수행 차제를 한 생애에 집중적으로 수행할 수 있도록 그 방법을 체계화한 것이므로 반야와 중관을 알지 못하면 보리도차제를 제대로 이해할 수 없다. 그러므로 보리도차제를 배울 때에는 마치 어머니가 배 속에 아이를 품고 있듯이 반야·중관의 경론과 보리도차제론을 항상 함께 보고 수행하는 것이 필요하다. 보리도차제론의 내용을 제대로 이해하기 위해서는 반야와 중관의 배움이 선행되어야 하지만 만약 그것을 배우지 못한 사람이라면 우선 도차제에 대한 전체적인 구도라도 이해할 수 있어야 한다. 그러한 이해를 돕기 위해 예비수습편을 반복해서 읽되, 특히 도차제의 개괄적인 설명에 해당하는 부분을 정독해보길 바란다."

달라이라마께서 말씀하셨듯이 보리도차제론을 제대로 이해하기 위해서는 반야·중관의 철학적 소양이 전제되어야 한다. 예비수습편은 본격적으로 하근기의 도와 중근기의 도에 들어가기 전에 예비적 수행을 가르치기도 하지만 도차제의 구조에 대한 주된 골자를 요약한 개요이기도 하다. 하지만 그것조차 혼자 책을 읽는 것만으로 모든 내용을 파악하고 이해하는 것은 쉽지 않으므로 가능하다면 보리도차제에 대해 잘 아는 이에게 의지하여 배우는 것이 필요하다.

인도와 티벳에서는 무엇을 배우든 전통적으로 스승에 의지하여 배우는 것이 불문율이다. 누군가에게 의지하지 않고 혼자 배우면 제대로 알기도 어려울 뿐더러 독선에 빠지기 쉬워 반드시 그것을 잘 아는 사람에게 의지하여 배우게 하는 것이다. 더불어 선지식과 도반들과의 법담을 통해 얻는 이익 또한 커서 대중과 함께하는 공부를 중시하며 혼자서 하는 공부를 경계한다. 특히 불교 경론은 그것에 정통한 스승의 지도와 가르침에 의지하는 것이 무엇보다 중요하다. 그러므로 보리도차제의 가르침을 접하는 이들 가운데 진지하게 이 가르침을 배우고자 한다면 이러한 점들을 고려하기를 바란다.

譯者 朴濦涏

※ 일러두기 Ⅰ

1. 이 책은 『장춥람림체와(བྱང་ཆུབ་ལམ་རིམ་ཆེ་བ། byang chub lam rim che ba』 1권 (Ma-nipal Technologies Ltd, 2012) 가운데 하근기와 중근기 도의 온전한 번역이다.

2. 해설의 성격에 따라 각주와 면주에 설명을 달아 주었다. 각주는 괄호가 있는 숫자로 표시되며 주로 단어의 뜻을 풀이한다. 면주는 게송이나 본문 내용에 대한 이해를 돕기 위한 부가적인 설명이다.

3. 설명의 출처는 참고한 해설서의 제목을 약어(일러두기 Ⅱ 참고)로 표시하고, 여러 해설을 종합하여 설명을 단 경우와 보편적이고 대중적인 내용은 일일이 출처를 표시하지 않았다.

4. 인명·지명은 국립국어원의 외래어 표기법의 인명·지명을 원지음에 따르는 것을 원칙으로 하여 우리말로 옮기고 티벳어는 원어와 와일리를 병기하였다.

5. 경론의 한자 이름은 중국어 본 『사가합주四家合註』에 의거하여 표기하였다.

6. 한자 표기와 한글이 일치하지 않는 경우는 직역과 의역 용어를 표시한 것이다. 한자 표기는 원어에 해당하는 전통 한문 용어를 표기한 것이며, 한글은 문맥상 쉽게 이해될 수 있는 용어로 의역한 것이다.

7. 활자가 다른 소제목은 내용의 맥락을 이해하는 데 도움을 주기 위해 해설서에 근거하여 역자가 붙인 것이다. 번호를 달아 과목을 표시한 것은 본문에는 없으나 이 또한 독자가 알아보기 쉽도록 따로 달아 주었다.

8. 원전의 정확한 의미전달을 위해 단어 및 문장을 보충한 경우에 활자의 색을 옅게 하여 구분하였다.

※ 일러두기 Ⅱ

약어	서명 및 저자
ⓒ	བྱང་ཆུབ་ལམ་རིམ་ཆེན་མོའི་མཆན་བཞིsbrags byang chub lam rim chen mo'i mchan bzhisbrags 『사가합주四家合註』네 대가의 해설을 집대성한 책. 대풍 고망도서관 출판사, 2005 དགའ་ལྡན་ཁྲི་ཐོག་དྲུག་པ་བ་སོ་ཆོས་ཀྱི་རྒྱལ་མཚན་གྱི་ཡང་སྲིད་པ་སོ་སོ་དབང་རྒྱལ་མཚན། ། dga' ldan khri thog drug pa ba so chos kyi rgyal mtshan 저자 1. 제 6대 겔룩파 종정, 최끼갤첸의 환생자 하왕최기 갤챈 སྡེ་དྲུག་མཁན་ཆེན་ཁ་རོག་པ་ངག་དབང་རབ་བརྟན། 저자 2. sde drug mkhan chen kha rog pa ngag dbang rab brtan 카록빠 나왕럽땐 ཀུན་མཁྱེན་འཇམ་དབྱངས་བཞད་པ། 저자 3. kun mkhyen 'jam dbyangs bzhad pa 꾼켄 잠양세빠 བྲ་སྟི་དགེ་བཤེས་རིན་ཆེན་དོན་གྲུབ། 저자 4. bra sti dge bshes rin chen don grub 다르띠 게쎄 린첸 된둡
Ⓑ	ལམ་རིམ་བརྡ་བཀྲོལ། lam rim brda bkrol:『람림고어해설서』, 대풍 로쎌링 도서관 출판사 1996년. 저자 འཛམ་དབྱངས་དགའ་བློ། 역경사 잠양가로
Ⓝ	རྣམ་གྲོལ་ལག་བཅངས། rnam grol lag bcangs 『손안에 해탈(남될락장)』 파봉카 린포체께서 설하신 도차제의 요결 법문을 티장린포체가 기록한 것. Jangchup lamrim회에서 출간한 5부 도차제론 중의 제5권. 저자 སྐྱབས་རྗེ་ཕ་བོང་ཁ་པ། skyabs rje pha bong kha pa 파봉카 린포체
Ⓓ	བྱང་ཆུབ་ལམ་རིམ་ཆེན་མོའི་བཀའ་ཁྲིད། 『보리도차제광론 달라이라마 법문집』 1997년 다람살라 남걀사원에서 강설한 『보리도등론』과 『보리도차제론』을 상·중·하 세 권으로 편집한 달라이라마 법문집. Centre for compilation and Editing of His Holiness The 14th Dalai Lama's writing and discourses 2018.
Ⓡ	ལམ་རིམ་ཆེན་མོའི་བཤད་ཁྲིད། 『링린포체 보리도차제광론 강설집』 1981년 티벳 설날에 세라사원에서 2개월간 광론을 자세히 강설하신 법문 자료를 겔룩파 102대 수장 리종린포체께서 문서화한 미 출간 자료.

하근기의 도

앞서 가만暇滿[1]의 조건을 갖춘 인간의 몸을 설명하였다. 어떻게 하면 가만의 몸을 가치 있게 쓸 수 있는가. 가만의 몸을 가치 있게 쓰는 실질적인 방법은 세 가지로, 하근기와 공통되는 도차제[2]로 마음을 닦는 것이고 중근기와 공통되는 도차제로 마음을 닦는 것이며 상근기의 도차제로 마음을 닦는 것이다.

Ⅰ. 하근기의 도로써 마음을 닦는 방법의 실제
    [1] 내생을 구하는 마음 일으키기
    [2] 내생에서의 행복을 이루는 방편

첫 번째(하근기와 공통되는 도차제로 마음 닦기)에는 하근기의 도차제로 마음을 닦는 방법의 실제, 하근기 의요意樂[3]가 일어난 경계, 하근기 도에 대한 사견 버리기를 설한다. 이 세 가지 가운데 첫 번째(하근기의 도차제로 마음을 닦는 방법의 실제)에서는 내생을 구하는 마음[4]을 일으키는 방편과, 내생의 행복을 이루는 방편을 설한다.

    [1] 내생을 구하는 마음 일으키기
    [1]-{1} 죽음을 떠올려 이생이 얼마 남지 않았음을 사유하기
    [1]-{2} 내생에 겪게 될 선취의 행복과 악도의 고통을 사유하기

첫 번째(내생을 구하는 마음 일으키기)에는 두 가지로, 죽음을 떠올려 이생이 얼마 남지 않았음을 사유하고 내생에 겪게 될 선취의 행복과 악도

하근기의 도로써 내생의 행복을 이루려면 내생의 행복을 추구하는 마음이 먼저 필요하다. 따라서 그러한 하근기의 의요를 일으키는 수행이 하근기 도차제에 첫 번째 내용이 된다.

1) 팔유가(八有暇)와 십원만(十圓滿)의 조건을 갖춘 인간의 몸을 줄여 가만의 몸이라 한다.
2) 원문의 께부충우당퇸몽외람기림바(སྐྱེས་བུ་ཆུང་ངུ་དང་ཐུན་མོང་བའི་ལམ་གྱི་རིམ་པ། skyes bu chung ngu dang thun mong ba'i lam gyi rim pa)는 '하근기와 공통되는 도의 과정'이라는 의미이다. 이 말은 도차제가 하근기만을 이끌지 않고 최종적으로 상근기를 이끌기 위한 가르침임을 나타낸다. 단계적으로 '하근기에 해당하는 도'를 닦아 상위 단계로 나아가기 위한 것이므로 '하근기의 도차제(སྐྱེས་བུ་ཆུང་ངུའི་ལམ། skyes bu chung ngu'i lam)'라는 용어를 쓰지 않고 '하근기와 공통되는 도차제'라는 용어를 쓰는 것이다. '중근기의 도차제'라는 말을 쓰지 않는 것도 같은 맥락이다. 그러나 본 서에서 '공통되는'이라는 말을 줄여 하근기의 도, 중근기의 도라 한다.
3) 어떤 목적을 향해 나아가려는 마음으로 여기서는 내생을 구하는 마음을 뜻한다.
4) 이생의 행복에만 집착하는 마음을 버리고 내생의 행복과 뜻을 구하는 것.

의 고통을 사유한다.

{1} 죽음을 떠올려 이생이 얼마 남지 않았음을 사유하기
{1}-〈1〉 죽음의 무상함을 관하지 않는 허물
{1}-〈2〉 죽음의 무상관을 닦는 이익
{1}-〈3〉 가져야 할 죽음의 두려움
{1}-〈4〉 죽음의 무상함을 사유하는 방법

첫 번째에는 네 가지로 죽음의 무상함을 관하지 않는 허물, 무상관[5)
을 닦는 이익, 가져야 할 죽음의 두려움, 죽음의 무상함을 관하는 방
법을 설한다.

{1}-〈1〉 죽음의 무상함을 관하지 않는 허물

죽음의 무상함을 사유하지 않고 상집常執에 머문다면 어떤 해악이 있는
가? 가만의 조건을 갖춘 인간의 몸을 의미 있게 쓰는 데 장애가 되는
네 가지 잘못된 생각[顚倒知見][6) 가운데 무상無常한 것을 항상 존재하는
것으로 여기는 잘못된 생각인 상집常執이 그 첫 번째 '장애의 문'이다.
무상에는 미세 무상[7)과 거친 무상[8)이 있으며 그 중에 죽음의 무상함은
거친 무상이다. 죽음이 무상한 것임에도 죽지 않을 것이라고 생각하는
것이 장애의 문이다.
한편으로 언젠가 죽게 될 것이라는 생각이 모두에게 있으나 매일 같이
'오늘 죽지 않고, 내일도 죽지 않겠지'라고 여기며 죽지 않는 쪽으로 생

---

5) 변화(무상)에 대한 관찰을 말하며 여기서는 죽음이라는 변화에 대한 사유를 말한다.

6) 네 가지 전도지견이란 상락아정(常樂我淨)의 전도지견을 가리킨다. 무상(無常)한 것을 항상
(常)한 것으로 여기는 것, 괴로움(苦)을 즐거움(樂)으로 여기는 것, 무아(無我)를 아(我)로 여기
는 것, 더러운 것(不淨)을 깨끗한 것(淨)으로 여기는 잘못된 생각이다.

7) 미세함은 주로 인식되기 어려운 대상을 뜻하며, 여기에서의 미세 무상은 알기 어려운 찰나
생멸의 미세한 변화를 말한다.

8) 늙음이나 죽음 등 눈으로 확인할 수 있는 거친 변화.

각하는 마음이 죽음의 문턱까지도 계속된다. 이러한 상집을 문제시하지 않고 이것을 다스리는 법[對治法]에 마음을 쓰지 않은 채 계속 상집에 사로잡혀 있으면 현생에 살 생각에만 몰두하게 된다. '그동안 이것도 필요하고 저것도 필요하다'며 오직 이생의 안락함을 이루고 고통을 없애는 수단만을 생각하고 또 생각하게 된다. 따라서 내생이나 해탈, 일체종지 등의 대사大事를 궁리하는 마음이 생기지 않으므로 법을 행하려는 마음이 생길 여지조차 없다.

설사 법을 듣고[聞], 사유[思]하고, 닦는[修] 등의 수행을 하더라도 상집을 가지고 있으면 그 수행은 오직 현생만을 위한 것이 되니 수행을 행한 선善의 힘이 미약하다. 뿐만 아니라 죄행과 더불어 범계犯戒의 악을 행하기 때문에 악도의 원인이 섞이지 않는 경우가 극히 드물다.

혹여 내생을 염두에 두고 법을 수행할 수는 있겠으나 상집이 있으면 '나중에 차츰 해야지' 하며 시기를 미루는 게으름을 버릴 수 없고, 잠과 쓸데없는 이야기와 먹고 마시는 일에 온통 정신이 팔려서 시간을 보내게 되므로 크게 정진하고 여법하게 수행하는 것은 불가능하다.

그처럼 육신과 목숨이 오랫동안 유지될 것이라는 기대에 속게 되면 재물과 명예 따위에 크게 집착하는 마음이 일어나고 이를 방해하거나 방해할 것으로 의심되는 이들을 크게 미워한다. 이러한 상집의 해악을 모르는 어리석음[恥心]과 그로 인한 아만심과 질투 등 거친 근본번뇌와 수번뇌隨煩惱들이 흐르는 강물처럼 끊임없이 이어진다.

뿐만 아니라 신구의身口意의 열 가지 죄행[十惡]9)과 무간죄無間罪, 유사 무간죄,10) 정법을 비방하는 죄 등 악도의 모진 고통을 겪게 만드는 악업의 강력한 업력이 나날이 점점 무거워진다.

---

9) 살생, 투도, 사음, 망어, 악구, 양설, 기어, 탐욕, 진에, 사견.

10) 오역죄에 준하는 무거운 죄를 뜻한다. 아라한과를 이룬 비구니를 범하는 것, 보살을 죽이는 것, 성자를 죽이는 것, 승가의 시물을 훔치는 것, 불탑과 사원을 파괴하는 것이다.

마침내 그러한 악업의 대치법을 설하시는 정법의 감로와 점점 멀어져 선취와 해탈의 명줄이 끊어지며, 죽어서는 악업으로 인해 사납고 거칠며 뜨겁고 험악한 고통이 있는 악도의 세계로 가게 되니 이보다 최악의 상황이 또 어디에 있겠는가. 『사백론四百論』[11]에서도 다음과 같이 말씀하셨다.

> 그의 곁에, 삼계를 거느리는 주인
> 사주하는 자 없이 살육을 자행하는 죽음의 신
> 그가 있음에도 아라한처럼 태평스레 잠든다면
> 이보다 있어선 안 될 일이 또 무엇이 있으리

아라한은 생사를 초월한 자이므로 아직 죽음에서 벗어나지 못한 자가 아라한처럼 태평하다면 그것은 안 될 일이다.

『입행론入行論』[12]에서도 다음과 같이 말씀하셨다.

> 모든 것을 두고 가야함에도
> 내가 그와 같음을 알지 못하여
> 좋아하는 이와 미워하는 이 때문에
> 갖가지 악업을 행하였구나

모든 것을 두고 곧 죽는다는 것을 알지 못하고, 늘 살 것이라는 상집으로 좋아하고, 미워하는 사람들 때문에 무의미한 악업을 행한다.

{1}-〈2〉 죽음의 무상관을 닦는 이익

두 번째 죽음의 무상관을 닦는 이익은 어떠한가? 이를테면 오늘내일로 죽음이 확실시 되면 법을 조금이라도 이해하는 자는 가까운 사람이나 자신의 재물 따위와 더 이상 함께할 수 없다는 것을 알고 그것에 애착하지 않고 베푸는 등의 유의미한 일을 하려는 마음이 자연스레 생긴다. 그와 같이 죽음을 직시하는 바른 마음가짐이 생기면 마치 키질을

---

11) 사백송, 사백론송이라고도 한다. 성천(聖天, Āryadeva)의 저술로 공사상을 설명하는 논서.
12) 적천보살(寂天, Śāntideva)의 저술로 보리심과 보살행에 관한 논서이다.

하여 쭉정이를 골라내듯 '재물과 명예 등 세간사를 위한 일체 노력이란 쓸데없고 스스로를 속이는 일'로 보게 되고, 죄행을 버리게 되며, 귀의와 지계를 비롯한 선업에 지속적이고 열렬하게 정진하게 된다. 따라서 죽음의 무상관은 유의미한 삶을 살게 하므로 곧 죽을 허망한 육신에 참된 가치를 부여하는 것이니 스스로는 청정한 경지에 오르고 더구나 중생들까지 그곳으로 인도한다면 이보다 더 의미 있는 일이 어디 있겠는가. 그런 까닭에 부처님께서도 갖가지 비유로써 이 죽음의 무상관을 찬탄하시는 것이다. 『대열반경大涅槃經』에서 다음과 같이 말씀하셨다.

　모든 밭갈이 중에 가을 밭갈이가 최고이고
　모든 발자국 중에 코끼리 발자국이 최고이듯
　모든 생각[想] 중에도 죽음의 무상한 생각이 최고이니
　이로써 삼계의 애착과 무명, 모든 아만我慢을 없애느니라

그와 마찬가지로 죽음의 무상관은 모든 번뇌와 죄행을 한 번에 부수는 무기이자 일체 지고선至高善을 한 번에 이뤄주는 길로 들어서게 하는 큰 문이라고도 찬탄하신다. 『법구경法句經』에서

　이 육신은 잘 깨지는 질그릇과 같음을 깨닫고
　마찬가지로 제법이 신기루[幻]와 같음을 알아
　마라[魔]의 꽃이라는 무기를 이생에서 꺾어버리는 자
　염라왕이 쳐다볼 수도 없는 곳으로 가게 되네

마라의 꽃은 마왕의 마군이 지닌 무기로 꽃모양을 한 화살이다. 이 화살을 맞으면 삼독이 늘고 여러 가지 화를 불러온다고 한다.
(ⓒ 170쪽)

라고 말씀하셨으며 또 다음[13]과 같이 말씀하셨다.

---

13) 부처님을 키워주신 마하파자파티가 입적하자 부처님께서 "제행은 그와 같은 것이니라."고 하셨다. 그때 우다이(Udayī) 비구는 "부처님을 키워주신 분이 돌아가셨는데 어째서 슬퍼하

굳건한 자란 보살을 뜻
한다. (© 171쪽)

늙음을 보고 또 병의 고통[病苦]과

마음이 분리되는 죽음을 보고 나면

굳건한 자는 감옥과 같은 집을 버리나

세간 범부는 탐욕을 끊을 수 없느니라

요컨대 인간의 뜻을 이룰 기회는 오직 가만의 조건을 갖춘 특별한 인간의 몸을 성취한 이때뿐이다. 우리들 대부분은 악도에 머물렀으며 선취에 아주 잠시 있었으나 그곳은 대체로 여유가 없는 곳[無暇]14)이었기에 그곳에서 법을 이루는 기회를 얻지 못하였다. 한때 수행이 가능한 몸을 잠시 얻기도 했지만 여법하게 성취하지 못했던 것은 결국, 당장 죽지 않을 것이라는 상집이 있었기 때문이다. 따라서 죽지 않을 것이라고 여기는 상집은 모든 쇠락의 문이며 이것을 다스리는 죽음의 무상관은 일체 원만함의 문이다.

그러므로 죽음의 무상관을 심오한 법을 닦지 못하는 자들의 수행이라고 치부하거나 수행할 바이긴 하나 처음에 잠시 할 것이지 계속 수행할 바는 아니라는 생각을 버리고 수행의 처음과 중간과 끝까지 이 무상관이 필요한 이치에 대해 마음속 깊이 확신을 일으켜 이를 닦아야 한다.

{1}-〈3〉 가져야 할 죽음의 두려움

수행자들이 가져야 할 죽음에 관한 두려움은 무엇인지를 보여준다.

세 번째, 죽음에 대해 어떤 두려움을 가져야 하는가. 사랑하는 이들에 대한 강한 집착 때문에 그들과의 이별이 두려워 생기는 죽음의 공포는 도道와 무관한 이들이 죽음에 대해 느끼는 일반적인 두려움의 형태이다. 따라서 여기서는 그러한 두려움을 일으키려는 것은 아니다.

그렇다면 죽음에 대해 어떠한 생각을 가져야 하는 것인가. 업과 번뇌

시지 않으시나이까?"라고 여쭈었고, 그에 대한 답으로 말씀하신 것이 이 게송이다. (© 171쪽)
14) 천상이나 지옥과 같이 법을 행할 여유가 없는 곳을 뜻한다.

로 인해 받은 모든 몸은 결코 죽음을 넘어설 수 없는 까닭에 죽음을 아무리 두려워한들 당장 그 죽음을 막을 수도 없는 노릇이다. 그 대신 다음 생을 위해 악도에 태어날 원인을 막지 못하고 선취와 해탈의 원인을 이루지 못한 채 죽는 것을 두려워해야 한다.

그러한 두려움을 가진다면 자연히 선취와 해탈의 원인을 이루게 되므로 죽음에 직면해서도 죽음을 두려워하지 않을 수 있다. 이를 이루지 못하면 근본적으로 윤회에서 벗어나지 못할 뿐 아니라 특히 악도에 떨어질 것에 대한 두려움으로 죽을 때 후회로 괴롭게 된다. 『본생담本生談』에서 다음과 같이 말씀하셨다.

애써도 머물 수 없고
돌이킬 수 없는 것을
두려워하고 무서워한들
그 무슨 소용 있겠는가

그처럼 세간의 일을 살펴보면
사람들은 악을 행하여 후회하고
선업 또한 제대로 행하지 못하여
내생에 고통이 생길까 불안하며
죽게 될 공포로 앞이 깜깜해지네

내 마음에서 후회될 만한 일
내가 한 것은 전혀 생각나지 않고
선업에 또한 크게 습이 들었으니
법에 머문다면 누가 죽음을 두려워하리

『사백론』에서도 다음과 같이 말씀하셨다.

부처님께서는 한때 '짠드라'라는 이름의 왕자였다. 어느 날 왕자는 사람을 잡아먹는 수다사(sudasa)의 아들에게 잡히게 되었는데 왕자를 잡아 먹으려고 불을 지펴도 그는 전혀 공포에 떨지 않았고 미동조차 없었다. 그것을 의아하게 여긴 수다사의 아들이 죽음을 두렵지 않는 이유를 물었다. 『본생담』 31품의 이 게송은 그 물음에 대한 답이다.

자신이 죽으리라는 생각

그에게 필경 그 생각이 있다면

그로써 두려움이 완전히 사라지리니

염라대왕인들 어찌 두려워하리

그러므로 육신이든 재물이든 곧 그것과 영영 이별할 것이 틀림없다는 생각으로 계속해서 죽음의 무상함을 사유한다면 그것들과 헤어지지 않을 것이라 기대하는 애착이 사라진다. 그로써 그것들과 헤어짐으로 인해 생기는 마음의 괴로움과 죽음의 두려움은 일어나지 않게 된다.

> {1}-〈4〉 죽음의 무상함을 사유하는 방법
>> 〈4〉-1. 첫 번째 근본 사유: 나는 반드시 죽는다
>> 2. 두 번째 근본 사유: 죽음이 언제 찾아올지 알 수 없다
>> 3. 세 번째 근본 사유: 죽을 때는 법 외에 어떤 것도 도움이 되지 않는다

네 번째, 죽음의 무상함을 어떻게 닦을 것인가. 세 가지 근본 사유思惟를 아홉 가지 이유와 세 가지 결의를 통해 닦는다.

> 〈4〉-1. 첫 번째 근본 사유: 나는 반드시 죽는다
>> 1-가. 죽음은 어떤 것으로도 막을 수 없다
>> 1-나. 명은 늘지 않고 끊임없이 줄어가므로 반드시 죽게 된다.
>> 1-다. 살아 있는 동안에도 법을 행할 시간이 없이 죽게 된다.

여기에 세 가지 근본 사유란 나는 반드시 죽는다는 죽음의 필연을 사유하고, 그 또한 정해지지 않아 언제 죽을지 알 수 없음을 사유하며, 죽을 때 법 이외 그 어떤 것도 도움이 되지 않음을 사유하는 것이다.

> 1-가. 죽음은 어떤 것으로도 막을 수 없다

첫 번째(근본 사유-죽음의 필연) 세 가지 가운데 첫 번째는 죽음은 반드시

찾아오며 어떤 것으로도 막을 수 없음을 사유하는 것이다. 어떤 몸으로 생生을 받았든 간에 죽음을 피할 수 없음을 『법구경』의 「무상품無常品」에서 다음과 같이 말씀하셨다.

　　부처님이든 벽지불이든
　　부처님들의 성문 제자까지
　　이 육신을 버려야 한다면
　　범부들은 말해 무엇하리

어떤 장소에 있더라도 죽음을 피할 수 없음을 「무상품」에서 다음과 같이 말씀하셨다.

　　어딘가에 있어 죽음이 닿지 않는
　　그런 장소는 있지 않으니
　　허공에도 없으며 바다 속에도 없네
　　깊은 산 속에 있더라도 아니니라

또 과거나 미래의 어떤 때이든 중생이 죽음으로 무너진다는 점에는 차별이 없음을 「무상품」에서 다음과 같이 말씀하셨다.

　　태어나고 나게 될 그 모든 것
　　모두가 이 몸을 버리고 가니
　　그 모두가 사라짐을 현자는 깨달아
　　법에 머물러 마땅히 청정행[梵行]을 해야 하리

죽음에서 도망쳐서 빠져나올 수 없고 재물이나 권력 등으로 그것을 없앨 수 없음을 『교수승광대왕경敎授勝光大王經』에서 다음과 말씀하셨다.

가령 사방에서, 딱딱하고 틈이 없으며 무너짐과 갈라짐이 없고 부서진 것이 없으며 매우 견고하고 두터운 네 산이 하늘에 닿고 땅을 파헤치며 밀려와 풀과 나무와 가지, 잎, 중생, 목숨을 가진 것을 모두 가루로 만들며 다가온다면 이에 재빠르게 도망가거나 힘으로 물리치거나 재물로 물리치거나 물질과 진언의 위력과 약으로 쉽사리 없앨 수 있는 것이 아니라오.

대왕이여, 그와 같이 이 네 가지 두려움이 찾아오니 그것에서 재빨리 도망가거나 힘으로 물리치거나 재물로 물리치거나 물질과 진언과 약으로 쉽게 물리칠 수 있는 것이 아니라오. 네 가지가 무엇인가 하면 늙음과 병듦과 죽음과 쇠함이라오.

대왕이여, 늙음은 젊음을 부수고서 찾아온다오. 병듦은 건강[無病]을 부수고 찾아온다오. 쇠함이란 일체 원만함을 부수어 찾아온다오. 죽음은 생명을 부수고 찾아오니 이러한 것에서 재빠르게 도망가거나 힘으로 물리치거나 재물로 물리치거나 물질과 진언과 약으로 쉬이 없앨 수 있는 것이 아니라오.

선지식 까마빠(ka ma pa)[15])께서는 "지금이야말로 죽음을 두려워하고 정작 죽을 때는 죽음을 두려워하지 않아야 하거늘, 우리는 반대로 지금 당장은 죽음을 두려워하지 않고 죽음에 임박해서 가슴을 손으로 뜯는구나."라고 말씀하셨다.

1-나. 명은 늘지 않고 끊임없이 줄어가므로 반드시 죽게 된다.

반드시 죽게 되는 이유로 명이 늘지 않고 끊임없이 줄어듦을 사유한다.

15) (1057-1131): 까담파의 선지식으로 아티샤의 직계 제자인 곤바빠의 제자이다.

『입태경入胎經』에서 다음과 같이 말씀하셨다.

　　현재 행복하게 잘 살기 위해 몸을 온전히 보호한다면 그것은 길어도
　　백년 혹은 그보다 조금 더 살 뿐이니라.

그처럼 명은 아무리 길어도 기껏 백년에 지나지 않는다. 설령 백년을
산다고 해도 그 사이 매우 빠르게 생이 다한다. 매해는 달[月]이 가기 때
문에 다하고, 달은 주週가 가서 다하고, 주 또한 밤과 낮이 감으로써 다
한다. 이 또한 오전과 오후 등 시간이 지나서 다하는 것이다. 기본적으
로 생이 짧은 데다 그 안에 이미 많은 명이 다하였고 남은 명은 한 찰
나도 느는 법 없이 밤낮으로 계속 줄고 있기 때문이다. 『입행론』에서
다음과 같이 말씀하셨다.

　　밤낮은 머물러 있지 않아
　　이 생명은 계속 꺼져 가고
　　따로 채워지는 것이 없다면
　　나 같은 이가 어찌 죽지 않으리

이 또한 많은 비유로써 명이 줄어들어 생이 빠르게 끝남을 다음과 같
이 사유한다. 마치 베를 짤 때 한 번에 한 올의 실 밖에 지나가지 않지
만 금세 한 필의 베가 짜이는 것과 같고, 양과 같은 짐승들을 죽이기 위
해 도살장으로 끌고 가면 한 걸음 한 걸음 내디딜 때마다 죽음에 가까
이 다가가는 것과 같으며, 거친 강물의 흐름이나 벼랑 끝에서 물이 떨
어지는 것과 같이 생이 빠르게 끝난다. 몰이꾼이 회초리를 가지고 가
축들을 억지로 우리로 내몰아넣듯이 병듦과 늙음이 꼼짝없이 죽음의
곁으로 이끄는 이치를 다각적으로 사유하여 죽음의 무상관을 닦는다.
『법구경』에서 다음과 같이 말씀하셨다.

예컨대 베에 늘어뜨린 날줄에
씨줄을 하나하나 넣어
어느덧 씨줄로 끝을 맺듯이
사람들의 목숨도 그와 같다네

죽음이 정해진 짐승들이
내딛는 한걸음 한걸음이
도축자의 곁으로 다가가게 하듯
사람들의 목숨 또한 그와 같다네

거칠게 흐르는 강물의 유속을
거스를 수 없듯이
그와 같이 흘러간 인생은
다시 거스를 수 없다네

복락은 얻기 어렵고 누리기 짧으며
그 또한 고통이 함께하고
오직 빠르게 사라지니
물속에 막대기로 그리는 그림과 같네

예컨대 몰이꾼이 회초리로
가축들을 우리로 내몰듯이
그와 같이 늙음[老]이
사람들을 죽음의 곁으로 이끈다네

아티샤 존자께서도 물가에 가셔서 "물이 졸졸 흘러가는 것을 살피면
무상관이 수월하다."고 하시며 쉼 없이 흘러가는 물을 보시며 무상관
을 닦으셨다고 전한다. 『대유희경大遊戲經』에서도 다음과 같이 많은 비

유로써 말씀하셨다.

> 무상한 삼계는 가을의 구름과 같고
> 유정의 생사는 연극을 보는 것과 같으며
> 유정의 수명이 다함은 하늘의 번개와 같아
> 마치 폭포수처럼 빠르게 지나가네

그러므로 "내적 사유를 통해 무상을 조금이라도 이해하는 자에게는 무상함이 드러나지 않는 외부의 현상은 하나도 없다."는 옛 선지식의 말씀처럼 여러 상황에 적용하여 무상함을 사유할 줄 알아야 한다. 무상함을 거듭 반복하여 사유할 때 비로소 무상의 요해了解가 생기는데 조금 사유하다 말면 아무 소용이 없다.

까마빠께서 "생각해도 법에 대한 요해가 생기지 않는다고? 그대가 언제 생각하였는가? 낮에는 마음이 산란하고 밤에는 잠을 자는데, 거짓말 마라."고 말씀하신 대로 법의 요해는 지속적인 사유와 통찰에 의해 생기는 것이다.

나중에 죽을 때쯤 수행하고 지금은 즐겨야 할 때라고 생각하는 어리석음

생의 마지막에 죽음으로 무너져 내생으로 나아가야 함은 물론이거니와 살아 있는 동안에 오가고 머물고, 앉고, 눕고, 그 무엇을 하든 명이 줄지 않는 때는 결코 없으니 어머니의 뱃속에 잉태된 이래로 한 순간도 멈추지 않고 내생을 향해 가고 있는 것이다. 결국 그 동안에 살아 있다고 하더라도 병듦과 늙음의 사자使者에 이끌려 죽음을 향해가는 것일 뿐이다. 때문에 살아 있는 동안에 저세상으로 가지 않고 이 세상에 머물러 있다고 해서 좋아할 일이 아니다. 이를테면 높은 바위산 정상에서 떨어질 때 땅에 닿기 전 공중에 떠 있는 그 찰나의 순간을 좋아

사람의 영웅이란 왕을
뜻한다. (ⓒ 180쪽)

할 수 없는 것과 같다. 『사백송석四百頌釋』[16]에서 인용한 경문에서 다음과 같이 말씀하셨다.

> 사람의 영웅이여, 최초의 밤에
> 모태에 머물게 되는 순간 이생의 시작
> 그로부터 그는 매일같이
> 멈춤 없이 죽음에 다가가네

『파사도론破四倒論』[17]에서도 다음과 같이 말씀하셨다.

> 높은 산꼭대기에서 땅으로 떨어져 죽게 될 적에
> 그 사람이 공중에서 무슨 기쁨을 느끼랴
> 태어나면서 죽음을 향해 항상 달려간다면
> 중생들이 살아 있는 동안 어찌 기쁨을 얻으리

이 게송들은 죽음이 곧 닥쳐올 것이 분명한 일임을 보여준다.

1- 다. 살아 있는 동안에도 법을 행할 시간이 없이 죽게 된다.

살아 있는 동안에도 법을 행할 시간이 없이 죽게 됨을 사유한다. 앞서 말했듯이 길게 백년을 산다고 할지라도 법을 행할 여유가 있다고는 할 수 없다. 이미 많은 시간이 무의미하게 지나갔으며 남은 시간도 반은 잠으로 보내게 된다. 뿐만 아니라 마음을 어지럽히는 일로도 많은 시간을 의미 없이 보내고, 젊은 시절이 지나 노년이 되어서는 심신이 쇠하니 법을 행하고 싶어도 기력이 없기 때문에 결국 법의 기회는 아주

---

16) 월칭보살(月稱, Candrakīrti)의 저술로 성천보살의 『사백론』의 해설서.
17) 마명보살의 저술로 티벳역본은 린첸상보(rin chen bzan bo)가 번역하였다.

조금밖에 없는 셈이다. 『입태경入胎經』에서 다음과 같이 말씀하셨다.

> 그 가운데에서도 절반은 잠으로 소모하느니라. 십년은 유년기이니
> 라. 나머지 이십년은 노년기로써 고뇌와 절규, 고통, 마음의 불행과
> 혼란들이 법의 기회를 끊고, 육신에서 생긴 여러 수백 가지 병이 또
> 한 법의 기회를 끊느니라.

『파사도론』에서 다음과 같이 말씀하셨다.

> 이곳 사람들의 수명은 가장 길어도 백 년 정도이니
> 그 중에 처음은 유년기로, 끝은 노년기로 의미 없이 보내며
> 잠과 병 등으로 그 시간이 없으니 모든 희망이 부서지네
> 안락한 사람 중에 인도人道[18]의 생이 얼마만큼 남았는가

체까와(mchad ka ba)[19]께서도 말씀하시길 "60년 동안 먹고, 마시고,
잠자고, 병들어서 아픈 시간을 제외한다면 실지로 법을 행할 수 있는
시간은 5년도 채 되지 않는다."고 하셨다.

반드시 죽는다는 첫 번째 근본 사유에 따른 결의

그러므로 죽음은 그 어떤 것으로도 막을 수 없고, 수명은 끊임없이
줄어서 반드시 죽게 되며, 살아 있는 동안에도 법을 행할 시간이 없
이 죽게 된다는 이 세 가지 이유를 사유한 끝에 다음과 같이 결의한

---

18) 인간계.

19) (1101-1175): 본명은 예쎼 도르제(ye shes rdo rje). 체까와라는 말은 화장터에 사는 자라는
뜻으로 늘 화장터에서 부정관과 무상관을 닦았다고 전해진다. 일찍이 미라래빠의 제자 래충빠에
게 법을 전수받고 쌰라와를 비롯한 까담파의 많은 선지식에게 법을 배웠다. 삼장에 정통하였으
며 현교와 밀교의 경론 100권 이상을 암송하여 교학에는 물론 수행력도 뛰어나 까담파의 위대
한 선지식으로 여겨진다. 11년간 9백명의 승가 교육에 힘썼으며 75세에 입적하였다. 다비를 치
른 뒤 눈·혀·심장이 타지 않았다고 하는데 그것은 그가 밀교 수행력이 높았다는 것을 보여준다.

다. '이생의 모든 기쁨이란, 하룻밤의 행복한 꿈을 꾸고 깨어난 후에 떠오르는 기억처럼 죽을 때 떠오르는 기억의 대상일 뿐, 죽음이라는 적이 물러서지 않고 반드시 찾아온다면 어째서 이생의 속임수들을 좋아할 것인가. 그보다는 의미 있는 삶을 위해 법을 행하리라.' 이와 같이 결의하고 그 결의를 거듭 가슴 깊이 다진다. 『본생담』에서 다음과 같이 말씀하셨다.

> 오호라, 세상의 불쌍한 자들아
> 보이는 것 허망하니 좋아하지 마라
> 꾸무따[20]의 이 구경거리 또한
> 한낱 기억의 대상이 될 뿐
>
> 유정有情이 이 같은 처지에 있으면서
> 사람들아, 두려움 없는 것이 희한하도다
> 모든 길 죽음으로 막혀 있는데
> 의심 없이 좋아하고 즐겨하는구나
>
> 병듦과 늙음과 죽음의 해로운 적을
> 막을 수 없는 처지에 놓여 있는데
> 두려운 저 세상으로 반드시 가야한다면
> 생각이 있는 자, 그 누가 이를 좋아하리오

『까니까의 편지迦尼迦書』[21]에서 말씀하셨다.

---

20) 꾸무따는 본래 꽃 이름으로 여기에서는 꾸무따가 만발하는 절기를 가리킨다.
21) 마명보살의 저술로 카니슈까(Kaniska) 왕에게 보내는 편지이다. 이 왕은 부처님의 입멸 후 4~5백년 후에 태어나 살육전쟁으로 대제국을 건설하였다. 원래는 조로아스터교를 신봉하여 인과를 믿지 않았다가 마명보살에게 감화 받아 불교에 귀의하였다. 4차 결집의 후원자이며 아쇼카왕과 더불어 정법을 수호하고 불교를 크게 장려한 왕으로 꼽힌다.

무자비한 죽음의 사자는

재주 있는 자를 무고하게 죽이네

죽음의 살인마가 실로 찾아옴을 알고

현명한 자, 그 누가 한가로이 여유를 부릴 것인가

그런 까닭에 참을성 없는 폭군인 그가

벗어날 수 없는 무시무시한 죽음의 화살,

그것을 쏘기 전까지

그때까지 자신을 위한 노력을 하라

이와 같은 말씀처럼 사유할 수 있어야 한다.

〈4〉-2. 두 번째 근본 사유: 죽음이 언제 찾아올지 알 수 없다
　　2-가. 남섬부주 인간의 수명이 정해지지 않음
　　2-나. 죽음의 조건이 많고 삶의 조건이 적음
　　2-다. 몸이 유약하여 언제 죽을지 모르는 일

두 번째, 죽음이 언제 찾아올지 알 수 없음을 사유한다. 오늘부터 백년 안에 죽음이 찾아오는 것은 예정된 일이다. 그러나 그 사이 죽음이 언제 찾아올지 알 수 없으므로 오늘처럼 살지, 죽을지 그 어느 쪽이든 분명 결정된 것은 없다. 하지만 마음으로는 죽는 쪽을 염두에 두어 오늘 죽을지 모른다고 생각해야 한다. 왜냐하면 오늘 죽지 않는다든가 아마 죽지 않을 것이라고 죽지 않는 쪽을 생각한다면 이생에서 살 궁리만 하고 내생을 위한 준비를 하지 않게 되므로 그 사이 어느덧 죽음이 닥치면 결국 괴로워하며 죽어야 하기 때문이다.

하루하루 죽음을 준비한다면 내생을 위한 많은 일을 이루게 되므로 죽지 않더라도 그러한 준비는 유의미한 것이며, 죽는다면 그것은 더욱 필요한 것이다. 이를테면 자신을 크게 해치려는 두려운 적이 있어, 어느

시기에 그가 올 것인지 대략 정해져 있더라도 정확히 어떤 날에 올지 알 수 없다면 매일매일 조심해야 하는 것과 같다.

매일같이 오늘 죽거나 적어도 죽을 수 있다고 생각한다면 내생을 위한 일을 할 것이며 이생의 살 궁리만을 하지는 않는다. 그처럼 죽는다는 생각이 없으면 이생의 사는 것만 보고 오직 그것만을 준비하며 내생을 위한 일 따위는 하지 않는다. 예컨대 한 곳에 오랫동안 산다고 생각하면 그곳에서 살 준비를 계속하고, 그곳에 살 수 없어 다른 곳으로 가야 한다고 생각하면 떠날 준비를 하는 것과 같다. 그러므로 매일 죽을 수 있다는 생각을 가져야 한다.

그처럼 언제 죽음이 찾아올지 알 수 없음을 사유하는 데에 세 가지 이유를 사유한다.

2-가. 정해져 있지 않은 남섬부주 인간의 수명

그 가운데 첫 번째 이유로 남섬부주 인간의 수명이 정해져 있지 않음을 사유한다. 대개 북구로주北俱盧洲의 인간 수명은 정해져 있으며 그 밖의 다른 세계는 각각의 수명이 반드시 정해져 있는 것은 아니지만 대부분 정해진 경우가 많다. 그에 비해 남섬부주의 인간 수명은 전혀 정해진 것이 없다. 왜냐하면 초겁初劫의 인간 수명은 무량수였으나 후에 복과 명이 점점 줄어서 장차는 10년을 긴 수명이라고 해야 할 것이며, 현재 는 노소에 관계없이 누가 죽을지 불확실한 것을 알 수 있기 때문이다. 그처럼 『구사론俱舍論』[22)]에서도 다음과 같이 말씀하셨다.

> 이곳에는 정해져 있지 않아
> 끝은 십 년, 처음은 무량수

사대주 가운데 북구로주의 인간 수명은 천년으로 정해져 있지만 우리가 살고 있는 남섬부주는 수명이 정해져 있지 않아 언제 죽을지 알 수 없다.

『구사론』 주석에 따르면 남섬부주의 인간은 초겁에는 무량수의 오랜 수명을 누렸다가 후에 팔만세에서 백세로 수명이 줄고 늘기를 반복하다 마지막에는 십세까지 줄어든다고 한다.

22) 『아비달마구사론(阿毘達磨俱舍論)』의 약경명. 세친보살(世親, Vasubandhu)의 저술로 불교 교리 전반에 대한 논서.

『법구경』에서

　　오전에 본 많은 사람
　　오후에 보이지 않고
　　오후에 본 많은 사람
　　오전에 또 몇몇은 보이지 않네

라고 하셨고 또 다음과 같이 말씀하셨다.

　　많은 남자와 여자 그리고
　　젊은이마저 죽게 된다면
　　그중에 이 사람이 젊다 하여
　　산다는 보장이 어디에 있는가

　　어떤 이는 뱃속에서 죽게 되고
　　그처럼 어떤 이는 태어난 자리에서
　　그처럼 어떤 이는 기어다닐 쯤에
　　그처럼 어떤 이는 걸음을 뗄 적에 죽게 되네

　　어떤 이는 늙어서, 어떤 이는
　　청년기에 이르러서, 어떤 사람은
　　순서대로 죽어 가네
　　마치 익은 열매가 떨어지듯이

스승과 벗 등 가까운 이들이 제 명을 다하지 못하고 갑작스런 질병이
나 사고로 예기치 못한 죽음을 맞이한 것을 보거나 들을 때 그것을 마
음에 새겨야 한다. 나도 필경 그들처럼 죽게 된다는 것을 거듭 사유하
여 죽음이 바로 자신의 일이라고 생각해야 한다.

죽음의 조건이란 유정 (사람, 귀신, 짐승)의 해침과 질병, 재난과 재해 등과 같은 무정의 해침 그리고 사대요소로 구성되어 있는 육신의 본질적인 문제 따위이다.

언제 죽을지 알 수 없음을 사유할 때, 두 번째 이유로써 죽음의 조건은 많고 삶의 조건이 적음을 사유한다. 이 목숨에는 유정有情과 무정無情의 해코지가 많아서 사람과 귀신[非人]들은 갖가지 해코지를 하며 짐승들이 몸과 목숨을 해치기도 한다. 그들이 어떻게 해코지 하는지를 사유하고 또 안으로는 질병으로, 밖으로는 재앙으로 어떻게 해를 입는지 자세하게 사유한다.

그 뿐만 아니라 사대四大는 우리의 몸을 구성하는 데 필요한 요소이면서도 서로 상충되는 성질이기에 오행의 균형이 깨지고 증감增減이 발생하면 병을 일으키고 목숨을 앗아간다. 결국 이러한 문제는 우리 자신이 태생적으로 가지고 태어난 것이므로 육신과 목숨은 견고하지 못한 것이다. 이와 같음을 『대열반경大涅槃經』에서 다음과 같이 말씀하셨다.

죽음에 대한 생각이란 목숨을 위협하는 많은 적이 에워싼 죽음의 조건 속에서 매순간 수명이 줄어 늘어나는 법이 없다고 생각하는 것이다.

> 죽음에 대한 생각[想]이란, 이 목숨은 항시 많은 원적怨敵에 들러싸여 있고 매 찰나마다 기울어지며 늘어나는 것이 결코 없느니라.

『중관보만론中觀寶鬘論』23)에서도 다음과 같이 말씀하셨다.

> 내 안에 머무는 죽음의 인연[緣]
> 폭풍 속에 있는 등불과 같네

『친우서親友書』24)에서도 다음과 같이 말씀하셨다.

> 목숨이란 위협하는 것이 많아

---

23) 용수보살의 저술로 왕을 비롯한 세속인에게 전하는 불교 신행에 대한 가르침.

24) 용수보살의 저술로 자신의 벗인 낙행왕(樂行王, Surabhibhadra)에게 보내는 편지. 한역은 『용수보살권계왕송(龍樹菩薩勸誡王頌)』이라 한다.

바람에 터지는 물거품보다 허망한데
들이쉰 숨을 다시 내쉬고 잠에서
깨어날 기회가 있다는 건 참 희한한 일

『사백론』에서도 다음과 같이 말씀하셨다.

힘 없는 상태에 있는 모든 사대四大에서
화합이라고 하는 편안함이 생기니
상반되는 요소들을 편안한 것이라고
항상 마음을 놓는 것은 옳지 않다네

지금은 오탁五濁[25]이 가득 찬 시대이므로 장수할 수 있는 큰 선업을 짓는 이가 극히 적다. 이 시대에는 음식을 비롯한 약조차 효능이 적어서 질병을 없애는 효과도 그다지 크지 않다. 소화하여 몸의 사대를 보補하는 힘이 약해졌기 때문에 섭취한 것들이 제대로 소화되기 어려우며 소화가 되더라도 이익이 적다. 게다가 지은 복덕은 적고 죄행은 크기 때문에 장수를 위한 진언수행 등을 하더라도 그 힘이 미약해서 명을 늘이는 것은 대단히 어렵다.

뿐만 아니라 삶의 조건들조차 죽음의 조건이 되지 않는 것이 없다. 죽지 않기 위해 먹고 마시고 집을 마련하며 벗을 구하는데 그러한 것 조차 죽음의 원인이 된다. 말하자면 음식을 지나치게 많이 섭취하거나 지나치게 적게 섭취하고 몸에 맞지 않는 것을 섭취하는 것 등이다.
또 사는 집이 무너지거나 벗의 배신 따위도 죽음의 원인이 된다. 따라서 죽음의 원인이 되지 않는, 온전한 삶의 조건은 없다. 한편으로 사

우리의 몸을 구성하는 사대가 우리에게 해가 될 만한 힘이 없는 상태일 때 그러한 모든 사대를 균형이 잡힌 화합이라고 부른다. 그것에서 잠시 편안함이 생기지만 그것은 실제 서로 상반된 성질을 가지고 있으므로 균형이 깨지기 쉬워 언제든지 병들고 죽을 수 있다. 따라서 그것을 편안한 것이라고 여겨 마음을 놓는 것은 옳지 않다.

악세에는 병을 다스리는 음식이나 약이 무용하고, 수행하여 명을 늘이는 등의 살기 위한 조건을 이루는 것도 어렵다.

---

25) 명탁, 중생탁, 번뇌탁, 견탁, 겁탁.

는 것 자체가 죽기 위해 잠시 머무는 것이기 때문에 살기 위한 조건은 많지만 거기에는 믿고 기댈 만한 것이 없다. 『중관보만론』에서 다음과 같이 말씀하셨다.

> 죽음의 조건은 많고
> 삶의 조건은 적나니
> 그러한 것마저 죽음의 조건
> 고로 항시 법을 행하시오

2- 다. 몸이 유약하여 언제 죽을지 알 수 없음

육신은 매우 나약한 것이므로 언제 죽을지 알 수 없음을 사유한다. 육신은 물거품처럼 매우 나약해서 큰 상해가 없어도 가시에 찔린 작은 상처가 구실이 되어 목숨을 잃게 된다. 그러므로 모든 것이 죽음의 조건이 될 수 있기에 육신은 쉬이 무너지는 것이다. 『친우서』에서 다음과 같이 말씀하셨다.

> 땅과 수미산, 바다는 일곱 개의 태양[26]
> 견고한 물질도 불로 태워져
> 재灰조차 남지 않는다면
> 더없이 나약한 인간은 말해 무엇하리

언제 죽을지 알 수 없다는 두 번째 근본 사유에 따른 결의

이와 같이 사유한 끝에, 죽음이 육신과 목숨을 언제 무너뜨릴지 알 수 없는 까닭에 여유가 있다는 생각을 버리고 '지금 당장에 법을 행하겠다'고 결의한다. 그와 같은 결의를 수없이 다짐한다. 『까니까의 편지』

---

26) 말겁의 불은 일곱 개의 태양이 뜬 정도의 열기로 모든 땅과 바다와 수미산까지도 태운다.

에서 다음과 같이 말씀하셨다.

> 누구와도 벗하지 않는 죽음의 신이
> 갑작스럽게 찾아올 터이니
> '내일 해야지'라고 하지 마시고
> 정법에 매진하소서
>
> 이것은 내일, 오늘은 저것을 하리라고
> 하는 것은 사람에게 좋을 것 없으니
> 어느 날 당신이 사라지는
> 그 내일이 필경 찾아온다네

죽음의 신은 누구와도 벗하지 않으므로 죽음을 눈감아 주지 않는다.

수행에 자재한 자[瑜伽自在] 씨리 자가따 미뜨라 아난따[27]께서도 말씀하셨다.

> 땅의 주인이여, 빌린 육신이
> 병 없이 건강하고 편안한 상태라면
> 그러한 때에 그것을 의미 있게 써서
> 노병사에 두려움 없는 법을 행하시오
>
> 병들고 늙고 쇠약한 때에 정법에 대한
> 생각이 들더라도 그때 어찌 하리오

응당 해야 할 수행은 내일로 미루고 오늘은 다른 것을 하겠다는 생각은 죽음에 직면한 이에게 바람직하지 못한 것이다.

땅의 주인은 왕을 뜻한다. (ⓒ 189쪽)

무상관의 세 가지 근본 사유 가운데 가장 중요한 것은 두 번째 언제 죽을지 모른다는 사실을 사유하는 것이다. 이 사유가 실제 마음에 변화를 일으키므로 이를 사유하는 데 노력해야 한다.

---

27) 80분의 대성취자 가운데 한 분. 게송은 저술 '찬드라 왕에게 보내는 편지'의 일부

죽을 때는 사랑하는 이들도, 재물도, 평생을 함께 한 육신조차도 아무런 도움이 되지 않는다. 죽을 때 오직 법만이 나의 유일한 조력자이고 귀의처라는 것을 사유한다.

전생의 업으로 현생에 주어진 좋은 과보라도 죽으면 그 모든 것을 버려야 하며 새로운 업과 전생의 업연으로 인해 죽음이 다음 생을 이끌게 된다.

죽을 때 나의 사람들과 모든 것을 두고 떠나야 하므로 아무 것도 나를 따라오지 않으며 오직 선업과 악업만이 나를 따른다. 이것을 알고 살아 있을 때 선업을 짓고 법을 행해야 한다.
(ⓓ 상권 579쪽)

〈4〉-3. 세 번째 근본 사유: 죽을 때는 법 외에 어떤 것도 도움이 되지 않는다

세 번째, 죽을 때는 법 이외에 그 어떤 것도 도움이 되지 않음을 세 가지로 사유한다.

그와 같이 저 세상으로 반드시 가게 됨을 알게 되면 다음과 같이 사유한다. '죽을 때 형제나 친구가 아무리 사랑하고 걱정하며 주위를 에워싸고 있어도 단 한 명도 데려갈 수 없고, 보기 좋은 귀한 물건이 아무리 많더라도 티끌조차 가져갈 수 없다. 함께 태어난 육신마저 버려야 한다면 다른 것들은 말해 무엇 하겠는가. 그러므로 이생에 이루었던 모든 것들도 나를 떠나고 나 또한 이것들을 버리고 다음 생으로 가야하는 일이 반드시 찾아온다. 그날이 또한 오늘 찾아올지 모른다. 그때는 법만이 유일한 조력자이자 수호자이며 귀의처이다.' 라고 사유하는 것이다. 『까니까의 편지』에서 다음과 같이 말씀하셨다.

> 전생의 업으로 주어진 이숙과
> 그대 온전히 버리게 되리라
> 새로운 업과 다른 업이 연하여
> 죽음의 신이 내생을 이끈다면
>
> 선업과 악업은 제외하고
> 유정과 일체를 뒤로하니
> 아무것도 그대를 따르지 않음을
> 반드시 아셔서 선을 행하시소서

또한 씨리 자가따 미뜨라께서

> 왕이여, 그대가 아무리 부유할지라도
> 서거逝去하여 다른 세상에 가실 때는

황무지에서 적의 공격을 받는 것처럼
혈혈단신 아들도 없고 왕비도 없나이다

의복조차 없고 조력자도 없으며
왕위도 없고 왕궁도 없나이다
막강한 병력이 무수히 많더라도
보실 수도 들으실 수도 없나이다

유일했던 오랜 벗이
따라 오는 일도 없으리니
요컨대 당신의 이름조차
그때 없다면 다른 것은 말해 무엇 하리까

라고 말씀하신 것과 같다.

앞서 설명하였듯이 가만의 조건을 갖춘 인간의 몸은 매우 귀한 것이며 동시에 얻기 어려운 것이다. 얻기 힘든 반면에 너무 쉽게 무너지고 마는 죽음을 사유하여 내생과 그 이상의 참된 행복을 이룰 수 있어야 한다. 그와 같이 참된 행복을 추구하지 않는다면 살아 있는 동안 안락함을 이루고 고통을 없애는 것에는 일견 인간보다 동물에 더 위대한 면모가 있으니 그러한 동물보다는 나은 행이 필요한 것이다. 그렇지 않다면 축생과 별반 다르지 않기에 선취의 몸을 얻었지만 얻지 못한 것과 같다. 『입행론』에서도 다음과 같이 말씀하셨다.

축생이 이루기에도 무난한
작은 이익, 고작 그것을 위해서
얻기 힘든 가만의 원만한 이 몸을

예비수습편의 설명대로 가만의 조건을 갖춘 인간의 몸이 얼마나 귀하고 얻기 어려운 것인지를 사유하였다면 그러한 몸이 죽음으로 허망하게 무너진다는 죽음의 무상함을 사유해야 한다.

육체적인 안락함을 구하고 고통을 없애는 것은 축생도 추구하는 것이므로 인간의 귀한 몸으로 태어나 축생보다 나은 행을 하지 못한다면 선취의 몸을 얻었어도 얻지 못한 것과 마찬가지이다.

업에 휩쓸린 이들이 파괴한다네

그러므로 죽음에 대한 마음이 좀처럼 생기기 어렵지만 도의 바탕이 되는 것이므로 그 마음이 생길 수 있도록 노력해야 한다.

뽀또와(po to ba)[28])께서 말씀하시길 "나의 낭쎌(snang bsl)[29]은 무상을 닦는 그 자체이다. 가까운 권속과 물건 등 이생의 '낭와(현현顯現: snang-ba)'를 모두 '쎌와(차단遮斷: bsl-ba)'하고 둘이 아닌 혼자 내생으로 지체 없이 가야 한다는 것을 알며, 법이 아닌 것은 그 어떤 것도 하지 않으려는 마음이 있어야 이생에 집착하지 않는 것이 비로소 가능해진다. 이 마음이 생기기 전까지 모든 법의 길은 막혀 있다."고 하셨다.

될빠(dol pa)[30]께서도 말씀하시길 "본수행 이외에 부가적으로 자량資糧을 쌓고 업장을 정화하는 것이 필요하다. 그러한 가운데 불보살과 스승께 기도하며 골수에 사무치도록 사유한다면 백년을 닦아도 생기지 않을 것 같은 것도, 유위법有爲法이란 제자리에 머무르는 법이 없으니 어려운 가운데 그 마음이 생긴다."고 하셨다.

선지식 까마빠에게 제자가 무상관 외의 다른 수행으로 바꾸어 주시길 청하면 이전의 것을 되풀이하며 말씀하시거나, 제자가 다시 나머지 가

죽음의 무상관은 이생의 집착을 벗어나는 길이므로 그러한 무상관이 이루어질 때 참된 법의 길이 열리게 된다.

마음이라는 것도 원인과 조건에 의해 성립되는 유위법이므로 생기지 않을 것 같은 지혜나 대비심도 노력하여 닦으면 생기는 것이다.

선지식 까마빠는 무상관이 얼마나 중요한지를 단호하게 보여준다.

---

28) (1027-1105): 본명은 린첸 쎌(rin chen gsal). 옥 장춥 중네(rngog byang chub 'byung gnas)를 은사로 출가하여 쿠뙨에게 경을 배웠으며 돔뙨빠로부터 모든 비전을 배웠다. 라뎅사원에 오랫동안 주석하면서 『보리도등론』과 까담 6부 경서를 주로 참구하고 설법하였다. '까담 슝빠'라는 새로운 도풍을 일으켜 쌰라와, 랑리 탕빠, 될빠 등 8명의 걸출한 제자를 배출하였다. 저서로는 『베붐응왼보(ནེའུ་འབུམ་སྔོན་པོ། be'u bum sngon po)』와 『뻬최린첸뿡바(དཔེ་ཆོས་རིན་ཆེན་སྤུངས་པ། dpe chos rin chen spungs pa)』가 있다.

29) '낭쎌'이란 말은 본문에서 알 수 있듯이 '낭와(현현: 드러나는 것)'와 '쎌와(차단되는 것)'의 합성어이다. 마음에 인지되는 잘못된 개념이나 상(想)들을 '낭와'라고 하고 그것이 차단되는 것을 '쎌와'라 한다. 일반적으로 '낭쎌'은 실유(實有)의 현현을 차단한다의 의미로 공성의 또 다른 이름이다. 공성을 닦으면 번뇌와 법아집이 사라진다는 달라이라마의 설명(Ⓓ 상권 587쪽)처럼 공성과 관련된 개념이다. 수행과정에서 이러한 낭쎌이 명확하면 얻고자 하는 깨달음에 근접하게 되므로 수행의 상태를 가늠하는 기준이 되기도 해서 누군가가 뽀또와에게 '당신의 낭쎌은 어떠한가'라고 물었던 것이다. 뽀또와의 저 말씀은 그 질문의 대답이다.(Ⓒ 192쪽)

30) (1059-1131): 본명은 쎄럽 갸초(shes rab rgya mtsho). 뽀또와를 스승으로 22년간 모시고 공부하였다. 뽀또와의 가르침을 정리한 어록집을 편찬하였다.

르침을 주시길 청하면, 다음 단계로 나아갈 수 없다고 단호하게 말씀
하셨다고 전한다.

그처럼 죽음에 대한 사유와 통찰이 쉽게 생기는 것은 아니기 때문에 수
용할 마음의 능력이 된다면 앞서 설명한대로 사유하고, 되지 않는다면
세 가지 근본 사유와 관련해 아홉 가지 이유 중에서 마음에 와 닿고 자
신에게 맞는 적합한 내용을 가지고 계속해서 사유한다.

죽음의 무상관을 닦을
때 자신의 지력과 수용
능력에 따라 사유할 수
있어야 한다.

그리하여 마치 처형장에 끌려가는 사람에게는 몸에 걸치고 있는 화
려한 장신구가 아무런 의미가 없듯이 죽음을 앞두고 있다는 생각으
로 무의미한 이생의 일들로부터 마음이 떠날 때까지 계속해서 무상
관을 닦는다.

무상관을 언제까지 닦
아야 하는가 하면 이생
의 부질없는 일들이 사
형수의 장신구처럼 무
의미하게 느껴질 때까
지 닦아야 한다.

하근기의 도에 앞서 설명한 선지식을 섬기는 법과 가만의 몸, 죽음의
무상함에 관한 가르침이 경론 가운데 그 어디에 있든지 간에 그것이
어느 차제에 해당되는 것인지, 또 어떤 수행인지를 알고 수행한다면
부처님의 견해를 조속히 얻게 될 것이다. 그러므로 다른 수행 편에서
도 그와 같이 어떠한 순서와 차제에 해당하는지를 알 수 있어야 한다.

[1]-(2) 내생에 태어나게 될 선취의 행복과 악도의 고통을 사유하기

두 번째, 내생에 태어날 선취의 행복과 악도의 고통을 사유하는 것이
다. 그와 같이 머지않아 죽는 것은 이미 정해진 일이므로 이생에 머
물 시간이 그다지 많지 않다. 죽은 뒤에도 존재가 없어지지 않고 생
을 받아야 하며 그 또한 이취二趣[31] 이외에 태어날 또 다른 곳이 없으
니 선취나 악도에 태어나는 것이다. 더구나 태어날 곳을 선택할 수
있는 자유가 없는 까닭에 선업과 악업이 이끄는 대로 태어나게 된

31) 선취와 악취.

다. 따라서 '만약 내가 악도에 태어나면 과연 어떻게 될 것인가'라는
마음으로 악도의 고통을 사유할 수 있어야 한다. 이를 용수보살께서
다음[32]과 같이 말씀하셨다.

> 지극히 뜨겁고 차가운
> 지옥을 매일같이 떠올리고
> 굶주림과 갈증으로 앙상한
> 아귀들도 기억하라
>
> 우매함의 고통이 너무도 많은
> 짐승들을 보면서 기억하라
> 악도의 원인을 모두 끊고서
> 선취의 원인을 쌓으라
>
> 얻기 어려운 남섬부주 인간의 몸
> 이를 얻었을 때에는
> 악도의 원인에 오직 전념하여
> 모든 사력을 다해서 끊어낼 지어다

윤회에서의 불행과 고난에서 느끼는 고통이 나쁜 것만은 아니다. 스스로 지은 업으로 끊임없이 고통 받는 악도를 사유하면 자신의 처지가 형편 없다는 생각에 아만심과 교만심이 사라지고, 또 나와 같은 처지의 중생들에 공감하여 그들을 연민하고, 그와 같은 고통을 가져오는 악업을 싫어하고 선을 좋아하게 만드는 이로움이 있다.

여기에서는 윤회에서 겪는 보편적 고통, 특히 악도의 고통을 사유하는
것이 매우 중요하다. 말하자면 자신이 고통의 세계[苦海]에 떨어지는 이
치를 사유하면 자신의 처지에 염증을 느껴 아만심과 교만심이 사라지
고, 그 고통이 불선의 과보임을 알게 되어 악행에 대한 큰 거부감이 생
긴다. 또한 고통을 원치 않는 까닭에 행복을 원하는 것이므로 원하는
행복 또한 선의 과보임을 알게 되어 선행을 좋아하게 된다.

---

32) 논서명은 『སྐྱེ་བོ་གསོ་བའི་ཐིགས་པ། skye bo gso ba'i thigs pa』이다. 재가자를 위한 불교 신행
의 가르침을 담은 저술.

나아가 자신의 경험에 비추어 남의 고통을 헤아리면 나와 같은 고통을 겪는 타인에 대해서도 연민심이 일어나고 윤회에 염증을 느껴서 해탈을 구하는 마음이 생긴다. 고통에 대한 생생한 통찰은 고통에 대한 두려움을 일으키므로 그로 인해 깊은 귀의심이 일어난다. 이 밖에도 고통관은 많은 수행의 요체를 광범위하게 담아낸다. 그와 같음을 『입행론』에서

고통 없이는 출리심出離心[33]도 없으리
고로 마음 그대여, 굳건하게 머물지다

라고 하셨고

또한 고통의 이로움은
교만함을 없애고
윤회하는 자를 연민하며
악업을 거부하고 선을 좋아하게 하네

라고 하셨으며

저는 두려움으로 깜짝 놀라
보현보살께 저를 바치나이다

라고 말씀하신 것과 같다. 『입행론』에서 언급한 고통의 이로움은 자신에게 이미 발생한 고통을 전제로 말씀하신 것이 분명하지만 장차 겪게 될 고통도 그와 마찬가지이다.

---

33) 티벳어로 རེས་འབྱུང་གི་བསམ་པ། nges 'byung gi bsam pa 는 윤회의 고통이 싫어 윤회에서 벗어나고자 하는 마음이며 윤회의 고통에 환멸을 느끼는 마음, 염리심(ཡིད་འབྱུང་གི་བསམ་པ། yid 'byung gi bsam pa)과 동의어이다.

{2}-〈1〉 악도의 고통을 사유하기

〈1〉-1. 지옥의 고통

〈1〉-2. 축생의 고통

〈1〉-3. 아귀의 고통

이제 악도의 고통을 어떻게 사유할 것인가. 악도의 고통관은 세 가지로 지옥과 축생 그리고 아귀의 고통을 각각 사유하는 것이다.

〈1〉-1. 지옥의 고통

1-가. 중생대지옥

1-나. 근변지옥

1-다. 한랭지옥

1-라. 독일지옥

이 가운데에 첫 번째(지옥의 고통)에는 중생 대지옥(大地獄)[34] 근변지옥, 한랭지옥, 독일지옥 등 네 가지이다.

1-가. 중생대지옥

첫 번째(중생대지옥)는 여기[35]서부터 삼만 이천 요자나[유순由旬][36] 아래에 등활(等活)지옥이 있고 거기에서부터 사천 요자나 사이사이에 또 다른 일곱 개의 지옥이 있다.

가-1) 등활(等活)지옥

그와 같은 팔대지옥 가운데 첫 번째 등활지옥에서는 중생들이 서로 모이면 업력에 의해 생기는 다양한 무기들이 차례로 생겨나 그 무기로 서로가 서로를 찌르게 된다. 그 뒤 혼절하여 땅에 쓰러지면 허공에서 '너

---

34) 대지옥은 팔열지옥(八熱地獄)을 가리키며 변두리 16곳의 근변지옥을 소지옥이라고 한다.

35) 『사가합주』에 의하면 보드가야를 의미한다. (ⓒ 195쪽)

36) 고대 인도의 이수(里數) 단위.

희들은 다시 살아나라'는 소리가 들리고 그러면 또다시 살아서 일어나 이전처럼 서로를 찌르게 되니 무량한 고통을 겪게 된다.

가-2) 흑승(黑繩)지옥

흑승黑繩지옥에 태어난 중생들은 지옥 옥졸들이 네모나 팔각형 혹은 여러 가지 세분된 다양한 모양으로 몸에 먹줄을 긋고 그 자국대로 무기로 동강내거나 깎이는 고통을 겪는다.

가-3) 중합(衆合)지옥

중합衆合지옥에서는 중생들이 한 곳에 모이면 지옥 옥졸들이 염소 머리 모양의 두 철산 사이로 몰아넣는데, 그 즉시 철산이 합쳐지며 그 때에 두 철산 틈새에서 피가 폭포수처럼 흘러내린다. 마찬가지로 양과 말, 코끼리와 사자, 호랑이 머리 모양의 철산도 합쳐진다. 중생이 다시 모이면 철로 된 큰 기계 안에 넣어 사탕수수를 짜듯이 짓누르고, 또 다시 모이면 위에서 철로 된 큰 바위가 떨어져 철판 위에서 끊기고 찢기며 짓눌려 펴진다. 이 때에도 피가 폭포수처럼 흘러내린다.

가-4) 규환(叫喚)지옥

규환叫喚[37]지옥에서는 중생들이 살 곳을 찾아서 철로 된 집 안으로 들어가게 된다. 들어가자마자 온통 불이 일어나서 활활 태워진다.

가-4) 대규환(大叫喚)지옥

대규환大叫喚[38]지옥은 규환지옥과 비슷하며 차이는 철로 된 집이 두 겹으로 이루어져 있다는 점이다.

---

37) 『구사론』에서는 호규(號叫)지옥이라고도 한다.

38) 『구사론』에서는 대규(大叫)지옥이라고 한다.

초열焦熱[39]지옥이란 지옥 옥졸들이 몇 유순이나 되는, 몹시 뜨겁게 불타는 쇠솥 안에 중생들을 넣어서 익히고 생선처럼 태운다. 벌겋게 달궈진 쇠창을 항문에 찌르면 정수리를 뚫고 나오고 입과 눈·코·귀의 양쪽 구멍과 모든 모공에서 불길이 솟구친다. 불타는 철판 위에 바로 놓거나 엎어 놓고서 뜨겁게 달궈진 쇠망치로 두드리고 편다.

가-6) 대초열(大焦熱)지옥

대초열大焦熱[40]지옥에서는 지옥 옥졸들이 쇠로 된 삼지창을 중생의 항문에 찌르면 삼지창의 오른쪽 끝과 왼쪽 끝은 양어깨를, 중간 끝은 정수리를 뚫고 나온다. 그로 인해 입을 비롯한 구멍에서 불길이 치솟는다. 뜨겁게 달궈진 얇은 철판을 온몸에 감아 펄펄 끓는 염산이 가득한 큰 쇠가마 속에 정수리부터 거꾸로 넣어 끓이면 위로 떠오르다가 아래로 가라앉다가 하며 이리저리 휘휘 흘러다닌다. 그때 가죽과 피와 살이 녹고 뼈만 남게 되면 밖으로 다시 꺼내서 철판 위에 펼친다. 그 뒤 가죽과 살과 피가 다시 생기면 또다시 가마솥에 넣는다. 이 밖에 나머지는 초열지옥과 비하다.

가-7) 무간(無間)지옥의 고통

무간無間[41]지옥에서는 불길이 가득한 수백 요자나에 이르는 대지에 거센 불길이 동쪽에서 밀려오고 그로 인해 중생들의 가죽과 살, 힘줄, 뼈들이 점차로 녹아 골수에 이르게 되어 등불의 심지처럼 온몸이 불길 속에서 타오른다. 다른 세 방향에서도 그처럼 사방에서 불길이 밀려와 합

---

39) 『구사론』에서는 염열(炎熱)지옥이라고 한다.
40) 『구사론』에서는 극열지옥이라고 한다.
41) 아비(阿比)지옥이라고도 한다.

쳐지고 고통을 겪는 간극이 끊이지 않으니 신음하는 소리로써 중생이 있다는 것을 겨우 알 수 있는 정도이다. 또한 철로 된 체망 안에 벌겋게 달궈진 철 덩이들과 함께 이리저리 흔들리게 된다. 철판 위 큰 철산들을 오르내리게 하고, 입에서 혀를 뽑아 백 개의 쇠못을 당겨 박은 뒤 소가죽을 늘이듯이 주름이 생기거나 수축되지 않도록 당긴다. 또 철판에 엎어놓고 쇠 집게로 입을 벌려서 달궈진 쇳덩이를 넣고 끓는 구리물을 입에 부으면 입과 목구멍과 창자들이 녹아서 하반신으로 흘러내린다. 이밖에 나머지는 극열지옥과 같다.

이상의 고통은 대략적인 것이며 이밖에도 다양한 많은 고통들이 있다. 지옥의 거리와 그러한 고통의 양상은 「본지분本地分」[42]에서 말씀하신 대로 적은 것이다.

그렇다면 그러한 지옥의 고통들을 얼마나 오랫동안 겪어야 하는 것인가. 『친우서』에서 다음과 같이 말씀하셨다.

　　그와 같이 견디기 힘든 극한 고통은
　　수십억 년 동안 겪는다 하더라도
　　악업[不善業]이 다하는
　　그때까지 명이 끊어지지 않네

그와 같은 지옥의 고통들은 업력이 다할 때까지 겪어야 한다.
이는 인간들의 50년이 사천왕천의 하루인데 30일을 한 달, 12달을 일 년으로 한 500년[43]이 사천왕천의 수명이다. 이 모든 것(사천왕천의 500년)을 하루로, 이 하루의 30일을 한 달로, 이 한 달의 열두 달을 한 해로

---

42) 무착보살(無着, Asaṅga)이 지은 『유가사지론』 중의 「본지분」을 가리킨다.
43) 인간의 시간으로 9백만 년에 해당한다.

한 500년[44]이 등활지옥의 수명이다. 이와 같이 인간의 100년, 200년, 400년, 800년, 1600년은 순서대로 도리천, 야마천, 도솔천, 화락천, 타화자재천의 하루이다. 수명은 각 천계의 시간으로 천년과 2천년, 4천년, 8천년, 1만6천년까지 가능하다. 그것은 순서대로 흑승지옥에서 초열지옥까지의 하루로 하여 각각의 시간으로 천년에서 1만6천년까지 가능하다. 『구사론』에서는

<blockquote>
인간들의 오십 년은
욕계의 천계 가운데
최하위 세계의 하루
상위 세계는 두 가지 다 배가 되네
</blockquote>

라고 하셨으며 또 다음과 같이

<blockquote>
등활을 비롯한 여섯 세계는 차례로
욕계천의 명(命)과 지옥의 하루가 같네
고로 그러한 세계의 수명은
욕계천 수명의 계산법과 같네
극열은 반 겁이며 무간지옥은
중겁(中劫)이라네
</blockquote>

라고 말씀하셨는데 「본지분」에도 이와 동일하게 말씀하셨다.

1-나. 근변지옥

근변지옥(近邊地獄)[45]이란 그 여덟 지옥마다 각각 사방에 벽과 문이 있고

욕계천 중에서 가장 아래 세계는 사왕천이며 이곳의 하루는 인간의 오십 년이다. 상위 세계로 갈수록 하루의 시간과 수명이 두 배씩 늘어난다.

육욕천 각 천계의 시간에 따른 수명은 팔열 지옥의 가운데 대초열지옥과 무간지옥을 제외한 여섯 지옥의 하루가 된다. 사천왕천의 시간으로 5백년은 그들의 수명이며 그것은 등활지옥의 하루이고 마찬가지로 도리천의 수명 천년은 흑승지옥의 하루가 된다. 야마천의 수명 2천년은 중합지옥의 하루이고, 도솔천의 수명 4천년은 규환지옥의 하루이며, 화락천의 수명 8천년은 대규환지옥의 하루이고, 타화자재천 수명 1만6천년은 초열지옥의 하루이다.

---

44) 인간의 시간으로 1조 6천 2백억 년에 해당한다.

45) 『구사론』에서는 증(增)지옥이라 한다.

그 각각의 지옥 바깥에는 철로 된 성곽이 에워싸고 있으며 그 성곽에
도 문이 네 개씩 있다. 그 문마다 각각 네 가지 중생 지옥이 있는데 벌
건 숯이 가득한 불구덩이와 시체 썩는 악취가 진동하고 오물로 가득 찬
늪 지옥[糞尿地獄], 그리고 날카로운 칼날이 서 있는 길 등이 있는 지옥,
건널 수 없는 강이 있는 지옥이다.

이 가운데 첫 번째, 불구덩이는 무릎까지 오며 중생들이 살 곳을 찾기
위해 발을 옮기면 발을 디딜 때마다 가죽과 피와 살이 모두 없어지고
발을 들어 올릴 때마다 그것이 다시 생겨난다.

『구사론』에서는 당외증
(塘煨增)이라 하고 구
역에서는 열회원(熱灰
園)이라 한다.

두 번째, 불구덩이 가까이에는 시체 썩는 악취의 오물 늪이 있는데 살
곳을 찾아 건너온 중생들이 여기에 빠지고 목까지 잠기게 된다. 이 늪
에는 주둥이가 뾰족한 벌레[양구다攘鳩多]들이 있어서 그 벌레가 피부와
살 그리고 힘줄과 뼈들의 구멍을 뚫고 골수까지 파고든다.

『구사론』에서는 시분증
(屍糞增)이라 하고 구역
에서는 사시원(死屍園)
이라 한다.

세 번째 이 늪과 인접한 곳에 날카로운 칼날이 빽빽한 길이 있다. 살 곳
을 찾는 중생들이 그곳으로 가서 발을 디디면 가죽과 피와 살이 잘리
고, 발을 들면 살이 다시 생긴다. 이곳과 인접한 곳에 칼잎으로 된 나
무 숲[검엽림劍葉林]이 있다. 살 곳을 찾는 중생들이 그곳으로 가서 숲의
그늘에 의지하여 앉으면 나무에서 칼이 떨어져 그 칼들이 몸의 사지와
마디를 찌르고 자른다. 중생들이 그곳에서 쓰러지면 검붉은 개들이 와
서 등가죽을 벗기고 살을 뜯어 먹는다. 이곳과 인접한 곳에 철창 나무
숲[철자림鐵刺林]이 있다. 살 곳을 찾는 그 중생들이 여기로 와서 나무에
기어오르는데 오를 때는 가시와 창들이 아래로 향하고 내려올 때는 위
로 향해서 그 창들이 사지와 마디를 찌르고 자른다. 거기에는 철 부리
를 가진 까마귀[철취오鐵嘴鳥]가 있어 어깨나 머리에 내려앉아 눈알을 빼
먹는다. 이 지옥들은 무기로 인해 고통을 받는 것이 같기 때문에 하나

『구사론』에서는 봉인증
(鋒刃增)이라 하고 구역
에서는 열화원(刃路園)
이라 한다.

『구사론』에서는 열하증(熱河增)이라 하고 구역에서는 열강원(熱江園)이라 한다.

로 설명한 것이다.

네 번째, 철자림 인근에는 펄펄 끓는 염산이 가득 찬 '건널 수 없는 강'이라 불리는 곳이 있다. 살 곳을 찾는 중생들이 여기에 빠지면 위아래로 떠올랐다가 가라앉으며 삶기는데, 그것이 마치 쇳물로 채워진 펄펄 끓는 큰 가마에 콩 따위를 넣어 삶는 것과 같다. 그 양쪽 강변에는 손에 몽둥이와 갈고리, 그물들을 가지고 있는 지옥 옥졸이 있다. 그들은 중생이 밖으로 나오지 못하도록 지키고 있다가 다시금 중생을 갈고리나 그물로 강 밖으로 꺼내 달궈진 철판에 눕히고 무엇을 바라느냐고 묻는다. 중생들이 "나는 아무것도 모르겠고 아무것도 보이지 않는다. 그런데 배가 고프고 목이 마르다."라고 대답하면 달궈진 쇠구슬을 입에 넣고 끓는 쇳물을 붓는다.

이 부분 역시 「본지분」에 나와 있는 대로 설명하였다. 「본지분」에는 근변지옥과 독일지옥 두 곳의 수명은 정해진 바가 없다고 하지만 그와 같은 고통을 받아야 하는 업력이 다할 때까지 그곳에서 오랫동안 고통을 겪게 되는 것이다.

1-다. 한랭지옥

팔한지옥의 이름은 ①알부타 ②니랄부타 ③알찰타 ④확확파 ⑤호호파 ⑥올발라 ⑦발특마 ⑧마하발특마로서, 이같은 명칭은 추위로 인한 신체 변화와 추위에 괴로워 하는 중생의 입에서 터져 나오는 신음 소리의 변화에 따라 붙인 것이다.

팔한八寒지옥은 팔열八熱지옥에서 직선거리로 일만 유순의 건너편에 있다. 이곳(보드가야)에서 3만2천 유순 아래에 알부타頞部陀[46]지옥이 있으며 거기에서 2만 유순 사이사이에 나머지 일곱 지옥이 있다. 이 알부타 지옥은 매서운 칼바람이 불어서 온몸에 물집이 생길 정도이며 추워서 몸을 움츠리게 된다. 니랄부타尼剌部陀[47]의 특성은 추위로 생긴 물집

---

46) 추위로 수포가 생기는 곳이라는 뜻이다.
47) 추위로 생긴 수포가 터지는 곳이라는 의미이다.

이 터져서 몸을 움츠리는 것이다. 알찰타頞哳吒⁴⁸⁾와 확확파臛臛婆,⁴⁹⁾호호파虎虎婆⁵⁰⁾는 추위로 터져 나오는 소리에서 유래한 명칭이다. 올발라嗢鉢羅는 몸이 푸른색이고, 다섯 혹은 여섯 갈래로 갈라진다. 발특마鉢特摩의 특징은 푸른색을 넘어서 붉게 변하고 몸이 열 갈래 혹은 그 이상으로 갈라진다. 마하발특마摩訶鉢特摩지옥의 특징은 피부가 아주 검붉게 변하여서 백 갈래 혹은 그 이상으로 갈라진다.

이러한 한랭지옥의 순서와 거리, 고통들은 「본지분」에 나와 있는 대로이다.

「본지분」에 의하면 팔열지옥 순서대로 일만 유순을 지난 직선 거리에 팔한지옥이 각기 위치한다. 예를 들면 등활지옥에서 일만 유순을 지나면 팔한지옥의 알부타 지옥이 있는 것과 같다. 팔열지옥과 팔한지옥은 그 크기나 면적도 같다고 한다.

이와 달리 『본생담』에서는

없다는 견해[단견斷見]⁵¹⁾로 다음 세세생생에
머물게 될 그 곳은 암흑과 매서운 바람이 분다네
그 단견이 뼈까지 부서지는 병을 불러온다면
자신이 이롭기를 바라는 자, 그 누가 그곳에 들어가리

『본생담』 20품에서 한랭지옥은 춥고 어두운 곳으로 묘사된다.

라고 암흑 속에 머문다고도 말씀하셨다. 『제자서弟子書』⁵²⁾에서는 또 다음과 같이 말씀하셨다.

비할 수 없는 찰바람이 뼛속까지 파고들어
몸이 꽁꽁 얼고 떨며 움츠리게 되는 곳

---

48) 추위로 윗니와 아랫니가 서로 부딪히며 나는 소리로 이가 덜덜 떨리는 곳이라는 의미이다.

49) 추위로 나는 신음 소리로 그와 같이 신음소리가 나는 곳이라는 의미이다.

50) 확확파의 추위보다 더한 추위의 고통으로 나는 신음 소리로 그러한 신음소리가 터져나오는 곳임을 뜻한다.

51) 여기서는 인과와 내생·후생이 없다고 여기는 단견을 말한다.

52) 재가자이지만 교학과 수행의 덕이 높아 나란다에서 법을 설했다고 전해지는 짠드라 고미(Candragomi)가 지은 논서이다. 자신의 제자에게 보내는 편지라는 이름의 논서.

수백 개의 물집이 생기고 터지면서 생겨난 미물들이
물고 뜯어 기름과 진물, 골수가 뚝뚝 떨어지네

이가 떨리고 머리털과 모든 털이 곤두서 처참하고
눈과 귀와 목구멍이 괴로움으로 계속 시달리며
몸과 마음까지 지극히 지치고 혼미하니
한랭지옥에 머물며 신음으로 절규하네

그러면 얼마나 오랫동안 그러한 고통을 겪어야 하는가 하면 나쁜 업
이 다할 때까지이다. 게다가 「본지분」에서는 한랭지옥에 태어나는 중
생의 수명은 팔열지옥에 태어나는 중생들의 수명보다 한 배 반이 더 길
다는 것을 알아야 한다고 하셨다. 『구사석론俱舍釋論』[53]에는 경문을 인
용하여 다음과 같이

"비구들이여 예컨대 여기 여든[八十] 말[斗]이 담기는 마가다국의 독
을 깨로 수북이 채우고, 그런 다음 어떤 이가 백년마다 깨 한 톨씩
꺼낸다고 한다면 비구들이여, 점차로 마가다국 깻독의 여든 말의 깨
가 남김없이 모두 사라지는 것이 오히려 빠르니라. 알발타에 태어나
는 중생들의 최대 수명을 내가 말하지 않느니라. 비구들이여, 알발
타의 스무 배 만큼이 니랄부타의 한 생이니라."라는 대목부터 수명
을 언급하고 있으며 또 더 자세하게는 "비구들이여, 발특마의 스무
배만큼이 대발특마의 한 생이니라."라고 말씀하셨다.

라고 하셨으므로 그만큼의 시간동안 지옥의 고통을 겪는 것이다.

부처님께서 한랭지옥의 수명을 수로써 말씀하시지 않는 것은 우리가 알고 있는 수의 개념으로 표현할 수 없다는 의미이다. 따라서 비유로써 그 수명을 설명하신다.

---

53) 세친보살이 본인의 저술인 『구사론』에 대해 본인이 주석한 것.

1-라. 독일(獨一)지옥

독일지옥獨一地獄[54]은 팔열지옥과 팔한지옥의 근처에 있다고 한다.「본지분」에 의하면 인간 세계에도 있다 하였고『사분율』에서는 바닷가와 그 인근에 있다고도 하였는데『승호인연僧護因緣』[55]에 나오는 대로이다.『구사석론』에서도 다음과 같이 말씀하셨다.

> 그러한 중생의 열여섯 지옥들은 모든 중생의 공업共業[56]으로 실제 형성된 것들이다. 고孤지옥들은 다수 혹은 한두 명의 별업別業들에 의해 이루어진 것이므로 그러한 개별적인 모습이 다양한 형태로 존재하는 것이다. 장소는 딱히 정해진 바가 없는데 강과 산과 들 그리고 지하에도 존재하기 때문이다.

뒤에서 설명하겠지만 그러한 곳에 태어나는 원인(악업)은 당장이라도 생길 수 있는 것이고, 매일같이 무수히 짓고 있는 것이며, 이미 지은 것 또한 한량이 없다. 때문에 태평하게 있어서는 안 된다. 도리어 그러한 것을 생각하여 두려워해야 하는 것이다. 왜냐하면 그러한 지옥과 나 사이는 들이고 내쉬는 숨만큼의 간극 밖에 없기 때문이다. 이처럼『입행론』에서 다음과 같이 말씀하셨다.

> 지옥의 업을 행하고서
> 어찌 그리 태평히 지내는가

『친우서』에서도 다음과 같이 말씀하셨다.

---

54)『구사론』에서는 '고(孤)지옥', 『유가사지론』에서는 '고독(孤獨)지옥'이라 한다.

55) 율장의 인연분에 나오는 승호 스님의 이야기를 말한다. 그가 바닷가를 거닐다가 기둥, 벽, 나무와 같은 모양의 중생을 보았는데 그것이 인간 세계에 있는 독일지옥 중생이다.

56) 다수의 중생들이 공통적으로 지은 업을 말한다.

악업으로 점철된 자, 호흡이 멈추는
순간, 삶이 끝어질 자들이 지옥의
헤아릴 수 없는 고통을 듣고도 결코
두려워하지 않는 자, 금강석과 같네

지옥의 그림을 보거나 듣거나
생각하고 읽거나 모형에조차
두려움을 일으킨다면 실제 흉폭한
이숙과를 겪는 것은 말해 무엇하리

윤회의 고통 가운데 악도의 고통은 견디기 힘들고 그 중에서도 지옥의
고통은 더 더욱 견딜 수 없는 것이다. 가령 하루에 삼백 자루의 날카로
운 창이 끊임없이 꽂히는 고통을 겪는다고 가정한다면 그것은 지옥에
서의 경미한 고통에 비할 수 없는 정도가 아니라 그 일부분에도 비할
수가 없기 때문이다. 지옥 중에서도 무간지옥의 고통이 가장 크다 할
수 있는데 『친우서』에서 다음과 같이 말씀하셨다.

모든 행복 중에 해탈이
최상의 행복이듯
그처럼 모든 고통 중에
무간지옥의 고통이 가장 모질다네

이곳의 하루 삼백 자루의 단창短槍
그것에 난폭하게 찔리는 고통
그것은 지옥의 작은 고통에조차도 혹은
일부에도 미치지 못하며 견줄 수도 없네

이러한 고통을 일으키는 원인은 자신의 신구의 삼문三門으로 짓는 죄행이라는 것을 알아야 한다. 아무리 작은 죄라도 그것을 짓지 않기 위하여 전력을 다해 인간이 할 수 있는 모든 노력을 기울여야 한다. 『친우서』에서 다음과 같이 말씀하셨다.

> 이 불선의 과보들의 종자는
> 신구의身口意의 죄행이니 그대는
> 그것이 티끌만큼조차 없도록
> 그처럼 자신의 노력을 다하시오

〈1〉-2. 축생의 고통

다음은 축생의 고통을 사유한다. 축생의 고통이란 작은 동물들은 힘센 것들에게 죽임을 당하고 천신과 인간의 제물이 되어 어쩔 도리 없이 남의 손에 죽거나 매맞거나 해를 당하는 것이다. 「본지분」에서 축생은 천신이나 인간과 함께 지내기 때문에 별도의 장소가 없다고 하였다. 그러나 『구사석론』에서는 다음과 같이

> 축생이란 땅과 물과 공중을 누비는 것들이다. 그러한 축생의 근원지는 큰 바다이며 다른 것은 거기에서 파생된 것들이다.

라고 하셨으며 『친우서』에서도 다음과 같이 말씀하셨다.

> 축생이란 태어난 자리에서도 죽게 되며
> 가두고 때리는 등 갖가지 고통
> 적멸의 선善을 끊은 자들에게 있어
> 한 놈이 한 놈을 잡아먹는 냉혹한 곳

어떤 것들은 진주와 양모와 뼈 그리고

고기와 가죽을 위해서 죽게 되네

굴레를 씌워 남이 발길질하며 손이나

채찍과 갈고리, 회초리로 때리고 부리네

여기에 첫 번째 게송은 축생의 보편적인 고통을, 두 번째 게송은 특수한 고통을 보여준다. 첫 번째 게송의 '때리는 등'에서 '등'이란 일을 시키고 코를 뚫어 코뚜레를 꿰는 것 등을 포함하며 이는 사람과 귀신[非人]들이 죽이고 해하는 경우를 설명한 것이다.

'한 놈이 한 놈을 잡아먹는'다는 대목은 동류 축생의 해침을 말한다. '적멸의 선'이란 열반을 얻게 하는 선이다. '이를 끊은 것'이란 매우 우매하여 도의 그릇이 될 수 없음을 보여주는 것이다.

발길질을 하여 부리는 것에서 회초리로 부리는 것까지 다섯 가지 방식으로 부리는 축생은 순서대로 말과 물소, 당나귀, 코끼리, 소 등이다. 이러한 고통은 『친우서』의 주석서에서 언급된 것과 같다. 이뿐 아니라 암흑이나 물에서 태어나고 그곳에서 늙어 죽기도 한다. 무거운 짐에 지치고 밭을 갈며, 털이 뽑히거나 내몰리기도 한다. 죽임을 당하는 방식도 여러 가지로 다양하여 처참하게 죽임을 당하거나 굶주림과 목마름, 더위, 추위에 시달리고, 사냥꾼에게 갖가지 형태로 해침을 당한다. 언제나 이러한 두려움 속에 떨어야만 하는 축생들의 고통스러운 모습을 생각하여 축생의 생을 싫어하는 염리심을 내어야 한다.

축생의 수명은 『구사론』에서 '축생들은 가장 길게는 일겁一劫'이라고 하여 수명이 긴 축생은 일 겁 정도를 살지만 수명이 짧은 것은 정해진 바가 없다고 한다.

〈1〉-3. 아귀의 고통

아귀의 고통을 사유한다. 지독히 인색한 자들이 아귀로 태어나며 이들에게도 축생처럼 굶주림과 갈증의 고통이 있다. 모습은 피골이 상접하여 불탄 나무토막 같고 얼굴은 풀어헤친 머리로 가려져 있으며 입술은 메말라서 혀로 핥는다.

3-가. 먹거리의 외적 장애

이러한 아귀에는 세 종류가 있다. 그 가운데 음식을 먹고 마시는 데 외적 장애가 있는 아귀들이 물을 마시려고 샘이나 호수, 연못으로 달려가면 거기에 칼과 길고 짧은 창을 가진 중생들이 있어 샘이나 호수 등지에서 밖으로 쫓겨내고 그 물마저 피고름으로 보여 마실 수 없게 된다.

3-나. 먹거리의 내적 장애

음식을 먹고 마시는 데 내적 장애가 있는 아귀는 입이 바늘구멍만큼 좁거나, 입에서 불이 나오고 혹부리가 있으며, 배가 남산같이 커서 다른 이가 먹고 마시는 것을 방해하지는 않지만 음식을 얻더라도 스스로 먹고 마실 수가 없다.

3-다. 먹거리 자체의 장애

음식에 장애가 있는 '맹염만猛焰鬘'이라는 아귀는 먹고 마시는 모든 것이 불타서 없어지며, '식분예食糞穢'라는 아귀는 똥오줌을 먹고 마시는데, 더럽고 구역질나고 악취가 나는 것 혹은 해로운 것이나 오물만을 먹고 마실 수 있다. 어떤 아귀는 자신의 살을 잘라서 먹어야 해서 깨끗하거나 좋은 음식은 먹을 수 없다.
이러한 아귀의 거처는 『구사석론俱舍釋論』에서 다음과 같이 말씀하셨다.

아귀들의 왕은 염마라고 하는 자이다. 그들의 근원지는 왕사성에서 이 남섬부주 지하에서 오백 유순을 가로질러 가면 있고 그 이외는 거기에서 흩어져 나온 아귀들이다.

라고 하셨다. 『친우서』에서도 다음과 같이 말씀하셨다.

아귀도에서도 바라는 바 이룰 수 없기에
일어나는 고통이 끊임없고 사라지기 어려워
기갈과 추위와 더위, 고달픔과 공포로
생기는 극심한 고통의 그늘 아래 있다네

어떤 이는 입이 바늘구멍만하고
배는 산처럼 커서 허기에 시달리며
쓸모없어서 버린 오물조차 조금도
구할 수 있는 힘이 없다네

어떤 아귀는 피골이 상접한 나체로
말라비틀어진 야자수 껍질과 같으며
어떤 이는 밤이면 입에서 불을 뿜어
불타는 입속에서 남은 재[57]를 음식으로 구하네

천한 족속의 아귀는 고름과 똥
피 등 오물마저 얻지 못하니
서로 치고 박고 싸워 목에
혹이 터져 곪은 고름을 먹는다네

아귀의 종류가 다양함을 보여준다.

---

57) 『사가합주』와 람림 원본에는 흥각(하다, 한 것)로 표기되어 있지만 델게판 논장과 친우서의 주석서에는 흥각(모래)로 표기되어 있어 이를 근거로 번역하였다.

이러한 아귀들에게 여름철은

달조차 뜨겁고 겨울은 태양마저 차갑네

이러한 아귀들이 쳐다보는 것만으로도

과실수의 열매가 사라지고 강조차 메마르네

첫 번째 게송은 아귀의 보편적 고통이고 나머지는 특수한 고통을 보여 준다. '고달픔'이란 먹을 것을 구하기 위해 돌아다니는 것이다. '공포'는 칼과 몽둥이 그리고 밧줄을 가지고 있는 자를 보고 두려워하는 것이다. '쓸모없어 버린 것'이란 어찌 되든 상관없다고 여겨서 버린 것이다. '밤이면'이란 말은 밤이 될 때 입에서 불이 나오는 것이다. '음식이 타버리고 입속에 남은 것'이란 입속에 타다 남은 어떤 음식을 구하는 것 즉 먹는 것이다. 악안惡眼[58]의 독이 모든 것을 태우듯 아귀가 쳐다보면 물맛 좋은 청량한 강조차 말라 버린다. 주석서에 따르면 어떤 아귀에게는 강이 불타오르는 거대한 불덩이가 가득 차 있는 것으로 보이며, 어떤 아귀에게는 고름의 강물에 갖가지 벌레로 가득차서 흐르는 것으로 보인다고 한다. 『제자서』에서 다음과 같이 말씀하셨다.

지독한 갈증으로 멀리서 맑은 강물을

보고, 마시고 싶어 그곳에 가면 그마저

머리털과 해조의 더미, 썩은 고름이 뒤섞여

늪으로, 피와 대소변이 가득한 강으로 변하네

계절의 변화로 바람이 물결을 일게 하니 산머리 시원하고

푸르른 단향나무 싱그러운 숲에 가면

---

58) 사천왕 중 광목천왕(廣目天王)의 눈을 악안(惡眼)이라 하는데 눈에 독이 있어 시선을 두는 곳에 불이 일어나 그것을 태워 버린다.

그 역시 이 아귀에게 숲을 태우는 강한 불길 퍼져
불탄 나무 쓰러진 조각이 무수히 널려 있는 곳이네

바다의 거센 파도가 높이 치솟아 생긴
반짝이는 거품이 선명한 그곳에 가더라도
그 역시 아귀에게는 뜨거운 모래와 붉은 안개,
거친 폭풍이 휘몰아치는 황무지로 변하네

이 중생이 거기에 머물며 비구름이 일길 바라지만
구름에서 철로 된 화살비가 내려 연기 자욱하고
번쩍이며 연속으로 치는 황적의 번개로 불꽃이
타다닥 튀는 금강바위의 벼락이 비처럼 몸을 내려치네

더위에 시달리는 자에게는 눈보라조차 뜨겁고
추위로 떠는 자에게는 불마저 차가워지며
잔혹한 업이 모두 과보를 성숙시키니 이 어리석은
자에게는 이 모든 것이 뒤바뀌어 갖가지로 보이네

바늘구멍만한 입에 수십 유순의 큰 배를 가진
중생, 갈증으로 바닷물을 다 마시더라도
목 안의 넓은 위로 넘어 가지 못하며
입속의 독으로 물 한 방울까지 말라 버리네

이와 같은 말씀처럼 아귀들의 고통들 또한 사유한다.
아귀의 수명은 「본지분」과 『구사론』에 의하면 인간들의 한 달을 하루로 하여 햇수로 오백년까지 가능하다고 한다. 『친우서』에서는 다음과 같이

끊임없이 고통을 겪는 자

죄를 행한 업의 견고한

밧줄에 묶인 몸, 몇몇은

오백년과 천년에도 죽지 않네

라고 하셨으나 『친우서』의 주석서에 의하면 일부 아귀의 수명은 오천
년이고 일부의 수명은 만년이라 하였다.

삼악도 중생의 몸의 크기는 정해진 것이 없으며 「본지분」에 따르면 악
업에 따라 다양한 크기로 태어난다고 한다.

그와 같은 악도의 고통들을 생각해 보자. '지금 당장 화로의 잿불에 손
을 넣어 하루를 견딜 수 있는가? 겨울의 칼바람 속에 알몸으로 얼음 위
에 엎어져 하루를 견딜 수 있는가? 며칠 동안 먹을 것과 마실 것이 없
는 고통이나 모기 따위의 해충에게 몸이 물어뜯기는 정도의 고통조차
견디기 어렵다면 화탕 지옥의 고통과 한빙 지옥의 고통, 그리고 아귀의
고통과 축생이 서로 산채로 잡아먹는 고통 등을 스스로 어떻게 견딜 것
인가?' 이와 같은 생각으로 현생에 겪은 고통의 경험에 견주어 악도의
고통을 가늠하여 참으로 무섭고 두렵다는 생각의 변화가 마음에서 일
어날 때까지 삼악도의 고통을 사유한다. 악도의 고통을 충분히 알고 난
뒤에는 그 생각에 습이 들어야 하며 일시적인 사유만으로는 내적 변화
를 가져오는 데 아무런 도움이 되지 않는다.

『본사교本事敎』에 의하면 아난존자는 누이의 두 아들을 출가시켜 경을
읽혔는데 며칠 동안 읽는 듯 했지만 이내 게으름을 피우고 읽지 않았
다. 목건련존자께 두 사미를 맡겨 보았으나 이전과 똑같이 게으름을
피웠다. 아난존자는 목건련존자에게 이 두 아이에게 출리심이 일어날
수 있도록 이끌어 주시기를 청하였다. 그러자 목건련존자는 낮에 포

『유가사지론』의 「본지
분」과 『구사론』은 아
귀의 최대 수명이 오백
년 정도라고 하였지만
『친우서』와 그 주석서
에는 오천년 혹은 만년
까지도 사는 일부 아귀
들도 있다고 설명한다.

행 가는 곳으로 두 사미를 데려가 한쪽에 신통으로 중생지옥을 화현하였는데 곧 무언가를 자르고 베는 등 고통에 신음하는 소리가 들려 두 사미는 그것을 보러 가게 되었다. 거기에서 중생들이 잘리는 등의 고통을 보다가 펄펄 끓는 두 개의 커다란 빈 쇠가마를 보고 의아해 하며 "왜 여기에는 아무도 없는 거지"라고 말하자 지옥 옥졸이 "아난존자의 두 조카가 스님이 되서 게으름을 피우며 시간을 보내니 죽어서 여기에 태어날 것이다"라고 하였다. 이 두 사미는 소스라치게 놀라서 '만약 우리라는 것을 알면 지금 당장 저 가마솥으로 집어넣겠지'라고 생각하며 목건련존자가 계신 곳으로 달려가 있었던 일을 고하였다. 목건련존자는 두 사미에게 "그와 같은 해악들은 게으름에서 비롯된 것이니 정진하라"고 타일렀다. 그 이후로 두 사미는 열심히 정진하였는데 음식을 먹기 전에 지옥이 떠오르면 음식을 삼킬 수 없었고, 음식을 먹고 난 후에 지옥이 떠오르면 먹은 것을 토할 정도였다.

그러던 어느 날 목건련존자는 낮에 포행할 만한 또 다른 곳에 이들을 데려가서 한쪽에 천상을 화현하였다. 두 사미는 비파 소리가 나는 것을 듣고 이를 보러 갔다. 천자天子 없는 무량궁에 천녀들만 가득한 것을 보고는 의아해 하며 천자가 없는 이유를 묻자 천녀들이 답하기를, "아난존자의 두 조카가 스님이 되어 정진을 열심히 하므로 이 두 사람이 죽어 여기에 태어날 것이다"라고 하였다. 둘은 몹시 기뻐하며 목건련존자에게 가서 모두 아뢰자, 존자는 그러한 이익과 그 밖의 다른 이익들 역시 정진에서 비롯된 것이니 정진하라고 두 사미를 독려하셨다. 이 두 사미는 다시 정진하여 경교의 가르침을 받게 되었는데 선취에서 악도로 태어나는 이치에 대해 앞서 인용한 본사교의 경문과 같은 대목[59]을 목건련께서 말씀하시자 "성현이시여, 우리들도 천신과 인간

---

59) 악도에서 죽어서 다시 악도로 태어나는 것은 대지의 티끌(수)과 같고, 악도에서 선취로 태어는 것은 손톱 끝으로 모은 티끌과 같으며, 두 선취(천·인)에서 죽어서 악도로 가는 것은

가운데 태어나 죽어서 또다시 삼악도에 태어나야 하는 것입니까?"하고 여쭈었다. 목련존자께서 말씀하시길 "어여쁜 이들이여, 오취五趣[60] 윤회에서 번뇌들이 끊어질 때까지는 마치 우물 속 두레박이 오르고 내리듯이 윤회하여야 하느니라." 이 말씀을 듣고 두 사미는 크게 출리심이 일어나서 "그렇다면 지금부터 번뇌를 행하지 않는, 그와 같은 법을 설해 주소서."라고 청하였다. 목건련존자께서 그와 같은 법을 설하시었고 마침내 두 사미는 아라한과를 얻게 되었다.

윤회에 대한 염증을 느껴 출리심을 일으키는 방편으로 고통관보다 더 뛰어난 것이 없다.

그러므로 게으름을 끊고 도를 이루는 정진을 크게 일으키며, 마음을 해탈의 도로 이끌어 해탈을 얻게 하는 근본적인 원인으로써 윤회의 고통관보다 더 뛰어난 것은 없다. 부처님께서 설령 살아 계시더라도 이 고통관보다 더 나은 것, 혹은 이 이상의 것을 말씀하실 것이 없다. 이로써 하근기와 중근기의 마음이 순차적으로 일어나게 되는 이치가 매우 명백한 것이다. 도차제에 따른 마음의 상태를 가늠함에 있어서도 도차제의 의요에 해당하는 생각이 일어나는지를 살펴보고 그러한 생각이 생길 때까지 계속 꾸준히 노력하여 닦아 나아가야 한다.

네우술빠께서 말씀하시길 "그러한 악도에 태어날 원인을 이전에 행하였는지 아닌지, 지금 행하고 있는지 아닌지, 후에 다시 하겠다는 생각이 있는지 없는지를 살펴라. 이전에 했거나 지금 하고 있거나 이후에 할 생각이 있다면 악도에 태어날 터이니 '거기에 태어나면 그때는 어떡하지, 내가 견딜 수 있을까'라는 생각에 머리가 쭈뼛 서거나 혹은 제자리에 있어도 불안해서 안절부절못할 정도로 무섭고 두려운 마음이 일어날 수 있어야 한다."라고 하셨다.

이것은 대단히 중요한 말씀이라는 생각이 든다. 지금 좋은 인간의 몸

___

대지의 티끌과 같고, 거기에서 다시 선취에 태어나는 것은 손톱 끝에 있는 티끌과 같으니라.
60) 육도에서 아수라를 뺀 나머지 지옥·축생·아귀·인간·천신의 세계를 가리킨다.

강한 의지란 내생의 좋은 과보를 진심으로 바라는 마음이다.

으로 그와 같이 생각한다면 과거에 쌓은 업을 닦을 수 있고, 장차 미래에 악업을 지을 일이 적어진다. 또 과거에 지은 선은 강한 의지를 담은 원력으로써 그 방향이 전환되므로 선이 크게 늘어난다. 또한 현재의 새로운 선을 갖가지 방편으로 행하게 되므로 매일매일 인간의 몸을 받은 참된 의미가 있게 된다. 살아있는 지금 이러한 것을 고려하지 못하면 정작 악도에 떨어질 때에는 그러한 두려움에서 구해 줄 귀의처를 구해도 찾지 못하며, 악도에 태어난 때에는 해야 할 것과 하지 않아야 할 것을 구별하여 선택할 수 있는 지력智力이 없다. 그런 까닭에 『입행론』에서

선을 행할 기회 [善緣]가 있어도
선을 자신이 행하지 않는다면
악도의 모든 고통에 미혹한
그때 자신이 무엇을 할 수 있으리

라고 하셨고 또 다음과 같이 말씀하셨다.

누가 이 큰 두려움에서 나를
제대로 구해 줄 수 있을까 하고
겁에 질려 놀란 눈을 부릅뜨고
사방으로 구해 줄 이를 찾는다네

사방 어디에도 귀의처가 없음을 알고
그로써 완전히 절망하게 되니
그곳에 귀의처가 없다면
그때는 내가 어찌할 것인가

고로 중생의 보호자이신 부처님
중생을 제도하시고 모든 두려움을
없애시는 위력을 지니신 분께
이제부터 귀의하나이다

여기까지 삼악도의 고통을 대략적으로 설명하였다. 자세한 것은『염처
경念處經』[61]에 나와 있으므로 반드시 읽도록 한다. 여러 번 반복해서 읽
되, 또 읽은 것을 깊이 사유하여야 한다.

〈2〉 선취의 행복 사유하기

내생에 태어날 선취의 행복에 대한 사유는 별도로 언급하지 않는다. 앞
서 설명한 삼악도의 고통을 충분히 사유한다면 그러한 고통이 없는 생
자체가 큰 행복이라는 사실과 현생에 인간으로 태어나 삼악도의 그러
한 고통이 없는 선취의 행복을 누리고 있음을 살피면 자연스럽게 다양
한 선취의 행복을 이해하고 사유할 수 있기 때문이다.

---

61)『정법염처경(正法念處經)』의 약칭.

[2] 내생에서의 행복을 이루는 방편
[2]-(1) 불도로 들어가는 문 삼귀의
[2]-(2) 모든 행복의 근원인 인과를 믿는 신심 일으키기

두 번째, 내생에 행복을 이루기 위해 어떠한 방편에 의지해야 하는가,
여기에는 두 가지로 첫째 불도佛道로 올곧이 들어가는 문門인 귀의심
을 닦는 것이며, 둘째 모든 행복의 근원인 인과를 믿는 신심을 일으키
는 것이다.

[2]-(1) 불도로 들어가는 문 삼귀의
(1)-〈1〉 귀의의 원인
(1)-〈2〉 귀의처
(1)-〈3〉 귀의의 과정
(1)-〈4〉 귀의에 따른 행(行)

첫 번째(귀의심 닦기)에는 네 가지로 귀의의 원인, 귀의처, 귀의의 과정,
귀의에 따른 실천[行]을 설한다.

(1)-〈1〉 귀의의 원인

첫 번째(귀의의 원인), 일반적으로 귀의하는 원인은 다양하지만 그 가운
데 가장 주요한 원인은 두려움이다. 앞서 말했듯이 이생에서 머지않
아 곧 죽는다는 사실과 죽은 뒤에도 어디에 태어날 지 알 수 없고 내
가 원하는 대로 태어나지 못해 업력에 의해 태어날 것인데 그 업 또한
『입행론』에서

마치 칠흑같이 어두운 밤 구름 속
번개섬광 찰나에 모습이 드러나듯
그처럼 부처님의 위력으로 우연히
세간에 복과 지혜가 잠시 생겨나네

그와 같아서 항상 선은 미약하고

거친 악업은 강력하네

라고 하신 말씀처럼 선업은 미약하고 악업은 너무도 강하여 악도에 떨어질 것을 생각하면 무섭고 두려운 마음이 일어나게 된다. 이러한 두려움이 원인이 되어 귀의처를 찾는 마음이 생기는 것이다. 진나보살께서는 다음[62]과 같이 말씀하셨다.

깊고 끝없는 윤회라는

고통의 바다 속에 머물러

탐착 등 번뇌의 포악한

고래가 몸을 집어삼키니

이제 어디에 귀의할 것인가

요컨대, 스스로 악도에 대한 두려움을 가짐과 동시에 그로부터 구제할 능력이 삼보에 있음을 믿는 것이다. 그러나 이 두 가지가 말뿐인 것이라면 귀의도 그와 같아질 것이며, 악도에 큰 두려움과 삼보에 대한 견고한 믿음이 있다면 마음을 변화시키는 참된 귀의 또한 가능할 것이다. 그러므로 귀의의 원인이 되는 이 두 가지 마음이 일어나도록 노력한다.

{1}-〈2〉 귀의처

〈2〉-1. 귀의할 대상

〈2〉-2. 귀의할 만한 이유

귀의처에 대해 두 가지를 설한다. 귀의할 대상과 귀의할 만한 이유이다.

---

62) 진나보살의 저술로 부처님에 대한 찬탄하는 찬불론이다. 논서명은 『སྤེལ་མར་བསྟོད་པ། spel mar bstod pa』

<〈2〉-1. 귀의할 대상>

첫 번째(귀의할 대상)는 『백오십찬송百五十讚頌』[63]에서 다음과 같이 말씀
하셨다.

　　그분에게는 어떤 허물도
　　결코 있을 수 없으며
　　그분에게는 모든 부분에
　　일체의 공덕이 있다네

　　만일 생각이 있다면
　　오직 그분께 귀의하고
　　그분을 찬탄하며 받들어
　　그분의 법에 머묾이 마땅하리

이와 같은 마명보살의 말씀처럼 귀의할 대상과 귀의해서는 안 될 대상
을 구별할 줄 아는 지혜가 있다면 참된 귀의처인 불세존께 귀의하는 것
이 마땅하다. 이 말씀은 법보와 승보까지도 포함하는 것으로『귀의칠
십론歸依七十論』[64]에서 다음과 같이 말씀하신 것과 같다.

　　부처님과 법과 승보는
　　해탈을 바라는 이들의 귀의처

〈2〉-2. 귀의할 만한 이유

두 번째, 부처님께 귀의할 만 한 이유에는 네 가지가 있다.

---

63) 마명보살의 저술로 교조 석가모니 부처님을 찬탄하는 내용이다. 한역에서는 『일백오십찬
불송(一百五十贊佛頌)』이라 하며 줄여서 백오십송이라 한다.
64) 월칭보살의 저술로 삼귀의에 대한 칠십 게송으로 이루어져 있다.

그 첫 번째 이유는 자신을 완전히 조복하여 스스로 두려움 없는 지위[무외위無畏位]를 얻었기 때문이다. 이를 얻지 못하면 넘어진 자가 넘어진 자에 의지하는 것과 같아 타인을 모든 두려움에서 구할 수 없기 때문이다. 두 번째 이유는 모든 부분에서 중생을 교화하는 방편에 뛰어나기 때문이다. 이것이 없다면 귀의하더라도 중생제도의 목적을 이루지 못하기 때문이다.

세 번째 이유는 대자대비심을 가지고 있기 때문이다. 자비심이 없으면 귀의하더라도 중생을 구제하지 않기 때문이다.

네 번째 이유는 재물의 공양을 기뻐하시지 않고 정행正行[65]의 공양을 기뻐하시는 까닭이다. 이러한 덕이 없다면 앞서 받았던 물질의 이익을 보기 때문에 모든 이의 귀의처가 되어 주지 않기 때문이다.

요컨대 스스로 모든 두려움에서 벗어나 두려움으로부터 타인을 구제하는 방편에 뛰어나고 모두에게 친소가 없는 대자대비심을 지녀 당신께 도움을 주든 주지 않든 그 이익에 상관없이 모든 중생을 이롭게 하시는 것이 바로 귀의할 만한 이유이다. 이러한 덕은 오직 부처님에게만 있으며 자재천과 같은 천신에게는 없는 까닭에 오직 부처님만이 귀의처인 것이다. 또한 같은 이유로 부처님께서 설하시는 법과 그의 성문[66] 승보 또한 귀의할 만한 것이다.

이상은 『유가사지론瑜伽師地論』의 「섭분攝分」[67]에 근거하여 설명하였다. 그러므로 「섭분」의 이러한 말씀에 확신을 가지고 일심으로 온전히 마음을 맡길 수 있다면 부처님께서 제도하지 않는 것은 있을 수 없는 일이므로 마음속 깊이 귀의처에 대한 확신을 가져야 한다. 우리 자신이 제도되는 데에는 두 가지 조건이 있는데 이 중에 외적 원인과 조건因緣은

공양(མཆོད་པ་)이라는 말의 범어 pūjā는 본래 '상대방을 기쁘게 하다'라는 뜻을 가진다. 따라서 공양을 받는 부처님을 기쁘게 해 드릴 수 있는 공양은 정행 공양이며 그것이 최상의 공양이다.

---

65) 중생이 이루는 수행과 공덕, 깨달음의 성취를 말한다.

66) 여기서는 부처님의 말씀을 듣고 따르는 제자를 뜻한다.

67) 『유가사지론』의 「섭결택분」을 뜻한다. (한역은 『유가사지론』 제64권 문소성혜지 편 참고)

이미 부처님께서 모두 부족함 없이 이루어 놓으셨으나 마음을 온전히 맡겨 귀의처로 여기는 내적 조건을 갖추지 못하여 아직 고통 받는 것이기 때문이다. 그러므로 청하지 않아도 대자대비의 마음으로 일체중생의 벗이 되어 주고 도움을 주시며 그러한 이타에 나태함이 없고 비할 데 없는 훌륭한 귀의처가 자신의 수호자로서 계신다는 이 사실을 바로 깨달아 그런 분께 귀의해야 하는 것이다. 이에 『찬응찬讚應讚』[68]에서 다음과 같이 말씀하셨다.

나는 의지할 데 없는 그대들의
벗이 되리라 선언하시어
크나큰 자비심으로 유정을
모두 끌어안고 계신다네

부처님은 대비심 그 자체
자애심을 지녀 중생을 사랑하시네
그것에 나태함 없이 노력하시는
당신과 같은 이, 또 누가 있으리

당신은 일체 중생의 수호자
모두의 좋은 형제이시네
수호자로 당신이 계셔도 찾지 않으니
이 때문에 사람들이 **윤회에** 빠지네

법을 올바르게 받들게 된다면
미천한 이도 이타의 재목이 되리
진정으로 도움 되는 진리[法]를

---

68) 마명보살 저술. 세상에 수 많은 신과 교조가 있지만 오직 부처님만이 응당히 찬탄할 만한 분이라는 뜻을 담은 찬불론.

당신 외에 그 누구도 알지 못하네

외적조건, 모든 타력은
당신께서 다 이루셨으나
자력自力을 갖추지 못해
범부들이 고통을 받는구나

{1}-〈3〉 귀의의 과정
　〈3〉-1. 삼보의 덕을 아는 것
　〈3〉-2. 삼보 각각의 차이를 아는 것
　〈3〉-3. 삼보를 귀의처로 받아들이는 것
　〈3〉-4. 다른 대상을 귀의처라 하지 않고 오직 삼보에 귀의하는 것

세 번째(귀의의 과정) 어떻게 귀의하는가, 무착보살의 『유가사지론』중
「섭결택분攝決擇分」에서 말씀하신 것은 네 가지이다. 삼보의 공덕을 깨
닫고, 삼보 각각의 차이를 알며, 삼보를 귀의처로 받아들이고, 다른 대
상을 귀의처라고 말하지 않는 것이다.

〈3〉-1. 삼보의 덕을 아는 것
　1-가. 부처님의 공덕
　1-나. 법보의 공덕
　1-다. 승보의 공덕

첫 번째 공덕을 깨달아 귀의하기 위해서는 먼저 귀의처의 공덕을 알아
야 하므로 여기에 부처님의 공덕, 법의 공덕, 승보의 공덕으로 세 가
지를 설한다.

1-가. 부처님의 공덕
　가-1) 부처님 몸의 공덕

첫 번째(부처님의 공덕)는 네 가지이다. 이 가운데 몸의 공덕[身功德]이란

부처님의 훌륭한 삼십이상과 팔십종호를 말하며 이를 마음으로 생각한다. 「유찬품喩讚品」[69]에서 다음과 같이 말씀하셨다.

삼십이상 장엄한 당신의 몸
그 아름다움은 눈에 감로
구름 한 점 없는 가을 하늘을
별들로 수놓아 장식한 듯하네

황금빛을 지닌 능인能仁
가사를 걸친 아름다운 모습은
황금 산의 봉우리를
황운黃雲이 에워싼 듯하네

보호존, 당신은 장신구를 하지 않았건만
그 둥근 낯빛은 무엇인가
휘영청 밝은 보름달도
그보다는 밝지 않으리

당신의 연꽃 같은 입술과
햇살에 활짝 핀 연꽃을
벌이 본다면 진짜 연꽃이
아리송하여 맴돌게 되리라

당신의 얼굴은 황금빛
희고 아름다운 치아는

---

69) 마명보살의 저술 『찬응찬』 가운데 열세 번째 품.

황금 산 사이로 떠오른
가을의 깨끗한 달빛 같네

응공應供이여, 당신의 오른손은
법륜의 모양[相]으로 아름다워라
윤회를 두려워하는 사람들에게
수인手印으로 숨 쉬게 하시네

능인이여, 당신이 걸어가실 때
두 발은 길상연화와 같아
이 대지에 그려진 발자국
연발이 이처럼 아름다울까

이처럼 부처님의 몸이 지닌 공덕을 생각한다.

가-2) 부처님 말씀의 공덕

말씀의 공덕[語功德]이란 이와 같다. 가령 세상에 존재하는 모든 중생
이 동시에 각기 다른 하나의 질문을 하더라도 심찰나心刹那[70]의 지혜로
써 모두 아시어 한 마디 말로 모든 질문에 답하실 수 있을 뿐만 아니
라 질문한 자들이 알아들을 수 있는 각자의 언어로 들린다. 이와 같은
부처님의 말씀이 지닌 공덕의 지극히 희유한 이치를 생각할 수 있어야
한다. 『보적경寶積經』의 「제자품諸者品」에서 다음[71]과 같이 말씀하셨다.

이처럼 모든 중생이 다양한
질문으로 동시에 여쭤더라도

---

70) 마음의 최소 단위.

71) 덴발마와(᠊ᢔᢋᢇᢖᢋᢙᢔᢘᢇ: 진실을 말하는 자)라는 보살이 왕에게 부처님의 몸과 말씀, 마음의
공덕이 어떠한지 설법하는 대목.

여기에서 말하는 도사
는 삼계도사이신 부처
님을 뜻한다.

한 심찰나에 알아차리시어
한 음성이 각각에게 답이 되나이다

그러므로 도사導師는 세간에서
범음梵音으로 설법하심을 아소서
그분은 천신과 인간의 고통을 없애기 위해
법의 바퀴를 크게 굴리시나이다

또한『백오십찬송』에서 다음과 같이 말씀하셨다.

당신의 얼굴 참으로 보기좋고
음성은 들으면 듣기 좋아
그러한 말씀들은 달빛에서
흘러나온 감로와 같네

당신의 말씀은 탐착의
먼지를 잠재우는 비구름 같고
분노의 독사를 제거하는
독수리와 같네

거듭되는 무지無知의
암흑을 없애니 태양 같고
아만의 산을 부수니
금강석과도 같네

실상을 보시니 거짓이 없고
흠결이 없는 까닭에 수순하고
잘 맞추어 설하시니 이해하기 쉬워

당신의 말씀은 선설善說이라네

처음에 당신의 말씀은
듣는 이들의 마음을 빼앗고
들은 뒤에 마음으로 생각하면
탐심과 치심 또한 사라지네

불쌍한 이들을 숨 쉬게 하시고
방일한 이들의 귀의처 또한 되어 주시며
안락에 빠진 자에게 출리심을 일깨우시니
당신의 말씀은 모든 이에게 적합하네

현자의 환희심을 불러일으키고
중근기의 지혜를 키우며
하근기의 무지함을 없애시니
당신 말씀은 세 근기 모두의 약이라네

이와 같은 말씀처럼 부처님의 말씀이 지닌 공덕을 생각한다.

가-3) 부처님 마음의 공덕

3)-가) 지혜의 덕

3)-나) 자비의 덕

부처님께서 지니신 마음의 공덕[意功德]은 크게 두 가지로 지혜와 자비
의 덕이다.

3)-가) 지혜의 덕

그 가운데에 지혜의 덕이란 마치 손바닥 위에 수정을 올려 놓은 것처

럼 법[所知]의 진제와 속제 일체를 걸림 없이 훤히 아시는 것이므로 부처의 지혜가 일체 대상에 편재하는 것이다. 이것은 오직 부처님의 지혜의 덕이며 다른 이들은 대상[所知]에 비해 지혜가 적어 두루 미치지 못하는 것이다. 이 또한 『찬응찬』에서

> 오직 당신의 지혜만이
> 모든 대상[所知]에 두루하며
> 당신 아닌 다른 이들의 지혜는
> 소지만이 남게 되네

라고 하셨고 또한 다음과 같이 말씀하셨다.

> 세존께는 모든 삼세의 법
> 모든 현상의 일체 근원이
> 손바닥 위의 수정 같아
> 당신의 마음의 대상이네

> 유정과 무정의 제법
> 하나와 다수를 낱낱이 아시니
> 허공에 바람이 떠다니듯
> 당신의 마음 걸림이 없네

이와 같은 말씀처럼 부처님의 마음이 지닌 지혜의 덕을 생각한다.

3)-나) 자비의 덕

부처님이 지니신 자비의 덕은, 마치 중생들이 번뇌에 꼼짝없이 묶여 있

일체 대상에 편재한다는 것은 부처님의 지혜에 미치지 않는 대상이 없다는 것을 뜻한다.

듯이 부처님께서도 대비심에 꼼짝없이 묶여 있어 고통 받는 중생들을 보시면 한없는 대비심이 일어나시는 것이다. 이를 『백오십찬송』에서 다음과 같이 말씀하셨다.

이러한 일체 유정들은
구별 없이 번뇌에 묶여 있고
당신은 중생을 고통에서
제도코자 오래토록 대비심에 묶여 계시네

먼저 당신에게 절하오리까
그것이 아니면 그대여, 윤회에 대한
허물을 아시면서도 오래토록 그처럼
머물게 하시는 대비심에 절하오리까

『보적경』의 「제자품」에서도 다음과 같이 말씀하셨다.

어두운 치심痴心의 암흑으로 항상
마음이 가려지는 구생九生 유정과
윤회의 감옥에 들어가 있는 모습을 보시면
대선인大仙人께 대비심이 일어나네

욕심에 사로잡힌 마음과
큰 애착으로 항상 대상을 갈망하고
갈애의 욕망의 바다에 떨어진 이들을
보시면 부처님께 대비심이 일어나네

어리석음으로 윤회의 원인을 짓는 유정과 그 결과로 윤회라는 감옥에 들어가 있는 것을 보심으로써 대비심이 일어나게 된다.

많은 병고와 번민으로
참으로 괴롭고 불쌍한 중생을
보시면 고통을 남김없이 없애기 위해
십력[72]을 지닌 분께 대비심이 크게 일어나네

능인의 대비심은 항상 일어나서
대비심이 일지 않는 때란 결코 있을 수 없어
언제나 모든 중생 생각에 머물고 계시네
고로 이 부처님께는 허물이 없으리

그와 같은 말씀처럼 부처님께서 지니신 자비의 덕을 알아야 한다.

가-4) 부처님 위업의 공덕

위업[73]의 공덕이란 부처님의 몸[身]과 말씀[語]과 마음[意]의 위업으로 본연성취 本然成就[74]와 연속성[75]이라는 두 가지가 일체 중생을 이롭게 하는 것이다. 중생 스스로 자격이 갖추어진 이끌만한 법기法器라면 부처님께서 그에게 모든 이익과 행복의 원만한 조건을 주시지 않는다거나, 어려움에서 구제하시지 않는 법은 없기 때문에 부처님께서는 중생에게 하실 수 있는 모든 것을 해 주신다. 『백오십송百五十頌』에서 다음과 같이 말씀하셨다

---

72) 부처님만이 갖추고 있는 열 가지의 능력.

73) 틴래(འཕྲིན་ལས་, a'phrin-lsa)를 번역한 말로 부처님의 일, 대사(大事)를 뜻한다. 부처님의 일이란 자신이 증득한 도를 그대로 중생이 성취하도록 만드는 일을 가리키며 이는 지혜 법신에서 비롯된다.

74) '본연'은 저절로, '성취'는 원하는 바를 이룬다는 뜻이다. 즉 부처는 위업을 이루기 위해 새로운 원인과 조건을 지을 필요없이 원하는 바를 이루는 모든 인연을 갖추고 있으므로 그 특징을 본연성취라 한다.

75) 중생의 선업은 끊김이 있고 이어지지 않지만 부처님의 중생제도와 이타의 위업은 끊임없이 이어지고 지속되는 특성을 지닌다.

당신은 번뇌를 부수는 법을 설하시고
마구니의 속임수를 보여 주시며
잔혹한 윤회의 본질을 말씀하시어
무외無畏의 피안 또한 보이시네

번뇌를 부수는 방법은 도제, 마의 속임수는 집제, 잔혹한 윤회의 본질은 고제, 무외의 피안은 멸제로 사제를 뜻한다.

이타를 생각하는 대비하신 분
중생들에게 하실 수 있는 것
그중에 당신께서 하시지 않는 것
그 어떤 것이 있을까

『찬응찬』에서 다음과 같이 말씀하셨다.

당신께서는 어디서든 유정을 건지니
건지지 않는 수렁이 어디에 있는가
세간인에게 가져다주지 않는
원만한 행복이 또 어디에 있는가

라는 말씀처럼 부처님의 위업을 생각한다.

이상은 부처님을 수념隨念[76]하는 방법을 요약한 것이기도 하다. 다각적으로 부처님의 공덕을 생각한다면 신심도 다양한 형태로써 생겨난다. 계속해서 그 덕을 생각한다면 신심이 깊어지고 오래도록 지속된다. 이것은 법보와 승보의 공덕에 있어서도 마찬가지이다.
그와 같이 삼보의 공덕을 관찰지로 수습하여 삼보를 제대로 이해하게

---

76) 주로 위인의 업적이나 덕을 생각하여 떠올리는 것을 말한다. 어떤 대상에 대한 좋은 인상이나 장점을 생각하여 그 존재를 떠올리고 다시금 기억하는 것이다.

삼보의 공덕을 사유하여 수습함으로써 얻게 되는 이로움은 경론을 진정한 가르침으로 받아들여 부처님의 뜻을 조속히 얻고, 한량없는 복을 짓고 업장이 정화되는 것이다.

일상의 불수념은 보리심을 발하게 하고, 부처님을 친견하게 되며, 불수념에 유지하여 임종의 고통을 경감시키는 이로움이 있다.

되면, 대부분의 경론은 삼보의 공덕을 설하는 것이기 때문에 그제야 그러한 경론을 가르침[祕傳]으로 보게 되고 특별하게 받아들이게 된다. 따라서 이러한 관찰지의 수행을 '분별'이라고 여겨 실제 수행에서 버리는 자들은 삼보의 공덕을 관하여 닦음으로써 한량없는 복을 짓고 업장을 정화하는 수많은 길을 막고 있는 것이다. 그러므로 가만의 몸으로 무량한 대의를 추구함에 있어 이러한 관찰지의 수행을 버리는 것이야말로 크나큰 장애라는 사실을 알아야 한다.

이러한 수념을 일상의 수행으로 삼는다면, 마음이란 습관을 들이는 대로 변화하는 것이기에 익숙해지는 데 다소 어려움이 있겠지만 후에는 익숙해져 저절로 수념이 될 것이다. 처음에는 그와 같은 불수념佛隨念[77]을 일으키는 가운데 '나도 그와 같은 공덕을 지닌 부처가 된다면' 하는 생각으로 보리심이 생기고, 마음 또한 청정해지니 밤낮으로 항상 부처님을 뵙게 되며, 죽을 때 어떠한 고통이 생기더라도 불수념이 기울지 않게 된다. 따라서 『삼마지왕경三摩地王經』에서 다음과 같이 말씀하셨다.

그대에게 말하노니 알지라
가령 사람들이 수없이 생각한 것
그것에 머무는 그러한 생각들로써
저절로 마음이 그것에 가 닿게 되느니라

그와 같이 대웅大雄의 모습
무량한 지혜 능인能仁을 염하여
항시 수념隨念하여 닦는다면
거기에 마음이 저절로 이르게 되리라

---

77) 부처님의 모습, 말씀, 마음의 덕을 생각하며 부처님을 떠올리는 것을 말한다.

그러한 자는 행주좌와行住坐臥 언제든
위대한 존재의 지혜를 구하고
세간에 위없는 부처가 되기를
바라여 보리의 서원을 세운다네

신구의身口意의 공경으로
항상 부처님들을 찬탄하니
그처럼 그의 심속心續이 닦여져
밤낮으로 세간의 보호존을 보리라

어느 날 그가 병들거나 불행하거나
죽음에 직면하여 고통을 느끼더라도
부처님에 대한 수념이 기울지 않으니
고통의 느낌이 그것을 앗아가지 못하리

신구의 공경이란 몸과 말과 생각으로 하는 공경이다. 부처님께 절하는 것은 몸으로 공경하는 것이고, 부처님을 찬탄함은 말로 공경하는 것이며, 부처님의 덕을 생각하고 귀의함은 마음으로 공경하는 것이다.

뽀또와께서는 다음과 같이 말씀하였다.

부처님께서 지니신 공덕을 계속해서 생각하면 신심이 더욱 깊어지고 마음이 청정해져 가피가 깃들게 되는 것이다. 부처님에 대한 확고한 믿음이 생기면 진심으로 부처님께 귀의하게 되고, 그 가르침을 따르면 행하는 모든 것은 부처님 법을 행한 것이 된다. 그런데 우리들은 어떠한가? 우리는 부처님 지혜의 수승함을 용한 점쟁이만큼도 여기지 않는다. 가령 영험한 점쟁이가 "올해는 그대에게 액운이 없다. 내 장담한다."고 하면 금세 마음이 편안해지고, 또는 그가 "올해는 액난이 있으니 이것은 하고 저것은 하지 마라."고 하면 그 말을 따르려고 애를 쓴다. 따르지 못하면 '이렇게 하라고 했는데 내가 못했구나' 하고 불편한 마음을 갖는다. 그러나 정작 부처님께서 '이것과 저것은 버리라.' 하시고 '이것과 저것은 행하라.'는 말씀을 우리는 진심으로 따르는가? 그 말씀을 따르지 못했을 때 마음에 불편함이 생기는가 말이다. 도리어 '경에서야 그렇게 말하지만 요즘 세상과 시대에는 그렇게 할 수 없으니 이렇게 하면 된다'고 합리화하며 부처님의 말씀을 대수롭지 않게 여기고 제멋대로 자기 고집대로 해 버린다.

자신의 마음을 깊이 살피지 않으면, '나는 말로만 귀의하는 것이 아니라 나름 잘 하고 있다'고 만족할 수도 있겠지만 마음속을 자세히 들여다보면 뽀또와의 경책이 지당하다고 느낄 것이다.

그러므로 부처님의 공덕을 계속 사유하여 마음속 깊이 부처님을 향한 참된 믿음이 생기도록 노력해야 한다. 그러한 믿음이 생기면 부처를 이루는 법과 그 법을 행하는 승보에도 그와 같은 믿음이 생기게 되니 비로소 삼보에 대한 참된 귀의가 이루어진다. 그러한 믿음이 없으면 도道는 차치하고 참된 귀의조차 불가능하다.

1-나. 법보의 공덕

법보의 공덕은 불보의 공덕을 통해 이해될 수 있다. 부처님에 대한 깊은 공경심이 이유가 되어 법보의 공덕을 알게 된다. 무량한 공덕을 지닌 부처라는 존재는 교법教法[78]과 증법證法[79]에서 생긴 것인데, 즉 교법을 듣고 사유하며 공덕을 이루는 도제道諦를 닦아 허물을 여읜 멸제滅諦를 증득한 증법에서 생기는 것이다. 따라서 법에 그와 같은 공덕이 있음을 알아야 한다. 『정섭법경正攝法經』에서 다음과 같이 말씀하셨다.

> 불세존들은 무량한 공덕을 지니신 분들이니 그분들은 법에서 나온

불세존이란 존재는 오직 법에서 나온 것이며, 법을 행함에 있어 자신의 본분을 다하여 성취한 것이며, 법의 공덕을 구현한 것이며, 계학이라는 특별한 조건(증상연)으로 이룬 것이며, 정학에서 생긴 것이며, 교법의 목적인 증법을 확신하여 성취한 것이다.

---

78) 부처님께서 말씀하신 삼장을 말한다.
79) 부처님의 가르침을 증득한 것을 말한다.

것, 법의 본분을 행한 것, 무루의 법이 화현한 것, 계학이라는 법의 주상연主上緣[80]으로써 이룬 것, 정학의 법에서 생긴 것이고, 법[교법]의 목적인 법[증법]을 믿어 법으로써 이룬 것이다.

1-다. 승보의 공덕

승보의 공덕에 있어서 그 중심은 성현聖賢[81]들이며 승보의 공덕 역시도 법의 공덕을 생각하여 그것을 여법하게 행하는 이치를 생각하는 것이다. 『정섭법경』에서 다음과 같이 말씀하셨다.

> 승가僧伽[82]란 법을 말하고, 법을 행하고, 법을 생각하는 자이며, 법의 터전이자 법을 지닌 자이며 법에 의지하고 법에 공양하고 법의 일을 하는 자이며 천성이 진실되고 천성이 청정하며 큰 비심悲心을 지닌 자, 연민심을 가진 자, 항상 적정을 즐기는 자, 항상 법에 머무르는 자, 항상 선을 행하는 자라고 생각해야 한다.

〈3〉-2. 삼보 각각의 차이를 아는 것

두 번째 삼보의 차이를 아는 귀의란 『유가사지론』의 「섭결택분」[83]에 나

깨달은 성현은 한 개인이라도 승보이며, 성자의 반열에 오른 것과 상관없이 네 명 이상의 구족계를 지닌 승려를 승가라고 하며 이것이 승보의 최소 단위이다. 깨닫지 못한 한 개인은 승려라도 승보는 아니다. 이로써 '승(僧)'과 '승보(僧寶)'의 차이를 구분할 수 있다.

---

80) 특별한 조건을 뜻한다.

81) 견도(見道) 이상의 깨달음.

82) 4명 이상의 비구나 비구니를 뜻한다.

83) 한역 復次, 由六種相, 佛·法·僧寶差別, 應知, 一由相故, 二由業故, 三信解故, 四修行故, 五隨念故, 六生福故。云何相故, 三寶差別？謂自然覺悟相 是佛寶, 覺悟果相是法寶, 隨他所教正修行相是僧寶。云何業故三寶差別？謂轉正教業是佛寶, 捨煩惱苦所緣境業是法寶, 勇猛增長業是僧寶。『유가사지론』 64권(ABC, K0570 v15, p.1010b15-b23) 云何信解故三寶差別？謂於佛寶, 應樹親近承事信解, 於法寶所應樹希求證得信解, 於僧寶所應樹和合同一法性共住信解。云何修行故三寶差別？謂於佛寶, 應修供養承事正行, 於法寶所應修瑜伽方便正行, 於僧寶所應修共受財法正行。云何隨念故三寶差別？應以餘相, 隨念佛寶, 應以餘相, 隨念法寶, 應以餘相, 隨念僧寶, 謂是世尊乃至廣說。云何生福故三寶差別？謂於佛寶, 依一有情, 生最勝福, 於法寶所, 即依此法, 生最勝福, 於僧寶所, 依多有情, 生最勝福。『유가사지론』 64권(ABC, K0570 v15, p.1010c01-c15)

와 있듯이 삼보 각각의 차이점을 알고 귀의하는 것이다. 여기에는 여섯 가지 내용이 있다. 그 가운데 ① 본질적 차이는 순서대로, 불보佛寶는 무상정등각의 본질[性相]이고, 법보法寶는 그것의 결과이며, 승보僧寶는 부처님의 가르침에 의지하여 바르게 성취하는 존재이다.

② 역할[業]의 차이는 순서대로 불보는 최적의 가르침[法]을 내리시고, 법보는 번뇌와 고통을 끊게 하며, 승보는 환희심을 일으키는 역할을 하는 것이다.

③ 신해심信解心의 차이란 순서대로 불보를 공경하고 봉양해야 할 존재로 귀하게 여기는 신해심과 법보를 마땅히 증득할 바로서 귀하게 여기는 신해심, 승보를 법에 적합한 것을 함께하는 존재로서 귀하게 여기는 신해심이다.

④ 행行에 따른 차이는 순서대로 불보에는 공양과 공경을 행하는 것이고 법보에는 수행[유가행瑜伽行]을 행하는 것이며 승보는 법과 재물을 공동으로 함께 향유하는 것이다.

⑤ 수념隨念에 따른 차이는 "이와 같이 세존께서"라고 시작하는 경[84]의 말씀처럼 삼보의 공덕을 각각 떠올리는 것이다.

⑥ 복덕 증장에 따른 차이란 유정有情과 무정無情에 의해 뛰어난 복덕이 증장됨을 의미한다. 법보는 무정에 의해 복덕이 증장되는 것이며 불보와 승보는 유정에 의해 복덕이 증장되는 것이다. 거기에는 하나 혹은 다수에 의해 복덕이 증대되는데 승가는 반드시 네 명 이상으로 구성되기 때문이다.

〈3〉-3. 삼보를 귀의처로 받아들이는 것

삼보를 귀의처로 받아들여 맹세로써 귀의한다는 것은, 부처님은 교조敎祖라는 귀의처로, 법은 열반을 이루어 주는 참된 귀의처로, 승보는

깨달은 한 성현으로 인해 복이 증대되는 경우도 있고 다수의 비구나 비구니 승가로 인해 복이 증대될 수도 있다.

---

84) 『대염처경』을 가리킨다.

법의 조력자라는 귀의처로 받아들이고 귀의를 맹세하는 것이다. 이는
『비나야광석毗柰耶廣釋』[85])에 나와 있는 대로이다.

〈3〉-4. 다른 대상을 귀의처라 하지 않고 오직 삼보에 귀의하는 것

다른 것을 귀의처라고 말하지 않고 오직 삼보에 귀의함이란 불교와 외
도 각각의 교조, 교법, 교도의 차이점과 그 우열을 알고서 오직 삼보만
을 귀의처로 여기며 불교에 반하는 외도의 교조나 법 따위를 귀의처로
여기지 않는 것이다.
불교와 외도의 차이 가운데 교조의 차이란 불교의 교조이신 부처님은
결코 허물이 없고 모든 공덕이 원만히 구족된 존재이지만 외도의 교조
는 그와 같지 않다는 것이다. 따라서 『수승찬殊勝讚』[86])에서는

<blockquote>
는 다른 교조를 버리고
세존 당신께 제가 귀의하나이다
그것이 무슨 연유인가, 당신은
무결하며 모든 덕이 있어서이네
</blockquote>

라고 말씀하셨고 또 다음과 같이 말씀하셨다.

<blockquote>
다른 외도의 교의를
아무리 생각해 보아도 생각하면
생각할수록 수호자 당신을 향한
나의 이 마음, 믿음으로 바뀌네
</blockquote>

---

85) 덕광(德光) 논사의 『비나야경론』을 법우(法友) 논사가 해설한 석론(釋論)이다.

86) 인도의 논사 Udabhattasiddhasvami가 지은 찬불문.

그처럼 일체지자의 견해가 아닌

견해의 허물로 그릇된 생각을 가진

지혜 없는 외도들은 허물없는

교조이신 당신을 보지 못하네

교법의 차이란 부처님의 법은 행복한 길[道]을 통해 행복의 결과를 얻고, 윤회의 흐름에서 벗어나며 번뇌를 정화하고, 해탈을 원하는 자에게 속임이 없으며, 오로지 선하고, 죄를 정화하지만 외도의 법은 이와 상반되는 것이다. 『수승찬』에서 다음과 같이 말씀하셨다.

이러한 연유라네 당신의 법은

행복으로 행복을 얻게 하는 것

그 때문에 사자후를 설하는 당신의

교의를 이 중생이 좋아한다네

『찬응찬』에서도 다음과 같이 말씀하셨다.

취할 것과 버려야 할 것

무염오無染汚와 염오染汚

그것이 대웅大雄, 당신의 말씀과

외도의 말의 차이이네

이것은 유일한 진실의 법[眞如]

저것은 오직 거짓된 법이라면

당신의 말씀과 외도의 말에

이보다 더한 차이가 또 있으리

이것은 오로지 선이며 저것은
오로지 장애가 되는 것이라면
당신의 말씀과 외도의 말에
이보다 다른 점이 뭐가 있으리

저것으로 오염되고 또 오염되며
이것으로 맑아지고 또 청정해지니
그것이 수호자 당신의 말씀과
외도의 말의 차이라네

그와 같은 말씀대로 교도教徒[87]인 승가의 차이 또한 알 수 있다.

    {1}-〈4〉 귀의에 따른 행(行)
        〈4〉-1. 섭결택분의 가르침
        〈4〉-2. 선지식의 전승에서 비롯된 가르침

삼보에 귀의한 자는 어떠한 행을 하고, 하지 않아야 하는가. 귀의에 따른 행은 두 가지로 「섭결택분」에서 나온 것[88]과 스승들의 전승[祕訣]에서 비롯된 것을 설한다.

먼저 「섭분」에 언급된 내용은 두 부분으로 나누어 각각 네 항목이 있다.

    〈4〉-1. 섭결택분의 가르침

첫 번째 부분, 첫째 ①뛰어난 분[善士]에게 의지하는 것이다. 이는 앞서[89] 설명했듯이 바른 선지식은 모든 공덕의 근원임을 알고 이에 의지

---

87) 교조와 교법을 따르는 제자를 뜻한다.

88) 한역 一親近善士, 二聽聞正法, 三如理作意, 四法, 『유가사지론』 64권(ABC, K0570 v15, p.1010a21−a22)隨法行, 若有成就此四正行, 乃名歸依. 『유가사지론』 64권(ABC, K0570 v15, p.1010b01−b02)

89) 『보리도차제광론』에서 하근기 이전에 설명한 선지식 편을 가리킨다.

「섭결택분」의 가르침
첫 번째 부분
불보에 귀의하였다면
①뛰어난 스승에 의지하고, 법보에 귀의했다면 ②정법을 배우고, ③이치에 따라 사유(如理作意)하며, 승보에 귀의했다면 ④법(열반)으로 나아가는 존재를 조력자로 여겨 그분을 따라 배우는 것이다.

하는 것이다. 왜냐하면 부처님께 귀의의 길을 보여 주시는 분을 귀의처로 여기는 것이니 이에 부합되는 정행이란 도를 보이시는 분에게 실제로 의지하는 것이기 때문이다.

② 정법正法을 듣는 것[청문聽聞]과 ③ 이치에 맞게 사유[여리작의如理作意]하는 것이다. 이는 부처님과 부처님의 제자인 성문이 설하시는 경장과 논장 등을 가능한 많이 청문하고 번뇌를 없애는 법을 마음에 새기는 것이다. 왜냐하면 법에 대한 귀의란 교법과 증법을 성취해야 할 목표로 여기는 것이며 이에 부합되는 행이 청문과 여리작의이기 때문이다.

④ 법에 부합되는 정행을 하는 것이다. 즉 열반이라는 법에 부합되는 정행을 행하는 것인데, 승보에 대한 귀의는 열반으로 나아가는 존재를 조력자로 여겨 해탈을 위해 도에 머무는 분을 따라 배우는 것이 법에 부합되는 정행이기 때문이다.

다음은 두 번째 부분이다. ①육근六根[90]이 들뜨지 않도록 하는 것이다. 경계에 방만한 육근[91]에 마음이 뒤따라 그 경계에 들뜨는 것[도거 掉舉]을 허물로 보고 마음을 다시 안으로 거둬들이는 것이다.

②수행의 근원인 계율을 바르게 수지하는 것이다. 부처님께서 정하신 계율을 가능한 만큼 수지하는 것이다.

③중생에게 자비심을 가지는 것이다. 부처님의 법은 자비를 근본으로 하므로 삼보에 귀의한 자 역시 중생을 사랑하며 결코 해하지 않는 것이다.

④때마다 삼보에 공양하는 데 노력함이란 매일 매일 삼보에 공양하는 것이다.

---

90) 눈(眼根)·귀(耳根)·코(鼻根)·혀(舌根)·피부(身根)의 다섯 감각기관과 생각(意根)을 말한다.

91) 경계에 방만함이란 육근을 다스리지 않고 방일하게 방치하여 아무 것이나 보고 듣는 것을 말한다. 그처럼 안근과 이근이 어떤 경계를 보고 들으면 마음이 그 뒤를 따라 그것에 집착하여 들뜨게 되므로 이를 허물로 여겨 다스려야 한다.

〈4〉-2. 선지식의 전승에서 비롯된 가르침

　　2-가. 개별적 실천
　　2-나. 보편적 실천

둘째, 스승들의 전승[비결]에서 비롯된 것은 두 가지로 삼귀의에 따른 개별적 실천과 보편적 실천이다.

　　2-가. 개별적 실천
　　　　가-1) 하지 않아야 할 것
　　　　가-2) 해야 할 것

첫 번째(개별적 실천)에는 하지 않아야 할 것과 해야 할 것이다.

그 가운데 하지 않아야 할 것은 『열반경涅槃經』에서

　　삼보에 귀의하는 자

　　그는 참으로 선에 가까운 자

　　어떤 때라도 다른 신들에게

　　귀의하지 않느니라

　　정법에 귀의한 자

　　해하고 죽이려는 마음을 멀리하고

　　승보에게 또한 귀의한 자

　　외도들과 함께하지 않느니라

라고 하셨으며 또 다음과 같이 말씀하셨다.

　　다른 신에게 귀의하지 않는 것

　　중생을 해하는 일을 버리는 것

　　외도와 함께 하지 않는 것 세 가지이니라

삼귀의를 한 자는 각 귀의처에 개별적으로 하지 않아야 하는 것이 있는데 불보에 귀의했다면 ①세속신을 귀의처로 여기지 않아야 하고, 법보에 귀의했다면 ②중생을 해하지 않아야 하며, 승보에 귀의했다면 ③삼보를 불신하고 비방하는 자와 어울리지 않아야 한다.

여기 하지 않아야 할 것에는 첫째 세속신을 구경의 귀의처로 삼지 않는 것이다. 세속신인 시바와 비슈누 등을 귀의처로 여기지 않아야 한다면 아귀신인 지신이나 산신 혹은 용신은 말할 필요도 없다. 이는 삼보를 믿지 않고 세속신에게 의지해선 안 되는 것을 뜻하며 불사佛事를 하는 데 세속신들에게 임시방편으로 도움을 요청하는 정도는 문제되지 않는다. 비유하자면 보시자에게 생활에 필요한 도움을 요청하고 병을 고치기 위해 의사에게 의지하는 것과 같은 것이다.

둘째, 사람과 짐승 등을 때리거나 결박하고 가두며 코청을 뚫고 감당할 수 없는 짐을 지우는 등 생각이나 행으로 중생에게 폭력을 가하거나 해하지 않는 것이다.

셋째, 삼보를 귀의처로 믿지 않거나 삼보를 비방하는 자들과 어울리지 않는 것이다.

가-2) 해야 할 것

삼보에 귀의한 자가 각 귀의처에 개별적으로 행해야 할 것이란 불보에 귀의했다면 ①불상을 부처님의 모습으로 여겨 공경하고, 법보에 귀의했다면 ②경전을 법보와 같이 공경하며, 승보에 귀의했다면 ③승가를 승보와 같이 공경하는 것이다.

세 가지 행해야 할 것은 다음과 같다. 부처님의 모습을 그린 그림이 좋든 나쁘든 간에 조롱하지 않아야 하며 또 험한 곳에 두거나 담보로 맡기는 등 함부로 하고 경시하는 일이 없어야 한다. 즉 불상을 부처님처럼 공경하여 복전으로 삼는 것이다. 『친우서』에서 다음과 같이 말씀하셨다.

> 그와 같이 나무로 만든 여래의 상일지라도
> 만든 것이 무엇이든 현자는 공양한다네

『분별율경(分別律經, Vinaya-vabhaṅga)』[92]에 의하면 마나바 카필라(Mānavakapila)라는 자가 유학도有學道와 무학도無學道의 스님들에게 "코끼리 대가리 같은 너희가 법과 법 아닌 것이 무엇인지 알기나 하

---

92) 티벳역본 설일체유부율의 첫번째 부분으로 주로 비구계에 대한 내용을 다룬다. 한역으로는 의정(義淨)이 번역한 『근본설일체유부비나야(根本說一切有部毗奈耶)』가 있다.

는가"라고 말하는 등 열여덟 종류의 갖가지 나쁜 말[惡口]을 하여 열여
덟 개의 머리를 가진 괴물 물고기로 태어났으며 가섭불 때부터 석가모
니불 때까지 여전히 축생을 면치 못하였다고 하였다.

『잡사(雜事 Vinaya-kṣudraka-vastu)』[93])에는 구류손[94]) 부처님의 입
멸 후에 보시자인 단묘(端妙 Cārumat) 왕이 대탑을 조성토록 하였는
데 고용된 어떤 기술자가 '이렇게 엄청나게 큰 불탑을 만들게 해서 도
무지 언제 끝날지 알 수가 없다'고 두 차례 빈정거리고는 일을 그만두
었다. 후에 훌륭히 완공되자 그만둔 것을 후회하여 이전에 받은 품삯으
로 황금 종을 만들어 달아 공양하였는데 훗날 못생기고 왜소하지만 아
름다운 목소리를 가진 '묘음'이란 자로 태어났다고 한다. 그러므로 불
상에 대해 이러쿵 저러쿵 말하지 말며 다른 이들이 좋은 재료를 가지고
불상 등을 조성하거나 크게 조성하는 것을 깔보거나 부정적으로 조언
하는 따위의 일을 하지 않아야 한다.

어느 날 낼졸빠 첸뽀(rnal 'byor pa chen po)[95])께서 아티샤 존자께 문수
보살의 불상을 보여 드리고 "이 상相이 좋은지, 어떤지요? 좋으면 롱빠
(rong pa) 갈게와(Gar dge ba)가 지불한 네 량의 돈을 주고 사들이겠습니
다."라고 여쭈자 아티샤께서 말씀하시길, "문수보살의 상像에 좋지 않

<hr>

93) 설일체유부율에서 주로 사문의 일에 대한 내용이다. 한역으로는 의정(義淨)이 번역한 『근
본설유부비나야잡사(根本說有部毘奈耶雜事)』가 있다.

94) 현겁의 천 분의 부처님 가운데 첫 번째 부처님.

95) 낼졸빠 첸뽀는 대수행자라는 뜻의 별칭이며 법명은 장춥 린첸(byang chub rin chen)이
다. 생몰연대는 확실하지 않다. 아티샤께서 티벳에 오셨다는 소식을 듣고 존자를 뵙기 위해
캄에서 중앙 지역으로 건너왔다. 아티샤를 뵙자마자 전생의 인연을 알았으며 즉각 소작(所作)
탄트라의 가르침을 받았다고 한다. 존자의 심부름으로 보드가야를 세 번이나 다녀오는 수고
도 마다하지 않을 정도로 충실한 제자였는데 아티샤께서 "지구를 세 바퀴 돌아도 너 같은 제
자를 얻기 힘들다"고 칭찬하실 정도였다. 존자의 시자로 매일 시봉하는 것에만 시간을 보내
자 문득 자신은 수행의 복덕이 적다는 생각이 들었는데 스승께서 이를 아시고 "신구의가 스승
의 시봉에 쓰인다면 다른 수행이 필요 없다."고 하신 것은 유명한 일화이다. 스승의 입적 후 스
승의 유훈대로 돔뙨빠에 의지하여 라뎅사원에 머물렀으며 돔뙨빠 입적 후에 까담파의 법통을
계승하였고 밀교 원만차제의 깨달음을 성취하여 신통에 걸림이 없었다. 63세에 입적하셨다.

은 것은 없다. 작가의 솜씨는 보통이다."라고 하시며 정수리에 대고 예를 표하셨는데 조성된 모든 것을 그처럼 한결같이 공경으로 대하셨다.

경전을 법보와 같이 공경하는 것

사구게 한 게송뿐인 법의 글귀라 할지라도 함부로 해서는 안 된다. 또 경전을 담보로 맡기고 장사의 밑천으로 삼거나 바닥과 험한 곳에 두거나 신발과 함께 싸서 가지고 다니거나 경전을 타넘는 등 경전을 함부로 하는 불경함을 모두 버리고 법보와 같이 공경해야 한다.

선대 스승들이 경전을 법보와 같이 공경하였던 일화

선지식 짼응아와[96]께서는 누군가 경전을 모시고 가는 것을 보면 바로 일어나 합장하셨는데 이후에 노쇠하여 일어서지 못하게 되었을 때는 앉아서라도 예를 다하여 합장하셨다고 한다.

아티샤 존자께서 아리(ng-ri)[97] 지역에 계실 때의 일이다. 한 밀교행자는 존자에게 법을 듣지 않았는데 어느 날 한 문서원이 표시하기 위해 경책에 이똥[치태齒苔]을 묻히는 것을 보고 존자께서 사색이 되어 이를 용납하지 않으시고 "이런, 안 될 일이다. 안 된다."고 하시자 이를 보고 그 행자는 존자에 대한 존경과 큰 신심이 생겨 존자의 법을 듣게 되었다고 한다.

쌰라와(sha ra wa)[98]께서도 "우리들은 법을 장난쯤으로 여기는데 법과 설법자에게 불손한 행위가 지혜에 결함이 생기는 원인이다. 지금의 이 어리석음이면 되었지. 더 이상 어리석어지는 원인을 짓지 마라. 이

---

96) (1038-1103): 본명은 린첸 바르(rin chen 'bar). 까담파의 선지식으로 돔뙨빠의 제자이며 범어에 정통한 역경사이다.

97) 티벳 서북 지역으로 구게 왕국이 번창했던 티벳 서북 지역으로 카일라스가 있는 곳이다.

98) (1070-1141): 까담파의 선지식. 본명은 욘땐 닥(yön ten drak). 뽀또와 제자이며 삼장을 다 암송하였다고 한다.

보다 더 어리석어진다면 앞으로 무엇을 할 수 있겠는가."라고 하셨다.

출가자를 승보와 같이 공경하는 것

승가나 출가자, 사문의 모습을 하고 있는 자와 그러한 징표에조차 함부로 말하거나 경시하지 않아야 하며 '너희와 우리'라고 편을 가르고 적대시하는 것을 모두 버리고 승보와 같이 공경한다. 『권발증상의요勤發增上意樂』[99]에서 다음과 같이 말씀하셨다.

사문의 모습을 하고 있는 자란, 승복이나 법의를 입고 있는 자를 말한다.

사문의 징표는 가사를 비롯한 법의를 만드는 천이나 재료 등을 말한다.

> 공덕을 원하는 자, 산속에 머물러서
> 상대자의 허물을 살피지 않는다네
> 내가 더 낫고 내가 뛰어나다는
> 그 생각으로 교만심을 일으키지 말라
>
> 이 교만심은 모든 방일함의 뿌리라서
> 못난 비구라도 결코 멸시해선 안 되니
> 한 겁 동안에 해탈을 얻지 못하게 되네
> 이것이 이 교법의 순리라네

돔뙨바와 낼졸빠 첸뽀께서는 길에 떨어진 노란 헝겊 조각이라도 그것을 밟지 않고 주워서 깨끗한 곳으로 옮기셨다고 한다. 우리도 그와 같이 승가를 승보로 여기는 선대 선지식들의 행을 본받아야 한다. 내가 삼보를 공경하면 할수록 그만큼 중생들도 나를 더욱 더 귀하게 여겨 공경하게 되는 것이다. 그러므로 『삼마지왕경』에서 다음과 같이 말씀하셨다.

티벳에서 노란 헝겊은 승복을 만드는 재료가 된다.

> 어떠한 행위를 한 것은
> 그와 유사한 과보를 얻게 된다네

---

99) 『대보적경』 92권의 내용.

6가지 보편적 실천
1. 삼보의 공덕을 떠올리며 귀의하기
2. 삼보에 공양하기
3. 자비심으로 중생을 삼보에 귀의하도록 이끄는 것.
4. 어떤 일을 시작할 때 삼보 전에 아뢰고 공양을 올리며 삼보에 의지하여 이룰 것.
5. 낮과 밤으로 세 번씩 삼귀의할 것.
6. 삼보에 대한 귀의심을 버리지 않는 것.

두 번째 보편적 실천에는 여섯 가지가 있다.

그 가운데 첫 번째는 삼보의 특징과 공덕을 떠올려 계속 귀의하는 것이다. 이것은 앞서 설명한 대로 외도와 불교의 차이점과 삼보 각각의 차이점과 그러한 공덕을 계속 사유하며 귀의하는 것이다.

두 번째는 삼보의 큰 은혜를 늘 잊지 않고 떠올려 항상 공양하는 데 노력하며 특히 주식이나 부식을 먹을 때는 첫 먹거리를 올린다. 『삼마지왕경』에서 다음과 같이 말씀하셨다.

> 부처님께 공양한 복덕으로 먹거리를 얻었으나
> 어린아이[凡夫]는 그것에 대한 은혜를 갚지 않는다네

이처럼 먹거리를 얻게 된 것을 비롯하여 우리 자신에게 생긴 모든 행복과 이익이 삼보의 은혜로 인한 것임을 알고 보은하려는 마음으로 공양을 올리는 것이다.

여기에 또 공양하는 것과 공양하는 마음 두 가지를 설한다.

[열 가지 공양]
① 색신에 공양
② 불탑에 공양
③ 실재적 공양
④ 비실재적 공양
⑤ 자신이 행하는 공
⑥ 남에게 시키는 공양
⑦ 재물 및 봉양 공양
⑧ 광대한 공양
⑨ 번뇌가 없는 공양
⑩ 정행 공양

먼저 공양에는 열 가지가 있으며 그 가운데 첫째 부처님의 몸에 공양하는 것이란 부처님의 실제 색신色身에 공양하는 것이다.[100]

둘째 불탑에 공양함이란 부처님께 공양을 올리기 위하여[101] 불탑 등에 공양하는 것이다.

셋째 실재적 공양이란 앞의 저 두 가지 공양을 자신의 오근이 감지할

---

100) 부처님의 색신은 화신과 보신을 말하지만 여기서는 화신을 뜻한다.(ⓡ 하근기 167쪽)

101) 『사가합주』에 따르면 여기에서 '위하여(ཕྱིར་དུ་ phyir du)'는 '부처님께 공양하기 위하여, 부처님을 따르기 위하여, 부처를 이루기 위하여'라는 세 가지 의미를 가지고 있다고 한다. (ⓒ 244쪽) 이외에 샤르마 람림에서는 '부처님의 은혜를 갚기 위하여'라는 의미로 해석한다.

수 있는 실재적 대상에게 공양하는 것이다.

넷째 비실재적 공양이란 자신의 오근에 감지되는 실재적 대상이 아닌 부처님과 불탑을 마음으로 염하여 모든 부처님과 불탑을 향해 공양하는 것이다. 부처님의 입멸 후에 부처님을 기리기 위하여 부처님의 몸[佛像]과 하나의 불탑에 공양하는 것도 비실재적 공양이다. 실재적 공양과 비실재적 공양 이 두 가지 공양 가운데 어떤 공양을 하든지 간에 공양의 대상인 부처님의 법성은 제불의 법성과 같은 것이다. 그러한 법성을 생각하며 올리는 공양은 특별한 공양이다.[102] 따라서 저 실재적 두 대상(화신불과 불탑 등)에게 공양하는 것과 삼세제불과 시방의 가없는 불탑에도 올린다는 생각으로 실재적 대상과 비실재적 대상에게 공양하는 것은 일반적 공양이다. 전자의 복덕이 광대하지만 후자는 그보다 더 광대하며 세 번째(법성을 생각하며 올리는 공양)는 그보다 더 광대하다고 하였다. 그러므로 부처님이나 불상 등 어떤 한 대상에게 공양할 때마다 그 대상의 법성이 일체 부처님의 법성과 다르지 않다고 생각함과 동시에 제불諸佛께 공양을 올린다는 생각으로 공양하는 것이 중요하다.

다섯째 자신이 행하는 공양이란 게으름과 나태함, 방일함으로 타인에게 시켜서 행하는 것이 아닌 자기 손으로 직접 행하는 것이다.

여섯째 타인을 공양하도록 만드는 공양이란 자신에게 있는 재물로, '복이 적어 공양할 능력이 되지 않는 불쌍한 이 중생을 공양하게 한다면 복을 얻지 않을까'라고 생각하여 자비심으로 오직 타인을 공양하도록 만드는 것이다. 또 함께 하기를 권유하여 나와 남이 함께 공양한다면 그것은 자타 공동의 공양이다. 이러한 이 세 가지 복의 크기는 앞서 언급한 것과 같다.

현재 우리가 불상과 불탑에 올리는 공양은 모두 비실재적 공양이다. 링린포체의 말씀에 따르면 보드가야에 가는 사람에게 대탑에 등공양을 올려달라고 부탁하여 올린 공양이 대표적인 비실재적 공양이다. (Ⓡ 하근기 167쪽)

자신이 행한 공양의 복덕과 연민으로 남을 공양하게 만드는 공양, 공양을 권유하여 자타가 함께 하는 이 세 가지 공양의 복의 크기는 첫 번째보다 두 번째가 더 크고, 두 번째보다 세 번째가 더 크다.

---

102) 링린포체와 달라이라마 존자님의 해설에 의해 의미를 보충하였다. (Ⓡ 하근기 168쪽, Ⓓ 상권 694쪽)

일곱째 재물과 봉양의 공양이란 먼저 의복, 음식과 침구, 좌복, 병을 치료하는 약과 생필품, 산개傘蓋[103] 가루향抹香, 도향塗香,[104] 꽃타래花鬘, 음악, 갖가지 등燈을 올리는 것은 재물 공양이며 공손히 말하는 것과 절하는 것, 일어서는 것, 합장하는 것, 다양한 형태로 찬탄하는 것, 오체투지 하는 것, 오른쪽으로 도는 것 등은 봉양의 공양이다. 게다가 무한한 열매를 주는 비옥한 대지와 같은 공양물이나 영락瓔珞,[105] 완천腕釧[106]을 비롯한 장엄구나 작게는 풍경과 같은 것을 올리고 '까르샤빠나[107]' 금전을 뿌리며 실로 엮은 덮개[108]를 부처님 또는 불탑에 바치는 것이다.

여덟째 광대한 공양이란 재물과 봉양으로 오랫동안 공양하는 것이다. 많은 양을 오랫동안 공양하고, 좋은 것을 오랫동안 공양하고, 실재적 대상과 비실재적 대상에게 오랫동안 공양하고, 자신이 오랫동안 직접 행하거나, 남에게 오랫동안 행하게 하고, 나와 남이 행한 것을 진심으로 좋아하며 환희심으로 공양하는 것이다. 그러한 공양의 선善까지도 무상정등각에 회향하는 것이 일곱 가지 광대한 공양이다.

아홉째 번뇌가 없는 공양이란 경시하는 마음이나 나태함과 게으름으로 남을 시키지 않고 자신의 손으로 직접 행하고, 공경으로 행하며, 일념으로 하고, 탐심 등의 번뇌가 섞이지 않은 마음으로 행하고, 부처님을 믿는 왕 등으로부터 명리를 바라는 마음으로 행하지 않으며, 공양에 적합한 물건을 올리는 여섯 가지 공양이다.

---

103) 인도에서 햇볕이나 비를 가리기 위해 쓰던 것으로 좌대를 덮는 장식품.
104) 바르는 향.
105) 구슬이나 귀금속을 꿰어서 머리·목·가슴 따위에 두르는 장신구.
106) 팔목이나 팔에 끼는 장식.
107) 인도에서 공양을 할 때 올리는 작은 돈.
108) 실로 엮은 덮개는 불상과 불탑에 새들이 앉거나 더럽혀지지 않도록 만든 것.

공양에 적합한 것이란 공양에 적합하지 못한 것, 즉 바라향[109]을 바르는 것과 기름[110]으로 닦는 것, 구굴(gu-gul)[111]향을 피우는 것, 아르까[112]의 꽃 등 그밖에 공양물이 될 수 없는 것을 제외한 것을 말한다. 이러한 재물을 공양하는 데 있어서 만약 자신이 이룬 것이나 타인을 통해 얻은 재물이 없다면, 타인의 공양을 수희찬탄하는 것도 방법이다. 여래에게 어떤 공양을 하든 세상에 존재하는 모든 여래 공양을 좋아하고 광대한 공양을 관상하여 마음으로 수희찬탄한다면 작은 노력으로 무량한 대공양을 올리는 것과 같다. 그러한 수희찬탄으로 올린 대공양은 깨달음[보리菩提]을 얻게 하는 자량에 해당되므로 항상 평온하고 기쁜 마음으로 수희찬탄에 노력해야 한다. 또한『보운경寶雲經』과『건립삼삼매야경建立三三昧耶經』의 말씀처럼 재물이 없다면 주인 없는 꽃과 열매, 나무, 보물 등을 올리는 것도 방법이다.

열째 정행正行 공양이란 소소하게 소젖을 짜는 일상의 짧은 시간이라도 사무량심, 사법인, 삼귀의, 육바라밀의 공덕을 떠올리고 심오한 공성의 의미를 신해信解하며 산란한 분별이 없는 사마타에 머물고, 계율을 지키기 위해 마음을 제어하고, 보리분법과 육바라밀행과 사섭법四攝法을 닦고 매진하는 것이다. 이상의 열 가지 공양으로 삼보에 공양하는 것이 원만한 공양이다.

공양할 때의 마음가짐

공양을 할 때에 삼보에 작은 공양을 올려도 무량한 과보가 생길 수 있는데, 그것은 마음에 따른 것이다. 무량한 과보가 생기게 하는 마음은

---

109) 구린내가 나는 향료.

110) 버터 따위의 기름.

111) 몰약 나무의 일종으로 주로 지저분한 것을 정화하거나 사기를 물리칠 때 쓰는 향.

112) 독가시가 있는 꽃.

[여섯 생각의 논거]
①부처님께 의지하면 일체 공덕을 성취하게 되기 때문이다. ②삼승의 도를 모두 보여 주시는 은혜를 베풀기 때문이다. ③일체 존재 중에 가장 뛰어나기 때문이다. ④부처라는 존재는 무수한 인연에 의해 이룰 수 있기 때문이다. ⑤한 세계에 오직 한 분의 수승화신이 출현하기 때문이다. ⑥부처님께 의지하면 세간이나 출세간에서 원하는 모든 것을 이루는 것이 가능하기 때문이다.

쌰라와 어록의 내용은 차공양을 올릴 때 마치 차 위에 뜬 먼지를 없애려고 최소량의 차를 어쩔 수 없이 버리는 것처럼 아까워서 소량의 차를 올리는 티벳인을 경책하는 부분이다.

다음과 같이 여섯 가지이다. 부처님은 위없는 공덕의 복전이라는 생각, 위없는 은혜의 복전이라는 생각, 일체 존재 가운데 가장 뛰어난 존재라는 생각, 우담바라 꽃처럼 지극히 희귀하다는 생각, 삼천대천세계의 한 세계에 출현하신 오직 한 분의 수승화신이므로 유일한 존재라는 생각, 세간과 출세간의 일체 수승함의 바탕이라는 생각으로 공양한다. 이는 『유가사지론』의 「보살지菩薩地」에 나와 있는 대로 적은 것이다.

평상시에 이와 같은 공양 가운데 할 수 있는 공양을 올리고, 길상한 날과 큰 명절에는 자신의 힘닿는 대로 공양할 수 있으면 좋다.

또 평상시에 늘 먹고 마시기 때문에 그때마다 첫 먹거리를 공양한다면 작은 노력으로 많은 복덕자량을 지을 수 있으므로 물 한 잔을 마시더라도 진심을 다해 먼저 삼보에게 공양을 올린다.

또 공양 올릴 때에는 곰팡이 핀 것이나 누렇게 시든 것이 아닌, 가장 좋은 것부터 공양해야 한다.

또 첫 차를 한 잔 올릴 때에도 매번 마치 차 위에 뜬 먼지를 털어내려고 최소량의 차를 버리는 것처럼 공양해서는 안 된다는 말씀도 선지식 쌰라와 어록에서 볼 수 있다.

공양을 좋아해야 하는 이유

예를 들면 토양이 매우 비옥한 밭이 있다면 파종 시에 씨 뿌리지 않고 그냥 버려둘 수 없는 것과 같이 사계절 내내 끊임없이 복락의 종자를 뿌릴 수 있고, 이생과 내생에 행복과 복락의 열매를 가져다주는 이 복전을 방치하지 말고 신심의 쟁기로 일구어야 한다는 경의 말씀처럼 그와 같이 행하지 않는다면 참으로 안타까운 일이다. 그러므로 『찬응찬』에서 다음과 같이 말씀하셨다.

당신과 같은 복전은

삼계에 없으니

당신은 가장 뛰어난 공양처

행렬을 청정히 세우는 지도자

허공에 끝이 없어

세로와 가로도 그와 같듯

당신에게 약이 되고 해가 되는

이숙과 또한 끝이 없다네

비구 승가가 줄지어 탁발할 때 부처님께서 선두에 계시면 그 행렬이 여법하여 모두 신심을 일으킨다.

그러나 우리는 그와 같은 뛰어난 복전을 평범한 밭뙈기 정도로도 보지 않는데, 그것은 우리가 지닌 돼먹지 못한 태도이다. 그러므로 이제는 그러한 잘못된 태도를 버리고 삼보에 항상 공양하는 데 노력해야 한다. 그와 같이 노력한다면 청정한 복전에서 선근을 키우는 힘을 통해 도자체에서 생기는 지혜의 힘이 더욱 증장될 것이다.

특히 법을 들어도 그 말이 마음에 남지 않고 생각해도 의미를 모르며 닦아도 마음에 도가 생기지 않을 때, 그처럼 지혜의 힘이 미약할 때에는 복전의 위력에 의지하는 것도 하나의 방책이다. 마퓔(ma khol)[113]께서도 다음과 같이 말씀하셨다.

시를 짓는 데 큰 재주가 있는 것은

당신에 의지한 것이니 나의 지혜가

여름철의 강물처럼 한 때는

미약했지만 크게 늘어났네

공양이란 공양물이 주가 아니라 각자의 신심에 좌우된다는 말씀처럼

---

113) 마명보살의 또다른 이름으로 '어머니를 공경하는 자'라는 뜻이다.

신심이 있다면 만다라 공양이나 물 한 그릇과 주인 없는 것 등을 공양하여도 된다. 재화가 없을 때는 어쩔 수 없이 그렇게 해야겠지만 가진 것이 있으면서도 올리지 않고 '나는 복이 없는 가난한 사람이라 나에게 따로 공양 올릴 재물이 하나도 없다'고 하는 자는, "지저분한 소라 그릇에 흔한 향품을 하나 넣고는 '장뇌樟腦¹¹⁴⁾향이 가득한 청정수를 올리나이다'라고 하는 것은 장님이 눈이 성한 사람을 속이는 격이다."라는 뽀또와의 말씀처럼 일체지자인 부처님을 속이는 것과 같다.

푸충와(phu chung ba)¹¹⁵⁾께서 "나는 처음에 코가 매울 정도로 향품을 태워 향공양을 하였고 그 후 네 가지 향을 배합한 향긋한 향을 올리게 되었다. 지금은 아까루¹¹⁶⁾와 두루까¹¹⁷⁾ 등의 그윽하고 향기로운 향을 올린다."라고 말씀하셨듯이 작은 공양을 경시하여 올리지 않는다면 평생 그냥 그렇게 흘러가게 된다. 작은 것부터 정성을 다한다면 점차 나아질 수 있다. 따라서 푸충와의 행을 본받을 줄 알아야 한다. 푸충와께서는 훗날 한 번에 금 스물두 냥 어치의 향을 올리셨다고 한다.

보잘 것 없는 성취에 도취되어 공양을 우습게 생각하는 잘못

도구의 자재함[資具自在]¹¹⁸⁾을 얻은 보살마하살들조차 수십만 개의 몸을 나투고 또 각각의 몸에 수십만 개의 손 따위를 만들어 모든 불국토에 나아가 수많은 겁 동안 부처님들께 공양을 올린다. 보살들께서도 그처

(왼쪽 여백)
보잘 것 없는 공덕의 성취란 완전하지 못한 신통력 따위를 말하는데 그러한 것에 만족하기 때문에 공양을 통해 대각을 얻을 필요가 없다고 생각한다.

---

114) 장뇌수(樟腦樹)에서 추출한 향료로, 향을 만드는 재료.

115) (1031-1106): 돔뙨빠의 제자. 팬율에서 태어나 출팀장춥을 은사로 득도하였다. 법명은 숀누갤첸(gzhon nu rgyal mtshan)이며 돔뙨빠와 게쉬 쿠 아래에서 교학을 배우고 수행하였다. 76세에 입적하였다.

116) 침향(沉香) 중에 백목(白木)향을 말한다.

117) 침향 중에 흑목(黑木)향을 말한다.

118) 『화엄경』 「이세간품(離世間品)」에 의하면 보살의 열 가지 자재함 중 하나라고 한다.

럼 공양을 중히 여기시는데 보잘 것 없는 공덕의 성취에 만족하는 자들이 '나는 그와 같은 공양으로 대각大覺을 기대하지 않는다'고 하는 것은 법을 모르는 좁은 식견이다.

그러므로 『보운경』에서 "경장에서 말씀하신 공양과 크나큰 봉양, 그 어떤 것이든 그와 같은 것들을 들고 마음속 깊이 진실한 마음으로 불보살들에게 회향하는 것이다."라는 말씀처럼 공양을 행해야 한다.

공양은 천신의 공양과 봉양은 인간의 봉양을 뜻한다.

세 번째 보편적 실천, 자비의 마음으로 다른 중생도 삼보에 귀의하도록 이끄는 것이다. 할 수 있는 만큼 타인도 삼보에 귀의할 수 있도록 사랑으로 인도한다.

네 번째 보편적 실천, 어떤 일을 하거나 어떤 목적이 생겼을 때는 먼저 삼보에 공양을 올리고 삼보전에 발원과 기도를 하여 세속의 방편을 버리는 것이다. 이는 어떤 일을 하든 어떤 목적을 이루든 반드시 삼보에 의지해야 하며 삼보에 공양하는 등의 올바른 방편을 행하고, 뵌교[119]와 같이 적절치 않은 방편에 결코 의지해서는 안 된다. 그러므로 오로지 삼보에 항상 마음을 의탁해야 한다.

다섯 번째 보편적 실천, 귀의의 공덕을 알고 낮과 밤으로 세 번 삼보에 귀의한다.

여기에 「섭결택분」에서 언급하고 있는 귀의의 공덕과 선지식의 전승에서 전하는 귀의의 공덕을 설한다.

「섭분」에서 말하는 귀의의 공덕 - 첫 번째 부분

첫 번째 섭분에서 언급하고 있는 것은 두 부분으로 나눠진다.

「섭분」에 언급된 귀의 공덕-첫 번째 부분 ①광대한 복덕을 얻는다. ②기쁨을 얻는다. ③삼매와 청정한 지혜를 얻는다.

119) 샤머니즘과 유사한 티벳 토착신앙.

①광대한 복덕을 얻는다. 『무사고음다라니無死鼓音陀羅尼』에서 다음과 같이 말씀하셨다.

> 불세존은 불가사의하고
> 정법 또한 불가사의하며
> 성중聖衆이 불가사의하니
> 불가사의한 존재를 믿는 이들의
> 이숙과 또한 불가사의하느니라

『섭바라밀다론攝波羅蜜多論』[120)에서도

> 귀의의 복덕에 형상이 있다면
> 이 삼계는 그 그릇으로는 작으니라
> 큰 바다는 물의 저장고
> 한 줌씩 덜어서 헤아릴 수 없는 것과 같으리

라고 말씀하신 대로이다.

②기쁨과 최상의 기쁨을 얻는다. 「염집念集」[121)에서 다음[122)과 같이 말씀하셨다.

> 수없이 밤과 낮으로
> 부처님을 수념하는 자들과

인간으로서 얻을 수 있는 최상의 것을 획득한 기쁨을 맛보게 된다.

---

120) 마명보살의 저술로 바라밀행에 대한 내용.

121) 한역 『법집요송경(法集要頌經)』의 제15품에 해당된다.

122) 인도의 베르따야 지역에 어떤 사람이 부처님의 명호를 듣고 삼보에 귀의하였고, 또 다른 이는 매일 부처님을 수념하였고, 또 다른 이는 법을 수념하였으며, 또 다른 이는 승보를 수념하였다. 꾸베라(kubera, 재물신)가 그들을 좋아하여 그들에게 많은 부를 가져다 주었고 그들은 오랫동안 행복을 누렸으나 출가하여 아라한과를 이루었다는 내용에 관한 게송

진실로 부처님께 귀의하는 자들

그들은 인간의 것을 획득하리라

이 구절 다음에 법보와 승보의 두 가지 귀의처에도 같은 공덕이 있음을 말씀하셨듯이 '인간으로 태어나 스스로 그와 같은 삼보에 의지하고 있다니, 그러한 귀한 기회를 참으로 잘 얻었구나'라고 생각하여 귀의의 기쁨이 점점 커진다.

③삼매와 청정한 지혜를 얻는다. 즉 정학과 혜학으로 윤회를 벗어나게 되는 것이다.

「섭분」에서 말하는 귀의의 공덕 – 두 번째 부분

두 번째 부분, ①큰 호신구[123]를 지니게 된다. 이것은 후에 다시 설명하겠다.

②그릇된 것을 좋아하여[信解] 생긴 모든 업의 장애가 가벼워지거나 사라지고 혹은 완전히 소멸된다. 그릇된 교조와 악법, 악우를 좋아하여 그릇된 귀의를 함으로 인해 지은 악업이 줄어들고 닦인다.

③바르고 진실된 현인의 무리에 들어가게 된다.

④부처님과 청정한 행[梵行]을 하는 이와 법을 좋아하는 천신들이 어여삐 여기며 좋아한다. 현자 속에 포함되고 부처님을 비롯한 성현들이 좋아하시게 된다. 그렇다면, 천신들이 어째서 좋아하는가? 천신들은 '아무개는, 내가 일찍이 삼보에 귀의하여 죽은 뒤 여기에 태어나게 되었는데 그러한 귀의심을 지니고 무수히 귀의하는 마음을 지속하니 저 자는 죽어 천신으로 태어나 곧 우리들의 벗이 되겠구나'하며 좋아하여 찬탄하고 칭송하는 것이다.

「섭분」의 귀의의 공덕 – 두 번째 부분 ①큰 호신구를 갖게 된다. ②업장이 가벼워지거나 소멸된다. ③현인의 무리에 들어가게 된다. ④불보살을 비롯한 성현과 천신들이 좋아한다.

청정한 행을 하는 자란 승보를 가리킨다.

---

123) 나쁜 것으로부터 자신을 보호하기 위해 몸에 지니는 것을 의미한다. 현장스님은 『유가사지론』에서 '대호(大護)'라고 번역하였다. 一大護圓滿 『유가사지론』 64권(ABC, K0570 v15, p.1010b06-b07)

선지식의 전승에서 전하는 귀의의 8가지 공덕

선지식의 전승에서 전하는 여덟 가지 공덕이란 ① 불교도에 들게 되는 것이다. 일반적으로 외도와 불교도를 규정하는 많은 기준이 있지만 아티샤 존자와 샨티빠[124])께서는 삼귀의를 외도와 불교도를 구분 짓는 기준으로 삼으셨다. 이것은 익히 알려진 바이며 귀의한 후에도 그 마음을 버리지 않는 것을 뜻한다. 따라서 처음 불교도에 들기 위해서는 진심으로 삼보를 귀의처로 여겨야 하며 귀의심이 없다면 어떤 선善을 행했더라도 불교도에는 들지 못한다.

② 모든 계율의 근간이 된다. 『구사석론』에서 다음과 같이 말씀하셨다.

> 귀의는 모든 청정한 율의를 수지하는 문이 되네

『귀의칠십론歸依七十論』에서는 다음과 같이 말씀하셨다.

> 삼보에 귀의한 근사近事
>
> 그것은 여덟 가지 계율의 뿌리

근사(近事 Upāsaka)는 여기에서 오계를 받은 재가자 '우바새'라는 뜻보다 선(해탈)을 가까이 하는 자라는 어원에서 온 말로 해석된다. (ⓒ 254쪽)

귀의는 열반에 대한 생각을 견고하게 하며 그것으로부터 계율이 생기는 것을 의미한다.

③ 이전에 지은 업장들이 줄어들거나 소멸된다. 『집학론集學論』[125])에서 귀의로써 악업이 정화됨을 설할 때 이 '돼지이야기[126])'의 예로 이해할 것을 말씀하셨는데 돼지로 태어날 천자天子가 부처님께 귀의함으로써

---

124) 아티샤의 스승 중 한 분.

125) 『대승집보살학론(大乘集菩薩學論)』의 약칭. 18장으로 구성된 적천보살의 저술.

126) 도리천의 한 천자에게 죽음의 징후가 나타났는데 그는 7일 후에 라지기르의 돼지로 태어날 것을 알게 되었다. 두려움에 몸부림치며 어쩔 줄 몰라 울고 있는 것을 안타깝게 여긴 제석천이 삼보에 귀의하는 방편을 일러 주었고 이 말을 들은 천자는 진심을 다해 삼보에 귀의하였다. 그 과보로 천자는 도솔천에 태어나게 되었다. (Ⓑ 52쪽)

축생으로 태어나지 않았듯이 귀의로써 악도에 태어날 인因이 닦이기 때문이다. 경에서 이르시길,

부처님께 귀의한 자들
그들은 악도에 가지 않고
인간의 몸을 버리고서
그들은 천신의 몸을 얻으리

이 게송은 『집학론』에 인용된 『대집경』의 구절로 제석천이 천자에게 말한 귀의의 방편이다.

법과 승보에 귀의한 공덕도 그와 같다고 말씀하셨기 때문에 이전에 지은 그 어떤 악업은 줄어들고 또 어떤 업은 소멸하게 된다.
④ 광대한 복을 쌓게 되는 것은 앞서 설명한 대로다.
⑤ 악도에 떨어지지 않는 것도 앞서 언급한 내용으로 알 수 있을 것이다.
⑥ 사람과 귀신[非人]이 해치지 못한다. 경에서 다음과 같이 말씀하셨다.

두려움에 떠는 사람들
대부분은 산과 숲의 신
동산의 신, 그 외 공양처인
목신 따위에게 귀의한다네

그 의지처는 주요한 것이 아니며
그 귀의처는 최상의 것도 아니네
그 귀의처에 의지하더라도
모든 고통에서 벗어나지 못하네

어떤 이가 부처님과
법보와 승보에 귀의할 때
고통과 고통의 원인과

고통은 고제, 고통의 원인은 집제, 고통을 완전히 넘어섬은 멸제, 팔정도는 도제를 가리킨다.

고통을 완전히 넘어섬과

팔정도八正道는 행복
열반으로 가게 하여서
네 가지 성현의 진리들
지혜로써 보게 되리라

이 귀의처는 주요하며
이 귀의처가 최상이라
이 귀의처에 의지하여
일체 고통에서 벗어나리

이와 같은 공덕은 외도의 풍승風繩이야기[127]와 같은 예로써 알 수 있다. ⑦생각하는 대로 이루어진다. 법과 관련된 어떠한 일을 시작할 때 맨 처음 삼보에 공양을 올리고 귀의하며 행할 바를 아뢴다면 속히 원하는 바가 이루어진다.

⑧속히 부처를 이루게 된다. 이는 『사자청문경師子請問經』에 신심으로 무가無暇[128]가 끊어진다는 말씀처럼 특별한 팔유가[129]를 얻고 귀의처를 만나서 특별한 도를 배우게 되므로 그러한 자는 머지않아 부처를 이루

---

127) 아티샤 존자의 말씀에 따르면 인도에 수행력으로 성취한 '풍승'이라는 채찍을 가지고 있는 외도가 있었는데 그의 채찍에 굴복하지 않는 중생이 없었다. 그러나 한 아이에게는 그 힘이 미치지 않아 그는 이를 의아하게 여겼다. 채찍에 맞은 자는 반드시 죽음에 이르는데 자신의 능력에 문제가 생긴 것인지 알기 위해 시험 삼아 개에게 채찍을 내리쳤다. 그 개가 즉사하자 자신의 능력에 문제가 없음을 알고 아이가 가진 능력이 무엇인지 그 아이에게 직접 묻게 되었다. 그 아이는 "삼보에 귀의한 것 외에 나에게 아무 능력이 없다"고 답하였다. 외도는 삼보의 위신력에 탄복하여 결국 삼보에 귀의하여 불제자가 되었다고 한다. (ⓑ 53쪽)

128) 법을 배우고 수행할 수 있는 여가와 여유가 없는 세계를 말한다. 지옥, 축생과 같은 삼악도와 일부 천계를 가리킨다.

129) ①축생 ②아귀 ③지옥 ④수명이 긴 천신 ⑤사견자 ⑥오지의 미개인 ⑦지적 활동의 장애가 되는 신체적 결함을 가진 자로 태어나지 않고 ⑧부처님의 출현이 없는 암흑시대(暗黑劫)에 태어나지 않은 것을 말한다.

게 된다. 이와 같은 귀의의 이로움과 공덕을 생각하여 매일 매일 낮과 밤으로 세 번씩 귀의한다.

여섯 번째 보편적 실천, 작게는 재미를 위한 농膿으로도, 크게는 목숨을 잃을지라도 삼보를 버리지 않고 포기하지 않는 것이다. 몸과 목숨과 재화는 언젠가 반드시 사라지는 것이므로 그러한 것을 위해서 삼보를 버린다면 세세생생 끊임없는 고통이 생기기 때문이다. 어떤 일이 닥치더라도 삼보를 버리지 않을 것을 깊이 다짐하며 농담으로라도 삼보를 버린다는 말은 하지 않아야 한다.
이밖에 어느 방향으로 나아가든 먼저 그 방향의 여래에게 귀의하라는 선대 스승들의 말씀이 있지만 그 근거는 보이지 않는다.

선지식의 전승에서 말하는 귀의의 공덕에 대한 전거

이상의 삼귀의에 따른 보편적인 여섯 가지 실천[行]은 『도거석론道炬釋論』에 나와 있는 그대로이다. 개별적 항목 가운데 첫 번째 세 항목은 여러 경에서 각각 언급하고 있으며 나머지 세 항목은 『귀의육지론歸依六支論』[130)]에 다음과 같이 나와 있다.

> 이와 같으니라
> 불상像, 경구經句
> 승복의 천 조각에조차
> 신심으로 삼보로 여기며
>
> 직접 말씀하신 모든 것을
> 귀하게 여겨 머리에 받들며

6가지 보편적 실천
1. 삼보의 공덕을 떠올리며 귀의하기
2. 삼보에 공양하기
3. 자비심으로 중생을 삼보에 귀의하도록 이끄는 것.
4. 어떤 일을 시작할 때 삼보 전에 아뢰고 공양을 올리며 삼보에 의지하여 이룰 것.
5. 낮과 밤으로 세 번씩 삼귀의할 것.
6. 삼보에 대한 귀의심을 버리지 않는 것.

---

130) 인도 논사 비말라(དྲི་མེད་ bi ma la)의 저술.

청정지[131]와 부정지의 이들을

승보라고 보는 것이네

선지식 까마빠께서 네
우술빠의 저술에 귀의
와 관련된 섭분의 해당
내용이 누락되어 있는
것을 의아해 하시고 있
다. 그만큼 섭분의 해
당 부분이 중요하기 때
문일 것으로 추측된다.

『유가사지론』「섭결택분」의 해당 내용을 언급하고 있는 까마빠의 어
록에 따르면 "이러한 내용들은 네우술빠의 람림에서 언급되어야 함
에도 불구하고 나와 있지 않다. 우리가 같이 선지식 곤바빠(dgon pa
pa)[132]로부터 들었는데도 말이다. 곤바빠로부터 룸바와(lum pa ba)
에게 전승된 람림에는 다행히 나와 있다."고 한다.

그렇다면 귀의에 따른 이러한 행을 거스르는 것 가운데 무엇이 귀의하
는 마음이 기울게 만들고 삼보를 버리는 원인이 되는 것인가?
혹자는 하지 않아야 할 개별적 세 항목과 일상에서의 귀의, 목숨을 걸
고서라도 삼보를 버리지 않는 것, 삼보에 공양하는 것, 이 여섯 가지를
어기면 귀의심을 버리게 된다고 한다.
또 다른 혹자는 이 여섯 가지에 각각 해야 할 세 가지 항목을 포함한 아
홉 가지를 어기면, 삼보를 버리게 되고 그 나머지는 귀의심이 쇠락하
는 원인이 된다고 한다.
그러나 '목숨을 걸고서라도 삼보를 버리지 않는다'는 항목을 어기는
것은 실질적으로 귀의를 포기하는 것이다. 마찬가지로 삼보를 버리지

---

131) 소승도를 거치지 않고 대승도에서 보살지를 성취한 보살은 보살10지 가운데 8지부터 번
뇌장이 모두 없어지므로 8, 9, 10지를 청정지라고 하며 그 외는 부정지라고 한다.
132) (1016-1082): 법명은 왕축 갤첸(dbang phyug rgyal mtshan). 캄 지역 출신으로 동진
출가하여 무문관 수행을 준비하던 중 지나가던 상인들로부터 인도에서 온 스승 얘기를 듣게
되었다. 그 스승의 이름을 듣자마자 그분에게 모든 법을 배워야겠다는 큰 구도심이 생겨 준비
하던 것을 모두 버리고 스승을 만나기 위해 상인들과 함께 길을 떠났다. 스승 아티샤께서 단
박에 그가 법기임을 알아보셨고 그에게 모든 법을 전수하였다. 며칠간 숨을 쉬지 않고 선정
에 머무는 것이 가능했는데, 제자들이 그가 죽은 줄 알고 놀랄 정도로 기맥 수행에 뛰어났으
며 보리도차제에 특별한 깨달음을 얻었다고 전해진다. 수많은 불보살을 친견하는 등 많은 이
적이 있었으나 스스로는 이를 대수롭지 않게 여겼고 오히려 보리도차제의 체득과 인과에 대
한 믿음, 삼취정계를 중히 여겼다고 한다. 아티샤의 입적 전까지 늘 스승과 함께하였으며 67
세에 생을 마감하였다. 티벳인들은 그가 도솔천에 생천했다고 믿는다.

않더라도 다른 교조를 비롯한 교법과 교도인 외도와 불교 모두를 귀의처로 여기는 것도 '다른 것을 귀의처로 말하지 않는다'는 항목을 어기는 것이며 그것은 귀의처에 온전히 마음을 맡겨 의지하지 않는 것이므로 그 역시 삼보를 버리는 것이다. 이 같은 일이 발생하지 않았다면 그 외에는 항목을 어긴 것일 뿐 삼보를 버린 것은 아니라고 생각한다.

그런 까닭에 귀의는 불법佛法으로 들어가는 큰 문이다. 그러므로 말뿐이 아닌 참된 귀의심이 있다면 이미 희유한 위신력에 의지하고 있는 것이기에 안팎의 장애에 해를 입지 않으며 특별한 공덕들이 쉽게 생기고 쉽게 쇠락하지 않기 때문에 공덕은 점점 더 늘어나게 된다.
따라서 앞서 설명하였듯이 악도의 두려움을 떠올리는 동시에 그것에서 구제되는 귀의의 공덕을 생각하여 삼보를 귀의처로 여기며 귀의에 따른 행을 거스르지 않도록 노력하는 것이 매우 중요하다.

제도는 참된 귀의처인 법보에 달려 있는 것

그와 같이 죽음을 사유하고 죽어서 악도에 태어날 것을 생각함으로써 두려움이 생길 때 '그것으로부터 제도하는 귀의처는 삼보이며 그것을 귀의처로 여기고 삼보의 가르침을 어기지 않을 때, 삼보는 어떻게 우리를 제도하는가'라는 생각이 든다면 『법구경』에서 다음과 같이 말씀하셨다.

> 윤회의 고통을 끊는 길
> 내가 그대들에게 보였네
> 여래는 보여 주는 자이니
> 그대들이 행해야 하리라

이와 같은 말씀처럼 부처님은 길을 보여주시고, 승보는 성취를 도와주는 귀의처이므로 실제 우리를 제도하는 참된 귀의처는 법보이다. 왜냐하면 법을 얻으면 두려움에서 벗어날 수 있기 때문이다.

궁극적인 법보는 우리가 성취해야 할 단증斷證의 공덕이다. 초심자일 때 하나의 작은 허물을 버리면서 이룬 단斷공덕과 하나의 작은 덕을 쌓아서 이룬 증證공덕이 점점 증대되어 구경의 법보를 이룬다. 이와 달리 궁극적인 법보라는 것이 우리에게 어느 날 갑자기 생기지 않는다.

따라서 여기서는 선악과 그 과보를 포함한 내용을 제대로 알고 통달하여 여법하게 실천하는 것을 '법'이라 한다. 선악의 인과를 오랫동안 사유하여 취할 바와 버릴 바를 여법하게 행하지 않는다면 악도의 원인이 없어지지 않으므로 악도를 두려워하여도 그 두려움에서 결코 벗어날 수 없다. 그런 까닭에 악도라는 과보로부터 벗어나기 위해서는 그 과보의 원인을 짓는 그때, 바로 그 순간에 일어나는 불선의 마음을 고쳐야 한다. 그것은 또한 인과에 대한 믿음에 달려 있는 것이므로 두 번째 일체 행복의 근원인 인과에 대한 믿음을 일으키기 위해 세 가지를 설한다.

두 번째 일체 행복의 근원인 인과를 믿는 신심[133]을 일으키기 위해 세 가지를 설한다. 첫 번째는 업[134]과 그 과보[因果]에 대한 보편적 사유, 두 번째는 특별한 사유, 세 번째는 인과를 사유한 후에 어떤 업을 버리고 어떤 업을 취할 것인가이다.

첫 번째(인과의 보편적 사유)에는 두 가지를 설한다. 보편적 사유의 실제와 선업과 불선업의 개별적 사유이다. 첫 번째(보편적 사유의 실제)에서 인과의 보편적 특징을 설한다.

⟨1⟩-1. 보편적 사유의 실제: 인과의 보편적 특징

인과의 네 가지 특징 가운데 첫 번째 업의 정확성이란 선업에서 선과가 생기고 악업에서 악과가 틀림없이 생기는 것이다. 범부든 성자든 만족감을 주는 일체의 모든 행복은 선업의 결과이며 화탕지옥에 태어난 중생에게 잠시 스치는 시원한 바람의 행복조차 이전에 지은 선업에서 생긴 것이다. 불선업에서는 결코 행복이 생길 수가 없다. 또 괴로움을 주는 모든 고통은 이전에 지은 악업의 결과이며 아라한에

---

133) 신심(དད་པ་)은 이치적으로 믿는 신심(ཡིད་ཆེས་ཀྱི་དད་པ་)과 번뇌의 허물이 없는 청정한 마음으로 순수하게 좋아하는 신심(དང་བའི་དད་པ་), 어떤 대상을 동경하는 신심(མངོན་འདོད་ཀྱི་དད་པ་)이 있다. 이 가운데 인과에 대한 신심은 첫 번째 신심을 가리킨다.

134) 의지나 동기 따위의 마음 작용에 따른 모든 행위인 동시에 과보를 가져오는 힘을 뜻한다.

게 생기는 고통조차 전생에 지은 악업에서 생긴 것이다. 선업에서 고통이 생기는 것은 있을 수 없는 일이다. 『중관보만론』에서 다음과 같이 말씀하셨다.

불선不善으로부터 모든 고통이 생기니
모든 악도의 고통이 그와 같다네
선善으로부터 모든 선취와
모든 생生에서 행복들이 생기네

그런 까닭에 행복과 불행이란 것은 원인 없이[無因] 생기거나 혹은 조물주[主]나 자재천 등과 같은 불상응인不相應因[135]에서 생기는 것이 아니라 일반적인 선악의 업에서 일반적인 행복과 불행이 생기고, 갖가지의 특별한 행복과 불행 역시 갖가지의 특별한 선악의 업으로부터 한 치 어긋남이 없이 각각 생긴다. 인과의 정확성이나 인과에 오류가 없다는 이러한 사실에 확신을 얻는 것이야말로 모든 불교도들이 정견正見이라 칭하고 모든 선법의 토대라고 찬탄하는 것이다.

두 번째 업의 증장성이란 작은 선업으로도 매우 큰 행복의 과보가 생기고 작은 악업으로도 매우 큰 고통의 과보가 생기는 것을 뜻한다. 이렇게 내부 인과에서 나타나는 증장성과 같은 것은 외부 인과에는 없다. 이 또한 『법구경』에서 다음과 같이 말씀하였다.

작은 악을 행했더라도
큰 화를 불러 내세를

마음작용에 의해 일어나는 행위와 그 결과를 '내부 인과'라 하고 농부가 씨를 뿌려서 얻는 열매 따위를 '외부 인과'라 한다.

---

135) 결과를 발생시키는 핵심적 원인이 그 결과와 상이한 성질의 것임을 뜻한다. 현상계의 물질은 모두 무상하고 변화성을 가지는데 반해 외도들이 말하는 창조의 근원은 무상하지 않고 영원불변한 것이므로 무상하지 않는 것에서 무상한 결과가 나온다면 그 원인을 불상응인이라고 한다.

망치게 되리니
배 속의 독과 같으니라

작은 복을 지었더라도
내세의 큰 행복으로 이끌고
대사大事 또한 이루게 하니
잘 익은 곡식과 같으니라

작은 업에서 큰 과보가 생기는 경우도 옛 고사古事를 통해 확신을 얻
을 수 있는데 『사분율四分律』에 나오는 목동 가오(dga'bo)와 그의 지팡
이에 깔려 죽은 개구리, 오백 마리의 거위, 물고기, 거북이 그리고 오
백 아귀, 오백 농부, 오백 마리의 소와 인연을 맺은 고사나 『현우경賢愚
經』에 나오는 금천金天[136]과 금재金財,[137] 상호象護[138]의 고사와 같은 것
이다. 이처럼 율장과 『현우경』, 『백업경百業經』 등을 통해서 인과에 대
한 확신을 갖도록 한다.

이 밖에도 계율, 위의威儀, 정명正命, 정견正見, 이 네 가지 가운데 정견
이 기울지 않았지만 앞의 세 가지가 원만하지 않아 일부의 흠결이 있
는 자들은 용으로 태어난다고 말씀하셨다. 『해룡왕청문경海龍王請問經』
에서 이르시길,

여기서 말하는 정견이
란 인과의 정견을 말
한다.

> 세존이시여, 제가 초겁初怯에 큰 바다에 머물렀나이다. 구류손 여래
> 께서 세상에 출현하신 그 때에는 큰 바다에 용과 용의 아들딸들이
> 줄어들어 저 또한 권속이 줄어들었나이다.
> 세존이시여, 이제 큰 바다에는 용과 용의 아들딸들이 이와 같이 한

---

136) 『현우경』 5권 금천품.
137) 『현우경』 2권 금재인연품.
138) 『현우경』 12권 상호품.

량없어 그 수를 헤아릴 수가 없나이다. 세존이시여, 이것은 무슨 인연因緣으로 인한 것이옵니까? 세존께서 이와 같이 말씀하셨다.

용왕이여, 선설의 율장에 의지하여 사문이 되어서 계율이 청정하지 않고, 위의가 기울고, 정명이 기울고, 계율이 기울었으나 그러한 이들의 견해는 또 진실되어 그 중생은 지옥에 태어나지 않고 죽어 용의 처소에 태어나게 된 것이니라.

또한 구류손불 시대에는 9억8천만 재가자와 출가자가, 구나함모니불 시대에는 6억4천만이, 가섭불 시대에는 8억이, 우리의 석가모니불 시대에는 9억 9천만이 위의威儀와 정명正命, 계율이 기울어 용으로 태어났거나 태어날 것이라고 하셨으며, 우리의 부처님께서 열반하신 후에는 사부대중 가운데 악행자들은 계율이 기운 과보로 용으로 태어난다고 하셨다.

그러나 그와 같이 비록 행이 청정하지 않았지만 불법을 믿는 마음이 기울지 않았기에 용에서 죽어 천신이나 사람으로 다시 태어나고, 이 선연의 시대에 성불하실 부처님의 법에 특히 대승도에 들어가는 이들을 제외한 나머지는 모두 열반을 얻는다고 하셨다. 그런 까닭에 작은 선업과 악업은 그림자처럼 항상 따르니 『법구경』에서 말씀하시길,

여기서 말하는 열반은 성문 연각의 열반이다. 대승의 열반은 성불이므로 성불을 이루는 데는 많은 시간이 소요되기 때문이다.

> 허공에 새들이 머무는 동안
> 그림자가 함께 따라다니듯
> 선을 행하고 죄를 행한 것
> 그것이 중생의 뒤를 따르리라
>
> 길채비를 적게 한 이들은
> 길 가는 데 힘이 들 듯
> 그처럼 선행을 하지 않은

중생들은 악도로 나아가네

길채비를 많이 한 이들은
길 가는 데 편히 가듯이
그처럼 착한 일을 행한
중생들은 선취로 나아가네

악이 아무리 작더라도
해롭지 않다 가벼이 여기지 말라
한 방울의 물이라도 모여
큰 항아리를 채우느니라

라고 하셨고 또 다음과 같이 말씀하셨다.

자신이 행한 작은 악업이
후에 오지 않는다 생각지 말라
한 방울의 물이 떨어져서
큰 그릇이 채워지듯이

사소하게 지은 악업으로도
범부에게 고통이 가득하리라
자신이 행한 작은 선업이
후에 오지 않는다 생각지 말라

물방울이 떨어져서
큰 항아리에 채워지듯이
사소하게 지은 선으로
보장된 행복이 가득하리라

선과 불선에 습관이 들면 어느새 그것이 익숙해져서 어떤 업을 짓는데 애쓰지 않아도 행하게 되는데, 마치 꿈을 꾸려고 애쓰지 않아도 저절로 꿈이 꾸어지는 것과 같다.

『본생담』에서는 다음[139]과 같이 말씀하셨다.

선과 불선의 업에 습이 들어

사람들에게 익숙해지니

그처럼 일부러 힘쓰지 않아도

세세생생 꿈처럼 행하게 되네

보시와 지계 등을 행하지 않는다면

가문, 용모, 젊음의 좋은 덕과

권력이 크고 재물들이 풍부해도

내생에서 또한 행복을 얻지 못하리

태생이 미천해도 악업을 멀리하고

보시와 지계 등의 공덕을 지닌다면

여름철에 빗물로 강물이 넘실대듯

내생에 반드시 행복이 넘쳐나리라

선과 불선의 업에서 내세에

행복과 고통이 생김을 잘 알고서

악업을 끊고 선업에 크게 노력하라

믿음이 없는 자, 어찌 원하는 것을 누리겠는가

업의 인과에 대한 믿음이 없는 자를 뜻한다.

세 번째 특징은 행하지 않은 업과 마주하지 않는 것이다. 행복이나 고

---

139) 부처님께서 보살이었던 시절에 나무와 꽃이 만발한 어느 작은 호수의 물고기 왕으로 태어나 작은 물고기들을 잘 보살폈는데 어느 날 호수의 물이 말라 고기가 다 죽게 되자 크게 근심하였다. 그 물고기 왕이 "내가 일찍이 일부러 살생한 기억이 없는데 만약 그것이 진실이라면 천신들이 비를 내릴지어다."라고 진실어를 말하자 그 진실어의 힘으로 비가 내리게 되었다고 한다. 이 부분은 그러한 전생담을 설명한 뒤에 이어지는 게송이다.

통을 겪게 만드는 원인이 되는 업을 짓지 않았다면 그 업의 결과인 행복이나 고통을 결코 겪지 않는다. 부처님께서 지으신 무량한 과보를 누리는 자들도 그 일체 원인[자량]을 지을 필요는 없더라도 그것의 일부는 지어야 하는 것이다.

네 번째 특징은 행한 업은 결코 헛됨이 없는 것이다. 자신이 행한 선과 불선의 업들은 좋은 과보와 나쁜 과보를 반드시 가져다준다. 『수승찬』에서 다음과 같이 말씀하셨다.

바라문들은 선악에 대해
주고받듯 바꿀 수 있다 하네
당신은, 행한 바 헛됨이 없고
하지 않은 것은 접하지 않는다 하셨네

『삼마지왕경』에서도 다음과 같이 말씀하다.

또한 행하고서 겪지 않는 것은 없고
남이 행한 것을 겪는 일도 없다네

『비나야경毗奈耶經』에서도 다음과 같이 말씀하였다.

업은 수백 겁이 지나도
헛됨이 없어 시절인연
만나면 중생들에게
과보가 되어 오리라

아미타불의 정토에서 누리는 행복은 아미타불께서 무량겁에 지은 자량의 과보이다. 정토의 행복을 누리는 중생들이 부처님께서 지으신 일체 자량을 지을 필요는 없더라도 그 일부의 자량은 지어야 한다.

외도의 바라문들은 자신이 지은 선악의 과보를 대신 받거나 주는 것이 가능하다고 하지만 부처님 당신만은 행한 바가 헛됨이 없고 행하지 않은 업의 과보는 결코 겪지 않는다고 하셨다.

〈1〉-2. 선업과 불선업에 대한 사유: 선과 불선의 개별적 특징

　　2-가. 주된 열 가지 업도(十業道)

　　2-나. 업과 과보

두 번째 선업과 불선업의 개별적 사유에 있어 주된 열 가지 업도[十業道]를 설하고 업과 그 과보를 규명한다.

2-가. 주된 열 가지 업도(十業道)

업도(業道)라는 말은 어떠한 행위로써 선취와 악도로 가게 하는 길이라는 뜻을 담고 있다.

첫 번째(십업도), 그처럼 선악의 원인에서 선악의 과보가 각각 정해진다는 것, 업이 크게 증장될 수 있다는 것, 하지 않은 것은 겪지 않는다는 것, 한번 행한 것은 결코 헛됨이 없다는 것을 아는 자는 업의 인과에 대해 먼저 어떠한 확신을 가지고 취할 바와 버릴 바를 행해야 하는가. 일반적으로 선행과 악행에 들어가는 문은 세 가지로 정해져 있다. 삼문三門[140]으로 지은 모든 선업과 악업이 열 가지의 업으로 귀결되는 것은 아니지만 선업과 불선업의 크기 혹은 큰 죄가 되는 굵직굵직한 것들을 주로 모아 부처님께서 십악의 업도를 말씀하신 것이다. 또 그러한 십악을 버리면 중요하고 큰 이로움이 열 가지로 귀결됨을 보시고 십선의 업도를 말씀하신 것이다. 따라서 『구사론』에서 다음과 같이 말씀하셨다.

　　그 가운데에서 크게 모아서

　　선과 불선 두 가지 모두에

　　열 가지 업도를 설하셨네

『분별율경』에서도 다음과 같이 말씀하셨다.

---

140) 신구의(身口意)를 가리키며 몸으로 행한 업을 신업, 말로 행한 업을 구업, 생각으로 행한 업을 의업이라고 한다.

말을 지키고 생각을 다스리며
몸으로 불선을 행하지 않는
이러한 세 가지 업도를 청정히 한다면
대선인께서 말씀하신 도를 얻으리라

불선의 열 가지 업도와 그 과보까지 앎으로써 그러한 악업을 행하게 만드는 동기가 생기는 순간, 그 마음을 다스려 자신의 삼문과 그러한 불선이 섞이지 않도록 하는 것이 여기서 말하는 십선의 업도이다. 이 십선은 삼승과 인간의 두 가지 뜻[141]을 이루는 토대로 필수불가결한 것이므로 부처님께서 수없이 거듭하여 찬탄하시는 것이다. 『해룡왕청문경』에서

어떠한 업이 선업이 되려면 반드시 선한 동기가 있어야 하며 더구나 십악을 다스려 십선을 이루기 위해서는 인과에 대한 이해와 십악을 행하게 되는 상황에서 신구의를 다스리는 것이 필요하다. 그것이 온전히 제어되었을 때 십선을 짓게 된다. 단순히 십악을 행하지 않는 무기업 따위를 선이라고 오해하지 않아야 한다.

선법善法이라는 것은 천인을 비롯한 중생이 지닌 원만함의 근간이니라.
성문과 연각의 깨달음의 근간이니라. 무상정등각의 근간이니라.
근간은 또 무엇인가 하면 이와 같으니 열 가지 선한 업이니라.

라고 하셨으며 또 다음과 같이 말씀하셨다.

용왕이여, 가령 마을과 도성, 부락, 도읍, 나라와 모든 왕궁 그리고 풀과 나무, 약초, 모든 목재와 모든 작업, 일체 종자와 곡물의 경작과 타래질, 열매가 생기는 것들은 땅에 의지한 것이니 그러한 것들의 근간이 땅이니라.
용왕이여, 이와 같이 그러한 십선의 업도는 천신과 인간으로 태어나

---

141) 선취라는 한시적 행복과 해탈이라는 영구적인 행복을 말한다.

고 학도와 무학도의 선행과를 얻으며 연각의 깨달음과 일체 보살행과 일체 부처님 법의 근간이니라.

그러한 까닭에 『십지경十地經』에서 십악을 끊은 십선계를 찬탄하신 그 뜻을 『입중론入中論』[142]에서도 다음과 같이 요약하여 강조하고 있다.

> 범부들과 성생聲生[143]과
> 스스로 깨달음을 얻는 자[獨覺]들과
> 보살[불자佛子][144]들의 각각의 행복과
> 선취의 인은 계율 이외에는 없다네

여기서 말씀하신 선취의 원인이 되는 계율은 십선계를 가리킨다.

이처럼 한 가지 계율에조차 마음을 지속적으로 다스려서 지키려 하지도 않으면서 "나는 대승인이다."라고 말하는 것은 참으로 터무니없는 것이다. 『지장경地藏經』에서는 다음과 같이 말씀하셨다.

십선이라는 원인과 조건을 버리고 정등각이라는 큰 결과를 바라므로 단견을 말하는 자이다.

이러한 십선의 도로써 부처가 되는 것이니라. 어떤 이는 살면서 심지어 한 가지 선업도善業道도 지키지 않으면서 도리어 이와 같은 말로 "나는 대승인이다. 나는 무상정등각을 구한다."고 한다면 그 사람은 보살로 가장하여 대망어大妄語를 하는 자이자 일체 불세존의 앞에서 세상을 속이는 자이며 단견斷見[145]을 말하는 자이니 그는 고통 속에서 죽음을 맞고 잘못된 곳에 떨어지게 되느니라.

---

142) 월칭보살(月稱, Candrakīrti)의 저술로 용수보살이 지으신 『중론』의 해설서이다.

143) 성문(聲聞)의 다른 말로 부처님의 음성 즉 말씀으로부터 나온다는 의미이다.

144) 걜외 쎄(རྒྱལ་བའི་སྲས་ rgyal ba'i sras)는 부처의 아들이라는 뜻으로 아들이 훗날 아버지가 되듯이 부처의 아들은 훗날 부처가 된다는 의미를 가지고 있으므로 보살을 가리킨다.

145) 단견이란 존재하는 것을 없다고 부정하는 견해를 뜻하므로 원인과 조건을 부정하는 것도 단견이다.

'잘못된 곳에 떨어진다는 것'은 모두 악도의 또 다른 의미로 이해해야 한다.

2-나. 업과 과보
나-1) 악업과 그 과보
나-2) 선업과 그 과보를 사유하기
나-3) 기타 업의 분류

업과 과보를 규명하는 데 있어 세 가지를 설한다. 악업과 그 과보, 선업과 그 과보, 그밖에 다른 업의 종류를 설한다.

나-1) 악업과 그 과보
1)-가) 불선의 업도(악업도)
1)-나) 경중의 차이
1)-다) 악업의 과보

첫 번째(악업도)에서는 세 가지로 십악의 업도의 실제, 경중의 차이와 악업의 과보를 설한다.

1)-가) 불선의 업도(악업도)

신업도 身業道

첫 번째(십악의 업도) 살생이란 무엇인가, 이에 대해 「섭결택분」[146]에서는 대상[事]과 상想, 생각[欲樂], 번뇌, 완결[方便究竟]로[147] 다섯 가지를 말씀하시지만 그 가운데 상, 생각, 번뇌 세 가지를 생각이라는 한 범주로 묶고 행위를 넣어서 대상, 생각, 행위, 완결 네 가지로 간추려 설명하면 이해하기 쉽고 무착보살의 견해에도 어긋나지 않는다.

살생의 업도가 성립되기 위해서는 살생의 대상, 살생의 생각, 살생의 행위, 살생의 완결이라는 네 가지가 갖추어져야 온전한 살생 업도가 된다.

---

146) 한역 一事, 二想, 三欲樂, 四煩惱, 五方便究竟。 한역 『유가사지론』 59권(ABC, K0570 v15, p.977a13-a14)
147) 업도가 종결되고 완성되는 요건을 가리킨다.

살생업도와 살생업, 살생의 행위는 과보에서 구별된다. 여기서 말하는 살생업도는 온전한 이숙과를 받는 업도를 말한다.

살생의 업도

여기에서 살생의 대상이란 목숨이 있는 중생을 말한다. 만일 죽이는 자가 스스로를 죽인다면 행위의 죄는 있지만 완결의 요건[148]이 없다는 것을 의식하여 『유가사지론』에서는 '생명을 가진 타자'[149]라고 말씀하신 것이다.

생각에는 상想, 번뇌, 의도[動機] 세 가지가 있다. 그 가운데 첫째 상想은 네 가지로 죽이려는 대상에 대하여 중생을 중생이라 여기는 상과 중생을 중생이 아니라 여기는 상, 그리고 중생 아닌 것을 중생이 아니라 여기는 상과 중생 아닌 것을 중생이라 여기는 네 가지 상이다. 첫 번째와 세 번째 상은 그릇되지 않은 상이고 두 번째와 네 번째는 그릇된 것이다. 특정인을 죽이려는 의도로 가령, 오직 해진(lhas byin)을 죽이려고 생각하여 실행에 옮겼을 때 해진으로 오인하여 최진(mcod sbyin)을 잘못 죽였다면 실질적인 살생 업도가 성립되지 않기 때문에 실질적인 업도에는 그릇되지 않는 상이 있어야 한다. 살생을 시도할 때 누가 죽든 상관없다고 생각하는 불특정한 대상을 향한 동기가 있는 경우라면 그릇되지 않은 상이 필요치 않다. 이러한 이치는 나머지 아홉 가지 업도에도 동일하게 적용된다는 것을 알아야 한다. 둘째, 살생을 일으키는 번뇌란 탐貪·진瞋·치癡 삼독이다. 셋째, 살생의 의도는 죽이려는 마음, 살의殺意이다.

행위에 있어 그 행위자는 자신이 하거나 남을 시켜 행하는 두 경우로 어떻게 실행하든 마찬가지이다. 행위는 무기나 독 혹은 술수를 써서 상대를 죽이는 어떠한 행위이다.

완결이란 실행이 조건이 되어 상대가 그 즉시 죽거나 혹은 다른 때 실

---

148) 살생의 업을 짓는 행위자보다 상대의 목숨이 먼저 끊어지는 완결의 요건이 없으므로 자살은 살생의 업도가 성립되지 않는다. (ⓡ 중근기 227쪽)

149) 한역 『유가사지론』 8권(ABC, K0570 v15, p.522a06)에서는 타중생(他衆生)이라고 하였다.

행 이후에 죽는 것이다. 『구사론』에서

> 앞서거나 같이 죽은 것에는
>
> 실제 없으니 다시 태어나는 까닭이네

라는 말씀은 여기에서도 마찬가지이다.

죽이려던 상대보다 내가 먼저 죽거나 동시에 죽으면 살생 업도가 온전히 성립되지 않는데 그 이유는 나의 생이 바뀌었기 때문이다.

투도의 업도

주지 않은 것을 취하는 것[150][투도偸盜]의 대상은 남이 가지고 있는 재화이다.

세 가지 생각 가운데 상과 번뇌는 전(살생)과 동일하다. 의도란 상대가 나에게 주지 않은 재화를 내가 탐하여 그 상대로부터 분리되어 내 것이 되길 바라는 것이다.

행위에 있어 행위자는 이전과 동일하며, 행위는 힘으로 **빼앗거나** 모르게 훔치는 것으로 어떻게 하든 마찬가지이다. 또한 빚이나 맡긴 물건을 회피하여 주지 않거나 여타의 방법으로 속여서 허락되지 않은 것을 취하는 것이다. 또 나와 남을 위해서나 혹은 상대에게 피해를 입히기 위해 한 것이라도 마찬가지로 투도이다.

완결이란 「섭결택분」에서는 남의 것을 다른 곳으로 옮기는 것이라고 하였는데 이 의미에 대한 해석이 분분하지만 다른 장소로 옮긴다는 것은 하나의 예일 뿐이다. 왜냐하면 논밭 따위는 있던 곳에서 어딘가로 옮길 수 없는 것이지만 투도의 대상이 될 수 있기에 그 역시 투도업의 완결이 필요하기 때문이다. 따라서 완결은 그것이 나에게 옮겨왔다는, 즉 획득했다는 생각이 생기면 업도가 완전히 성립된다.

또 남을 시켜 **빼앗고** 훔쳤다면 그에게 투도의 업이 생길 수 있다. 예컨

투도에 해당되는 티벳어는 '나에게 주어지지 않은 것을 취하는 것'이라는 뜻으로 나에게 허락되지 않은 것을 가지는 모든 것을 뜻한다.

투도의 행위에 있어서도 살생과 마찬가지로 직접 행하든 시켜서 행하든 업도가 성립되는 것은 동일하다.

---

150) 티벳어 마진바르렌빠(མ་བྱིན་པར་ལེན་པ་ ma byin par len pa)를 직역한 것이다.

대 자신이 내린 지시가 실행되었는지 알지 못해도 남에게 부탁하여 상대를 죽인다면 그가 죽는 즉시 죽이라고 시킨 사람에게 온전한 살생의 악업이 생기는 것과 같다.

사음의 업도

사음의 대상이란 음행의 상대가 아닌 자, 음행하는 부분이 아닌 것, 음행의 장소가 아닌 곳, 때 아닌 때 네 가지이다.

여기에 첫째(음행의 상대가 아닌 자), 상대로 삼아서 안 되는 모든 여성과 남성 그리고 중성자이다. 그 첫 번째로 음행의 상대로 삼아서는 안 되는 여성이란 「섭분」에서는 "어머니를 비롯해 어머니가 보호하는 자 등 경에서 말씀하신 대상은 음행의 상대가 아닌 자라 한다."고 언급하고 있다. 이 의미를 마명보살[151]께서 다음과 같이 말씀하셨다.

> 상대로 삼아서 안 되는 자란
> 남이 지니고 있는 자, 법의 표식을 가진 자,
> 가문이 보호하는 자, 왕이 보호하는 자,
> 다른 이가 취한 창부娼婦와
> 친족과 관련이 있는 자
> 그러한 이는 상대가 아니다

여기에서 남이 지니고 있는 자란 남의 처이다. 법의 표식을 가진 자란 여성 출가자를 말한다.

가문이 보호하는 자란 아버지를 비롯한 친족의 보호 하에 혼인하지 않은 처녀, 혼인할 상대자의 가족이 지키는 여성 혹은 그러한 가족이 없어 스스로를 지키는 여성도 이에 해당된다.

(1) 사음의 대상
①상대로 삼아서는 안 되는 자에 음행하는 것.
②음행하는 부분이 아닌 곳에 음행하는 것.
③음행할 장소가 아닌 곳에서 음행하는 것.
④때가 아닌 때에 음행하는 것.

---

151) 마명보살의 저술(དགེ་ཀུ་ལ་ལ་ཀརྨ་པ་ཐ་ནི་རྡེ་ཤ།, da sha ku sha lA karma pa tha ni rde sha).

왕이나 법률로써 보호하는 자란 법에 저촉을 받는 자이다.

타인이 화대를 치른 창부를 음행하는 것은 사음이라고 설명하고 있으므로 자신이 화대를 치른 것은 음행이지만 사음은 아님을 의미한다. 아티샤 존자 역시 이와 유사한 설명을 하시고 있다.

남성이란 남성인 자기 자신과 남성인 타인에게 행하는 두 가지 음행 모두 사음에 해당된다.

사음의 주체가 남성인 경우를 가정하여 설명하고 있으므로 여성은 그와 반대로 적용한다.

두 번째 음행할 부분이 아닌 것이란 자궁문 이외의 부분이다. 마명보살께서는 다음과 같이

> 부분이 아닌 것은 무언가 하면
> 입과 항문에 음행하는 것과
> 허벅지 사이, 손으로 행하는 것이다

라고 말씀하셨는데 아티샤 존자께서 "부분이 아닌 것이라 하는 것은 입과 항문, 남아와 여아의 앞뒤 구멍[152]과 자신의 손이다."라고 말씀하신 것과 일치한다.

세 번째 장소가 아닌 곳이란 스승들의 주변과 불탑이 있는 곳, 대중에게 드러나는 곳과 상대방에게 해가 되는 울퉁불퉁하거나 딱딱한 곳 등이다. 마명보살께서

> 장소가 아닌 것이란
> 정법, 불탑, 불상 등과
> 보살이 머무는 장소 등

---

152) 다리 사이의 사타구니와 성기 및 항문을 모두 이른다.

친교사와 아사리와
부모가 가까이 있는 장소는
장소가 아니니 그곳에서 해선 안 된다.

고 하셨으며 아티샤 존자도 그와 같이 말씀하셨다.

네 번째 때 아닌 때라는 것이란 달거리가 있을 때, 임부가 만삭일 때,
젖먹이 갓난아이가 있을 때, 팔관재계를 지키는 때, 관계를 할 수 없는
병을 앓고 있을 때와 정도程度를 넘기는 것이다. 정도란 다섯 번[153]까지
를 이른다. 마명보살께서 다음과 같이 설명하시고 있다.

여기에서 때가 아닌 것이란
달거리가 있거나 임부일 때
어린아이와 함께 있거나 원치 않을 때
병고로 마음이 편치 않는 등
팔계를 지키는 때는 때가 아니다

아티샤 존자의 설명도 이와 유사하지만 차이는 대낮도 때가 아니라고
하신 점이다.
그처럼 부분이 아닌 곳의 음행과 장소가 아닌 곳에서의 음행, 때 아닌
때의 음행, 이 세 가지 음행은 비록 자신의 배우자라 하더라도 사음이
되므로 타인은 말할 필요도 없다.

사음은 대상에 착오가
없어야 하지만 사문의
바라이죄인 음행은 대
상의 착오에 관계없이
그 죄가 성립된다.

세 가지 생각 가운데 ① 상想은 「섭분」에 그 자를 그 자로 여겨 오인함이
없어야 한다고 하였지만 율장에서는 음행의 바라이죄에는 착오가 있든

---

153) 『유가사지론』에 근거하여 음행에 대한 탐욕으로 지나친 횟수의 음행을 사음으로 본다.

없든 매한가지로 음행이라고 말씀하셨다. 반면 『구사석론』에는 자신의 처인 줄 알고 남의 처에게 음행을 했다면 업도가 되지 않으며, 남의 처를 다른 사람으로 오인하여 음행한 경우에는 사음의 업도가 되거나 되지 않는 두 가지 경우가 있다고 설명하고 있다. ② 음행의 번뇌는 삼독이다. ③ 의도는 음행을 하려는 의도이다.

행위는 「섭분」에서 남에게 사음을 하게 한 자에게도 사음의 죄가 생긴다고 하셨으며 『구사석론』에서는 그와 같은 경우에는 실질적인 업도가 없다고 설명하고 있다. 따라서 전자는 '사음의 실질적 요건이 충족되지 않은 죄'를 의미하는 것이 아닌지 살펴보아야 한다.

남에게 사음을 시키는 경우, 자신의 행위가 없어 실질적인 사음의 네 가지 요건이 충족되지 않지만 사음의 죄와 유사한 죄가 생긴다고 할 수 있다.

완결은 두 사람이 교합하는 것이다.

구업도 口業道

망어의 업도

거짓말[妄語]의 대상은 본 것, 들은 것, 세부적인 구별(냄새를 맡은 것, 맛본 것, 감촉을 느낀 것), 아는 것과 이와 반대로 보지 않은 것, 듣지 않은 것, 맛보지 않은 것, 감촉을 느끼지 않은 것, 모르는 것이며 거짓을 듣는 대상이란 그 말의 의미를 알아듣는 상대이다.

세 가지 생각 가운데 상想이란 본 것을 보지 않았다는 변심과 보지 못한 것을 보았다는 변심 등이다. 번뇌는 세 가지 삼독심이다. 의도는 마음을 바꾸어 말하려는 것이다.

망어의 상(想)은 보거나 들은 것 등을 보지 못하고 듣지 못했다고 마음을 바꾸는 것이다.

행위란 거짓을 말하거나 말없이 침묵함으로써 동의하거나 혹은 몸짓과 표정을 짓는 것이다. 또 자신을 위해서든 남을 위해서든 어떤 이유를 위해서 말하든 같다고 하셨다. 이에 대해 『유가사지론』에서는 망어와 양설, 악구 세 가지를 시켜서 하는 경우에도 세 가지 구업이 된다고 하셨

망어의 행위는 어떠한 의미를 나타내는 말, 몸짓, 표정, 침묵까지 포함된다.

망어의 완결은 말을 알아 듣는 상대가 그 거짓의 의미를 알아 듣는 것이다.

으며 『구사석론』에서는 네 가지 구업 모두 시킨 것으로써 업도가 성립된다고 설명하고 있다. 반면 율장에서는 그러한 완결로 인한 범계犯戒가 생기는 데에는 자신이 직접 말하는 것이 필요하다고 설명하고 있다.
완결은 상대방이 거짓말을 듣는 것이며 듣지 못하면 실어失語가 된다고 『구사론석』에서 설명하고 있다. 이것은 양설과 악구에서도 마찬가지이다.

양설의 업도

양설兩舌의 대상은 화합하거나 화합하지 못하는 중생들이다.
세 가지 생각 가운데 상想과 번뇌는 이전과 동일하다. 의도는 화목한 중생을 갈라놓으려는 마음과 화합하지 못하는 중생을 완전히 갈라놓으려는 것이다.
행위는 사실이거나 사실이 아닌 어떤 말로 듣기 좋거나 듣기 싫은 이야기를 하여 자타를 위한 어떤 목적으로 이간질하는 말을 하는 것이다.
완결은 「섭분」에서 "완결은 가르는 것을 아는 것이다."라고 하였는데 즉 이간질하는 말을 상대가 알아듣는 것이다.

악구의 업도

악구惡口의 대상은 해하려는 마음[惡心]이 일어나는 중생이다.
생각 가운데 상과 번뇌는 전과 동일하다. 의도는 나쁜 말[惡口]을 하려는 마음이다.
행위는 사실이든 사실이 아니든 신분이나 몸의 흠결을 빗대어 말하거나 혹은 계율이나 행실의 흠을 잡아 듣기 나쁜 말을 하는 것이다.
끝맺음은 「섭분」에서 "완결이란 그에게 나쁜 말을 하는 것이다."라고 하였는데 그 악구의 의미를 듣는 상대가 알아들어야 한다고 『구사석론』에서 설명하고 있다.

기어의 업도

기어綺語의 대상은 무의미한 것을 담은 내용이다.

세 가지 생각 가운데 "상想은 그것을 그것으로 인식하는 것이다."라고만 「섭분」에서 말씀하셨는데, 여기에는 말하려는 내용에 대해 그것을 그것이라고 인식하여 오인함이 없이 말하는 것이므로 다른 구업처럼 그것을 듣는 상대가 반드시 필요한 것은 아니기 때문이다. 번뇌는 탐·진·치 세 가지이다. 의도는 법과 무관한 말을 아무렇게나 말하려는 마음이다.

행위는 쓸데없는 말을 시작하는 것이다.

완결은 쓸데없는 말을 내뱉는 것이다.

기어에는 또한 일곱 가지가 있는데 ①싸움거리, 흠을 들추는 말, 논란거리, 편 가르는 말과 ②외전外典이나 바라문의 비밀행법을 좋아하는 마음에 그것을 인용하고 소리 내어 읽는 것, ③처참한 절규를 흉내 내는 것, ④우스개, 놀이, 유흥, 음담패설을 말하는 것, ⑤군신君臣이나 지역에 대한 이야기, 도둑질한 이야기 등 잡다한 이야기, ⑥술 취한 자나 미친 사람처럼 말하는 것과 ⑦오사명五邪命[154]으로 말하는 것이다. 이 밖에 관계없는 말, 법法과 무관한 말, 의미 없는 말이란 말의 앞뒤가 맞지 않는 말, 번뇌로부터 나오는 말, 웃음소리, 노래 등과 무희 따위를 볼 때에 하는 말이다.

앞의 망어, 양설, 악구 세 가지 구업의 허물을 기어로 인정하거나 인정하지 않는 두 가지 해석이 있으나 「섭분」에 의하면 여기에는 전자와 같이 기어로 인정한다고 하셨다.

---

154) 다섯 가지 잘못된 방식으로 살아가는 것을 말한다. ①사실을 과장하거나 거짓으로 재물과 대접(利養)을 받는 것 ②아부·아첨하여 얻은 이익으로 살아가는 것 ③전에 받은 것을 칭찬하여 간접적으로 주도록 만들고 취하는 것 ④위력으로 재물을 빼앗는 것 ⑤작은 것을 주고 큰 것을 바라고 취하는 것.

의업도 意業道

십악의 업도 가운데 세
가지 의업도인 탐욕·진
에·사견은 악도에 태어
나게 하는 원인이 되므
로 일반적인 그것과는
다르다.

탐욕의 업도

탐욕심의 대상은 타인의 재물과 재화이다.

세 가지 생각 가운데 상想은 그 대상을 그 대상으로 인식하는 것이다.
번뇌란 세 가지 삼독이다. 의도는 자신의 것으로 만들려는 마음이다.
행위는 생각한 그 뜻을 이루려고 힘쓰는 것이다. 완결은 "그것을 반드
시 내 것으로 만들고야 말겠다고 마음먹는 것이다."라고 하셨으며 재물
따위가 내 것이 될 것이라고 생각하는 것이다.

여기에 탐욕심의 업도가 완전히 성립되려면 다섯 가지 조건이 따라야
한다. 즉 ①자신의 재화에 지나친 집착심을 가지고 있고, ②재물을 쌓
으려는 욕심이 있으며, ③타인의 재물 따위의 좋은 것을 살펴보고 경
험함으로써 애착하는 마음이 있고, ④남의 것이 나의 것이 되기를 바라
는 욕심에 얽매이는 마음이 있으며 ⑤그러한 탐욕에 부끄러움이 없어
서 죄 따위를 문제시하지 않는, 욕심에 사로잡힌 마음이 있는 것이다.
이 다섯 마음 중에 하나라도 따르지 않는다면 탐욕심이라는 업도의 본
질[性相]이 온전히 충족되지 않는다.

『유가사지론』에서는 신업과 구업의 행위뿐 아니라 의업의 행위까지 열
가지 불선의 행위를 모두 말씀하시고 있다.

이를테면 다섯 가지가 온전히 충족하지 않는 탐욕이란 다음과 같다.

'아, 저 가장이 나의 종이 되어 무엇이든 내 바람대로 따라 준다면 얼마
나 좋을까'라고 생각하거나 그의 처자식 따위와 먹거리를 비롯한 물질
적 재화에 대해서도 그와 같이 생각하는 것이다.

또 '오호, 내가 욕심이 적어 만족할 줄 알고, 적정처에 머물고, 정진을
하고, 많이 배우고[多聞], 베푸는 등의 일을 남이 알게 된다면 참 좋을
텐데'라고 생각하는 것이다.

또 '내가 권력자[王]나 큰 사업가[大商人]와 사부대중들로부터 존경받고 의식주 등도 얻는다면 얼마나 좋을까'라고 생각하는 것이다.

또 '오호, 내가 내세에 천신으로 태어나서 그 세계의 오욕을 사랑하여 도리천과 야마천의 세계에서 타화자재천까지 천계에 태어났으면'하고 바람을 가지는 것이다.

또 부모와 처자식, 하인 등의 물건이나 오직 사문만이 사용하는 물건에까지 욕심을 내는 것도 탐욕이다.

쫑카파 대사는 우리가 미처 탐욕이라고 인지하지 못했던 것조차 탐욕임을 일깨우고 있다. 인간의 미세한 탐욕과 천계 천신의 미세한 탐욕, 수행자가 인정받고자 하는 마음조차도 탐욕임을 설파하신다.

진에의 업도

진에瞋恚의 대상과 상想, 번뇌는 악구와 동일하다. 의도는 미워하는 것을 때리는 등 해하려는 마음이며 죽이거나 속박하고 타의에 의해 혹은 저절로 가세가 기우는 등 잘못되기를 바라는 생각 따위이다.

행위는 그 생각을 더욱 키우는 것이다.

완결은 때리는 등으로 상대를 해하려고 마음먹거나 결정하는 것이다. 이 역시 다섯 가지 마음이 따르면 완전한 업도가 되고 그렇지 않으면 불완전한 것이다. ① 나에게 해를 입혔던 원인과 그것에 관련된 대상의 상相을 가지고 미워하는 진심瞋心과 ② 자신에게 해를 입히는 것을 견디지 못하고 용서하지 못하는 마음, ③ 지속적으로 잘못된 생각[非如理作意]으로써 분노의 원인을 마음에 되새기고 떠올려 원한을 갖는 마음, ④ '때리거나 죽였으면 좋겠다.'고 해를 입히려는 것에 얽매인 마음, ⑤ 진에심을 일으키는 것에 부끄러움이 없고 죄악시하지 않아 해하려는 마음에 압도된 마음까지 이러한 다섯 가지의 마음을 가지고 있는 것이다.

십악에 들지 않는 단순한 진에심이란 '이 자는 나에게 해를 입혔고 혹은 입히고 있다'고 여겨 그를 해치기 위해서 하는 모든 생각이 진에심이다. 마찬가지로 타인의 친족과 재물, 선善 등이 이생에서 쇠락하기

여기서 말하는 타인을 해하려는 악심인 진에 역시 악도에 태어나게 하는 원인이 되므로 일반적인 진에와는 다르다.

를 기원하고 내세에는 악도에 떨어지기를 기원하는 것도 진에심이다.

사견의 업도

사견邪見의 대상이란 존재하는 모든 것이다.

세 가지 생각 가운데 상想은 실상을 부정하는 내용들을 사실로 인식하는 것이다. 번뇌는 삼독 중의 하나이다. 의도[動機]는 부정하려는 마음이다.

행위는 그 생각을 키우는 것이다. 이에 또한 네 가지가 있으니 원인因과 결과果, 작용, 존재를 부정하고 비방하는 것이다. ①원인因을 부정함이란 선행과 죄행 등이 없다고 하는 것이다. ②과보果를 부정함이란 그 선악이라는 두 가지 이숙과가 없다고 하는 것이다. ③작용을 부정함에는 세 가지가 있으며 그 가운데 종자를 심고 지탱하는 작용을 부정하는 것은 아버지와 어머니가 없다고 하는 것이고, 오고 감[往來]의 작용을 부정하는 것은 이생과 내생이 없다고 하는 것이며, 생김[生]의 작용을 부정하는 것은 중생이 화化하여 태어남[化生]이 없다고 하는 것이다. ④존재하는 대상을 부정함이란 아라한 등이 없다고 하는 것이다.

완결은 어떠한 것을 부정하려고 마음먹는 것이다.

이 역시 다섯 가지를 갖춤으로써 완전한 업도가 되는데 ①법을 여실히 알지 못하여 어리석은 마음, ②악惡을 좋아하는 거친 마음, ③그릇된 법에 대한 확신으로 잘못된 생각을 지속하는 마음, ④보시와 공양 혹은 밀교 의식(호마공양)과 선행 등이 의미가 없다고 부정하는 왜곡된 마음, ⑤그러한 사견에 부끄럼이 없고 문제라는 것을 몰라 무지함에 사로잡힌 마음까지 다섯 가지의 마음을 가지고 있는 것이다. 이 다섯 가지를 따르지 않으면 완전하지 않은 것이다.

이외의 다른 사견들도 분명 있지만 오직 이를 사견이라고 한 것은 이 사견으로 말미암아 일체 선근이 끊어지고 악을 좋아해서 악을 행하게 되므로 모든 사견 가운데 가장 심각한 것이다.

십악 가운데 살생과 악구, 진에는 삼독으로 시작되며 진嗔으로 끝맺고 투도와 사음, 탐욕은 삼독으로 시작되며 반드시 탐貪으로 끝맺는다. 망어와 양설, 기어는 시작과 끝 모두 삼독이 역할을 하며 사견은 삼독으로 시작되고 반드시 치심癡心으로 끝맺음한다.

그러한 것들 가운데 의도라는 심소 '사思'는 업이지만 업도業道는 아니다. 신구身口의 일곱 가지는 업이기도 하고 사思가 하려는 바이므로 업도이기도 하다. 하지만 탐욕, 진에 등 세 가지는 업도이지 업은 아니다.[155]

1)-나) 경중의 차이
　　나)-(1) 열 가지 업도의 경중
　　나)-(2) 그밖에 업력이 큰 경우

두 번째 경중의 차이는 두 가지로 열 가지 업도의 경중과 그 밖의 업력에 따른 내용을 설한다.

첫 번째(십업도의 경중)는 다섯 가지로써 설명한다. 살생을 예로 들자면 생각으로 인해 무거운 살생이란 강한 삼독심으로 살생을 행한 경우를 말한다.

행위에 따른 무거운 살생이란 살생을 했거나 하고 있거나 혹은 하게 될 것을 좋아하고 기뻐하는 마음을 가지고 죽이는 것, 자신도 하고 남에게 시킨 것을 칭찬하는 것, 그러한 것을 보면 늘 좋아하며 오랫동안 생각하여 계획적으로 죽이는 것, 일상적으로 죽이는 것, 아랑곳

탐욕이나 증오와 같은 삼독이 강할수록 그로 인한 살생의 업도 더 무거워지므로 생각에 따라 살생업의 경중이 달라진다.

살생을 실행하는 과정에서 일어나는 여러 사안과 관련하여 살생업의 경중이 달라지기도 한다.

---

155) 탐욕, 진에, 사견 이 세 가지가 업이 아닌 것은 신업도 구업도 의업도 아니기 때문이다. 의업이 아닌 것은 『구사론』에 따르면 의업은 사(思)여야 하는데 이 세 가지는 번뇌이므로 각각의 다른 심소로써 의업이 될 수 없다. 따라서 신업도 구업도 의업도 아니므로 업이 아닌 것이다.

후회나 반성, 수행 등 살생업을 닦는 대치법이 없으면 더욱 그 업이 무거워진다.

하지 않고 한 번에 많은 생명을 죽이는 것, 극심한 고통을 주며 죽이는 것, 공포에 떨게 하여 할 수 없는 것을 하게 하면서 죽이는 것, 불쌍한 자와 굶주린 자, 절규하는 자와 신음하는 자를 무자비하게 죽이는 것이다.

대치법이 없어 무거운 살생이란 평생 단 하루라도 어떤 계율도 받은 적이 없거나 반달[156] 음력 8일, 14일, 15일에 팔관재계를 지키고 간혹 복을 짓고 찬탄하여 삼보에 절하고 일어서고 합장하고 예경의 마음을 가지는 등 대치법을 행한 적이 없거나, 때때로 부끄러움[慚]을 알고 죄를 두려워하며 양심[愧]에 꺼려 크게 후회하지도 않거나, 세간의 도나 출세간의 도가 없는 경우이다.

사견의 집착에 따른 무거운 살생이란 산 제물을 바치는 자들의 사견에 의해서 종교적 이유로 죽이는 것과 가축은 조물주가 먹거리용으로 만든 것이므로 죽여도 죄가 없다고 하는 등 잘못된 생각에 의해 죽이는 것이다.

대상에 따른 무거운 살생이란 몸집이 큰 짐승과 사람 혹은 사람이 된 것,[157] 부모, 형제자매, 스승과 같은 이, 신의가 있는 이, 학도學道에 머무는 자, 보살, 성문 아라한과 벽지불과 같은 존재를 죽이는 것이다. 또 여래를 죽일 수 없다는 것을 알면서 악심으로 피를 내는 것이다.

이 다섯 가지 경우에서 벗어난 것은 가벼운 살생이다. 나머지 아홉 가지 불선 또한 대상을 제외하고 살생업의 경우처럼 경중을 알 수 있다.

대상에 따른 무거운 투도란 많은 수량을 훔치는 것, 귀중한 것을 훔치는 것, 신뢰하고 있는 자의 물건을 훔치거나 빼앗는 것, 어려운 처지에

---

156) 음력 보름 뿐 아니라 일수로 계산하여 반달이 될 때도 사문이 포살하는 때이므로 길상하게 여긴다.
157) 태아를 가리킨다.

있는 자나 가난한 자, 출가자의 물건을 훔치는 것과 마을에 들어가 훔치는 것, 불교도의 것을 훔치는 것, 학도인과 성문 아라한, 벽지불, 승가와 불탑의 물건을 훔치는 것이다.

마을에 들어가 마을 공공의 재물을 훔치는 것이다.

대상에 따른 무거운 사음이란 음행의 상대가 아닌 자, 즉 어머니나 친족 혹은 깊은 신뢰관계에 있는 사람의 배우자나 비구니, 식차마니, 사미니와 같은 독신의 성직자와 잠자리를 하는 것이다. 생식기관이 아닌 구강에 음행을 하거나 팔관재계 시에나 임부가 만삭일 때와 같이 때 아닌 때에 음행하거나 혹은 아픈 사람에게 음행을 하거나 불탑의 주변과 승가의 가람과 같이 음행할 장소가 아닌 곳에서 잠자리를 하는 것이다.

대상에 따른 무거운 망어란 타인을 속이고 기만하려는 마음으로 수많은 거짓말을 하거나 부모에서부터 부처님에게까지 거짓말을 하는 것, 선연善緣[158]과 벗에게 거짓말을 하는 것, 살생을 비롯한 세 가지의 무거운 업을 짓게 만드는 거짓말을 하는 것이다. 특히 승가의 화합을 깨기 위해 거짓말을 하는 것은 모든 망어 가운데 가장 무거운 것이다.

대상에 따른 무거운 양설은 오랫동안 돈독한 관계와 스승, 제자, 부모 자식 간이나 승가를 이간질하고 세 가지 무거운 신업을 짓게 만드는 양설이다.

대상에 따른 무거운 악구는 부모를 비롯해 스승과 같은 이에게 나쁜 말을 하고 사실과 혹은 사실이 아닌 거짓으로 나쁜 말을 하며 면전에서 나무라거나 승가의 허물을 비난하거나 멸시하는 말을 하는 것이다.

---

158) 선지식과 같은 좋은 인연.

대상에 따른 무거운 기어란 망어·양설 · 악구 세 가지 구업도 기어이
므로 기어의 경중에 대한 것은 이전과 동일하다. 싸움거리, 흠집 내기,
언쟁거리, 편 가르는 쓸데없는 말과 탐심으로 외전을 읽는 것을 비롯
해 부모 형제, 스승과 같은 이를 시험하는 말, 멸시하는 말, 막말, 부적
절한 말을 하는 것이다.

대상에 따른 무거운 탐욕이란 승가와 사원의 재물을 탐하는 것과 덕이
있는 척하여 권력자[王]와 청정범행을 하는 현자들에게 인정받아 그로
써 생기는 명리를 탐하는 것이다.

대상에 따른 무거운 진에란 부모 형제나 스승, 죄 없는 사람들, 가난한
자, 병자, 불쌍한 사람들, 죄를 행한 것에 대해 진심으로 뉘우치는 자
들을 해하려는 진에심을 일으키는 것이다.

사견의 대상인 인과,
작용, 존재라는 일체를
모두 비방하는 것이다.

대상에 따른 무거운 사견이란 일체 대상을 비방하는 것이다. 그것은 다
른 사견보다도 무거운 것이며 세간에 아라한과 사향사과四向四果의 성
자가 없다고 보는 것 또한 무거운 것이다. 그 밖의 다른 것은 상대적으
로 가벼운 것임을 알아야 한다.

이밖에도 무착보살께서 「본지분」에서 업의 경중을 따지는 여섯 가
지[159] 기준을 말씀하시고 있다.
① 실질적인 작용[行]이란 불선의 경우 강한 삼독심이 동기가 되는 것이
며 선업은 이 삼독심이 없는 마음이 동기가 되는 것이다.
② 습관[習]은 선업과 불선업 두 가지 모두 오랫동안 일상적으로 행하여

---

159) 한역 業增上云何? 謂猛利極重業, 當知此業由六種相。一加行故, 二串習故, 三自性故, 四事
故, 五所治一類故, 六所治損害故『유가사지론』 9권(ABC, K0570 v15, p.524a20-b02)

수없이 반복되어 길들여진 것이다.

③본질[自性]이란 십악 가운데 일곱 가지 신구身口의 업은 앞에 있는 것이 뒤의 것보다 더 무겁고 세 가지의 의意업도는 앞의 것보다 뒤의 것이 더 무겁다.

④대상[境]이란 불·법·승 삼보나 스승과 같은 존재에게 해를 입히는 것이다.

⑤삶의 방향이 오직 부정적인 쪽으로 정해진 것이란 죽을 때까지 오직 악업을 행하고 선善을 한 번도 행하지 않은 것이다.

⑥부정적인 것을 버린 자란 불선을 끊고 탐착을 여의어 선업을 행하는 자이다.

『친우서』에서도 다음과 같이 말씀하셨다.

> 항상 하는 것과 강한 집착, 대치對治가 없는 것
> 공덕의 대상과 주된 대상으로부터 생긴 업
> 선업과 불선업은 다섯 가지 형태이니
> 그 가운데 선행에 정진하시오

『친우서』는 삼보와 같은 공덕을 갖춘 대상과 부모와 같은 은혜를 입은 대상이라는 이 두 가지 대상으로 구분하여 다섯 가지를 말한다.

나)-(2) 그밖에 업력이 큰 경우

두 번째 그밖에 큰 업력의 문이 되는 것은 무엇인가. 이에 대해 네 가지를 설한다.

그 가운데 첫 번째 대상에 따라 업력이 커진다는 것은 삼보와 스승, 스승과 같은 존재와 부모와 같은 존재로 인한 것인데 이러한 존재들

①선악을 행하도록 만드는 원인으로 삼독심의 동기가 경중의 기준이 된다. 삼독심이 강할수록 불선의 업력이 무거워지고 삼독이 적을수록 선의 업력이 커진다. ②선의 습관이 많은 자의 선업이 더 크고 악의 습관이 많은 자의 악업의 업력이 더 무겁다. ③본질적으로 신업 가운데 살생이, 구업 가운데 망어가 가장 무겁지만 의업은 마지막 사건이 가장 무겁다. ④업을 행하는 대상에 따라 업의 경중이 달라진다. ⑤일생동안 악행만을 일삼은 자의 불선의 업력이 더 무겁다. ⑥일생동안 선업을 행한 자의 선의 업력이 더 크다.

공덕의 대상이란 공덕의 바탕이 되는 삼보와 스승을 가르키며, 주된 대상은 가장 큰 은혜를 입은 부모와 같은 대상을 가리킨다.(ⓒ 287쪽)

에게는 강한 동기 없이도 작은 도움을 주거나 작은 해를 끼치더라도 그 복과   죄가 크기 때문이다. 이를 또 『염처경』에서 다음과 같이 말씀하셨다.

대상에 따라 그 업력의 크기가 달라진다. 삼보와 스승, 부모와 같은 은혜로운 대상에 선업을 행하면 그 복력이 더 크고 악업을 행하면 또한 그 업력이 더 무겁다.

> 이와 같이 부처님과 법과 승가로부터 작은 것 하나를 취하더라도 큰 과보를 받게 되는데 부처님의 법과 승가의 것을 취한 것들 가운데에서도 적당한 것을 다시 올린다면 부처님과 법의 것을 취한 업은 닦여지지만 승가의 것을 훔친 것은 괴로움[苦受]을 겪기 전까지 닦여지지 않으니 복전이 무겁기 때문이다. 만일 승가의 재물 가운데 승가의 입으로 들어가는 음식을 훔친다면 대중생지옥에 떨어지며 만일 음식이 아니라면 저 대중생지옥의 사이, 무간지옥 주변의 대암흑지옥 등에 태어나게 되느니라.

특히 승가의 재산인 잎사귀 한 장, 꽃 한 송이 또는 과일 하나 정도를 파계승이 취하게 되면 대중생지옥에 태어난다. 설령 오랜 후에 지옥에서 벗어나더라도 인적이 드문 오지나 척박한 곳에 발이 없는 동물이나 아귀로 태어나며, 사람으로 태어난다 하더라도 장님이나 사지가 없이 태어나서 많은 세월 동안 고통을 겪는 등 그 해악이 크다는 것을 『일장경日藏經』에서 자세히 설하시고 있다. 뿐만 아니라 비구(대중)와 승가에게 회향한 꽃 한 송이라도 승려 개인이 취하거나 승려가 속인에게 주거나 속인이 스스로 그것을 취하지 않아야 한다고 하셨다. 그 죄가 또한 지극히 큰 까닭에 『일장경』에서 다음과 같이 말씀하셨다.

> 날카로운 검으로 차라리
> 자신의 사지를 자르는 것이 나으리
> 승가에게 회향한 것을

재가자에게 주지 않아야 하리라

차라리 불타는 불덩이와 같은
쇠구슬을 삼키는 것이 나으리
승가로부터 나온 저것은
승가 외는 취하지 않아야 하리

수미산 같은 불덩이를
받아 삼키는 것이 나으리
속인이 승가의 것을
취하지 않아야 하리

일체 사지가 잘리고 내장이 쏟아지며
죽창에 꽂혀 공중에 떠 있는 것이 나으리
속인이 승가의 것을
취하지 않아야 하리

벌겋게 타오르는 숯불로 가득찬
저 집에 머무는 것이 나으리
속인이 승가의 처소에
밤에는 머물지 않아야 하리

승보 안에서도 그가 보살이라면 그로 인한 선업과 악업이 지극히 커서
『능입발생신력계인경能入發生信力契印經』에서 다음과 같이 말씀하셨다.

　어떤 이가 화가 나서 시방의 일체중생을 암흑 감옥에 넣는 것보다
보살에게 화를 내며 뒤돌아서 "이 돼먹지 않은 자를 더 이상 보지

승가나 성현의 지위에
오른 자와 같은 승보를
대상으로 지은 선악의
업도 그 업력이 매우 크
지만 보살성현과 같은
승보를 대상으로 지은
선악의 업력은 그보다
도 더 크다.

않겠다."라고 하면 무량한 악업이 생기느니라. 또한 세상의 일체중생의 모든 재물을 훔치는 것보다 보살을 멸시한다면 악업이 전과 같으며 갠지스 강의 모래수와 같은 불탑을 파괴하고 불태우는 것보다 대승에 뜻을 갖고 있는 보살을 해하려는 마음을 내고, 화를 내며 나쁜 말을 한다면 과보는 또한 전과 같으니라.

『능입정부정계인경能入定不定契印經』에서 말씀하셨다.

눈알이 빠져버린 시방의 중생에게 자애심으로 다시 눈이 생기게 하고, 같은 중생을 감옥에서 꺼내어 전륜성왕이나 범천의 즐거움을 가져다주는 것보다 다음과 같은 순서로 대승의 뜻을 가진 보살을 신심의 마음으로 보고, 신심으로 보고자 하여 그의 덕을 칭송한다면 무량한 복덕이 크게 생기게 되느니라.

『극선적정결정신변경極善寂靜決定神變經』에서도 세상의 모든 중생을 죽이고 모든 재물을 훔치는 것보다 짐승에게 한 주먹의 먹이를 베푸는 보살의 선을 방해한다면 무량한 악업이 생긴다고 말씀하셨기 때문에 이와 같이 자신이 보살의 선을 방해하는 것은 아닌지 매우 주의하여야 한다.

두 번째는 행위자에 따라 업력이 커진다. 쇠구슬이 아무리 작아도 물속에 가라앉고 그것을 펴서 그릇으로 만들면 부피가 커져도 물위에 뜨는 것과 같이 법을 모르는 무식자無識者가 행한 악업은 무겁고 법을 아는 식자識者가 행한 악업은 가볍다고 하셨다. 그 이유를 『대열반경』에서 다음과 같이 말씀하셨다.

시방의 중생에게 눈 생기게 한 복덕보다 대승 보살을 신심의 마음으로 보면 더 큰 복덕이 생기고 중생을 감옥에서 꺼내어 전륜성왕이나 천신의 즐거움을 가져다 주는 것보다 보살을 신심으로 보고 덕을 칭송한다면 더욱 무량한 복덕이 생긴다.

이 경의 말씀을 이해하기 위해서는 보살이 어떤 존재인지, 보살의 선이 무엇을 의미하는지를 알아야 한다. 자세한 것은 상근기에서 다룬다.

어리석은 자는 끈끈한 고름에 붙어서 떨어지지 못하는 파리처럼 작은 잘못에서도 헤어나지 못하고, 후회하거나 뉘우치는 마음이 없으므로 선을 행하지 못하고, 허물을 감추므로 비록 이전에 지은 선들이 있더라도 그 선이 악업으로 더럽혀지기 때문에 지금 현생에 겪을 이숙과의 원인마저 변하여 지극히 무거운 지옥의 업이 되는 것이니라. 마치 소량의 물에 한 줌의 소금을 넣으면 마시기 힘들어지는 것과 같고 또 남의 금화 한 닢의 빚을 갚지 못해 점점 빚이 늘어나서 조여 오는 괴로움을 겪는 것과 같으니라.

또한 다섯 가지 원인으로 인해 현생에 겪고 지나갈 가벼운 이숙과라 하더라도 내생에 지옥에서 겪게 되리니 그것은 어리석고, 선근이 적고, 악업이 무겁고, 참회하지 않고, 새로운 선을 행하지 않은 것이니라.

그러므로 이전에 행한 악업을 후회하고 다시 행하지 않겠다고 다짐하며 번뇌를 다스려 자신의 악업을 감추지 않는 자, 그 악업을 닦는 대치법으로써 선을 행할 줄 아는 식자에게 그 죄가 가볍다고 하신 것이지 그와 같이 선을 행하지 않고, 악업을 대수롭지 않게 여기고, 알면서도 악행을 하는 오만한 식자에게는 그 죄가 더욱 무거운 법이다.

『보온경寶蘊經』에서도 "삼천대천세계의 중생이 대승에 머물고 전륜성왕의 권력을 지닌 자들이 각각 바다와 같은 큰 등잔에 수미산만한 심지의 등불을 불탑에 공양하는 것보다 출가한 보살이 기름을 겨우 묻힌 등불의 심지를 가지고 불탑 앞에 올리는 복덕이 더 뛰어나서 저 공양은 출가 보살이 올린 공양의 복덕에 백분의 일에도 미치지 못한다"고 말씀하셨다. 이것은 보리심이라는 동기와 공양을 올리는 대상에 차이가 없고 도리어 공양물에 큰 차이가 있음에도 불구하고 출가자의 복덕이 더

대승에 머문다는 것은 보리심을 발하여 대승도에 머무는 보살을 의미한다.

2) 행위자에 따른 차이
재가자와 출가자의 차이

뛰어난 까닭은 행위자의 차이가 있는 것임이 틀림없다.

이러한 이치로써 업의 행위자에게 계율이 있고 없음에 차이가 있으며 계율이 있는 경우에도 한 가지와 두 가지, 세 가지 계율을 가지고 있는 것에 따라 차이가 있다. 이 뿐만 아니라 도를 닦아도 계율의 유무와 수지한 계율이 많을수록 그에 따른 차이가 분명히 존재한다.

재가자의 경우, 보시와 같은 선을 행할 때도 팔관재계와 같은 계율을 지니고 행하는 것과 계율 없이 행하는 이 두 가지는 선근의 힘에 있어 명백히 큰 차이가 있다.

『제벌범계경制罰犯戒經』에서는 십악을 행하는 한 사람이 끊임없이 백 년 동안 늘 악업을 지은 것보다 파계승이 부처님의 옷을 입고 신심으로 공양한 것을 하루라도 취한다면 그 악업이 더 크다고 말씀하신 것도 행위자에 따라 그 업력이 더 크다는 것을 뜻한다. 『분별율경分別律經』에서도 다음과 같이 말씀하셨다.

도를 닦을 때도 수지한 계율에 따라 수행하는 선업의 크기가 달라진다.

> 벌겋게 불타는 쇠구슬을
> 삼키는 것이 더 나으리
> 잘 다스리지 못한 파계자
> 마을의 탁발을 먹지 않아야 하리라

이처럼 계를 어긴 것과 계율에 방만하여 제대로 계를 지키는 않은 이 두 가지 모두 업이 무겁다고 말씀하셨다. 돔뙨빠의 말씀 중에 "법에 의해 저지르는 악업에 비하면 십악은 오히려 사소한 것이다."라는 말씀은 틀림없다.

불교에 종사하는 출가자가 저지르는 악업과 넓게는 종교에 종사하는 성직자가 저지르는 악업을 말한다.
(ⓒ 293쪽)

세 번째 내용에 따른 업력의 크기는 가령 중생에게 보시를 베푸는 데에 법시法施가 재시財施보다 수승하고, 부처님께 공양을 올리는 데에 있어서는 정행공양이 재시보다 더 수승한 것이다.

네 번째 생각에 의한 업력의 크기는 『보온경寶蘊經』에서 삼천대천세계의 일체중생이 각각 수미산과 같은 불탑을 세우고 그와 같은 불탑에 또한 수억 겁 동안 할 수 있는 모든 공경을 다하여 예경한 것보다 보살이 보리심으로 한 송이의 꽃을 올리는 복덕이 더 크다고 하셨다.
그와 같이 크고 작은 목적과 자리이타를 위한 목적 등에 따른 동기의 차이뿐만 아니라 의욕의 정도, 지속의 정도 등에 따라 업력의 크기가 다름을 알아야 한다.
죄행에 있어서도 번뇌의 마음이 강하고 오래 지속될수록 업력이 무겁다. 그 중에서도 분노로 인한 업력이 무거워서 『입행론』에서 다음과 같이 말씀하셨다.

> 천겁千劫에 쌓아올린
> 보시와 부처님께 공양한
> 그 모든 선행까지도
> 찰나의 분노로 파괴된다네

게다가 청정한 수행자[梵行者]에게 화내는 것이 더 무겁다. 그런 그보다 보살에게 화내는 것은 지극히도 무거워서 『삼마지왕경』에서 다음과 같이 말씀하였다.

> 어떤 이에게 성내는 것보다 보살을 해하는 마음을 낸다면
> 그것은 지계와 배움으로도 제도될 수 없느니라
> 선정으로도 제도 못하고 적정처에 머물러도 제도 못하니
> 보시로도 제도할 수 없고 부처님에게 올리는 공양으로도 아니니라

재물을 베푸는 재시보다 가르침을 베푸는 법시가 더 뛰어나며, 공양도 재물을 올리는 것보다 수행 성취한 정행공양이 더 뛰어나다.

짓는 업의 동기에 따라 업력의 크기가 달라진다. 동일한 선행이라도 일신의 해탈을 위한 것과 일체중생을 위한 것은 그 선업의 크기가 다르다.

번뇌 가운데 분노는 선근을 훼손시키기 때문에 가장 그 해악이 크다.

청정한 수행자에게 성내는 업도 무겁지만 그보다 보살을 대상으로 해하려는 마음을 낸다면 그 업장은 지극히 무거워 구제되기 어렵다.

『입행론』에서도 다음과 같이 말씀하셨다.

　　어떤 이가 그와 같은 보살 보시자에게

　　만일 나쁜 마음을 일으킨다면

　　악심을 일으킨 찰나만큼의 겁 동안

　　지옥에 머물게 된다고 능인께서 말씀하셨네

　　　　　　　　1)-다) 악업의 과보

　　　　　　　　　　다)-(1) 이숙과

　　　　　　　　　　다)-(2) 등류과

　　　　　　　　　　다)-(3) 증상과

세 번째 그러한 십악의 업에는 세 가지 과보가 있다.

　　　　　　　　　　(1) 이숙과

그 가운데 첫 번째 이숙과異熟果[160]이다. 열 가지 각각의 업도도 그 대상에 따라, 삼독三毒의 대·중·소와 그 정도에 따라 세 가지의 과보가 있다. 살생을 비롯한 열 가지 큰 악업으로 인해 지옥에, 열 가지 중간 악업으로 인해 아귀로, 열 가지 작은 악업으로 인해 축생으로 태어난다고 「본지분」에서 말씀하시고 있지만 『십지경十地經』에서는 중간 악업과 작은 악업의 이 과보를 정반대로 말씀하시고 있다.[161]

---

160) 광의로는 선악의 업으로 겪는 과보를, 협의로는 육도의 몸으로 태어나는 과보를 말한다. 여기서는 협의의 의미로 쓰였다.

161) 축생보다 기갈의 육체적 고통이 지속되는 아귀를 더 부정적으로 보는 관점에서는 「본지분」과 같이 해석하지만 법을 듣거나 접할 기회는 축생보다 아귀에게 있기 때문에 법을 접할 기회가 거의 없어 발전 가능성이 희박한 축생을 더 부정적으로 보는 관점에서는 『십지경』과 같이 해석한다.

(2) 등류과

두 번째 등류과^{等流果}[162]란 악도에서 벗어나 사람으로 태어나더라도 십악의 순서대로 다음과 같은 과보를 받게 되는 것이다. 살생으로 단명하고, 투도로 재물이 없어 궁핍하고, 사음으로 배우자를 잃게 되고, 망어로 많은 비난을 받고, 양설로 벗과 헤어지고, 악구로 듣기 싫은 말을 듣고, 기어로 사람들이 자신의 말을 듣지 않는다. 탐욕·진에·사견의 등류과는 탐·진·치가 더욱 강해지는 것이다.

「제자품」과 『십지경』에는 한 업도에 각각의 두 가지 과보를 말씀하셨다. 만약 사람으로 태어나더라도 살생의 과보로 단명하거나 병이 많고, 투도로 재물이 적어 궁핍하며 재물을 다른 사람과 공유해야 하거나 빼앗기게 된다. 사음으로 포악하거나 믿지 못할 동반자[163]를 얻고 배우자가 원수와 함께 한다. 망어로 사람들이 수많은 비방을 하고 속이며, 양설로 권속이 화목하지 못하거나 악독하고, 악구로 나쁜 말과 듣기 싫은 말을 들으며, 자신의 말이 언쟁의 씨앗이 되고, 기어로 말에 무게가 없고, 사람들이 나의 말을 신뢰하지 않는다. 탐욕심으로 욕심이 많아 만족할 줄 모르고 무의미한 것을 구하거나 유의미한 것을 구하지 않으며, 진에심으로 내가 남을 해하고 남이 나를 해하며, 사견으로 악견을 지니고 몰염치한 사람이 된다고 하셨다.

선대의 스승들께서는 십악을 저지른 자가 사람으로 태어나 살생을 비롯한 악업들을 좋아하는 것도 일종의 등류과이므로 앞서 언급한 등류과는 자신이 겪게 되는 등류과로 구분하여 겪는 등류과와 성품이 되는 등류과라는 두 가지 등류과를 인정하신다.

---

162) 전생에 행한 업 즉 원인과 동류(同類)의 과보를 말한다. 예로 남의 목숨을 앗아간 살생업은 그것과 유사한 형태로써 단명하는 과보를, 남의 재물을 훔친 업은 가난이란 과보를 받는 것을 말한다.

163) 티벳어로 욕 코르(གཡོག་འཁོར་ gyog 'khor)는 자신이 부리는 사람(གཡོག་)이나 권속(འཁོར་)을 뜻한다. 여기에는 배우자나 동료나 늘 함께 하는 권속이 모두 포함된다.

(3) 증상과

세 번째 주상과土上果[164] 혹은 증상과增上果[165]라고 하는 것이다. 살생으로 인한 증상과란 외부 환경[器世間]의 음식과 약, 열매 등이 영양가가 적고 볼품없으며 효능과 효과가 미미하고 소화되기 어려우며 병을 유발해서 중생 대부분은 자기 수명을 다하지 못하고 죽게 된다.

주지 않은 것을 취하는 투도의 증상과란 열매가 적고 열매를 이루지 못하며 상하고 열매가 잘 영글지 않거나 가뭄이 들고 홍수가 나며 열매가 말라죽거나 열매가 없어진다.

사음의 증상과는 대소변과 늪지나 오물과 쓰레기, 악취가 나거나 척박하며 황량한 곳이다.

망어의 증상과는 농사나 교역 등 장사가 잘 되지 않고 화합하지 못해 분쟁과 갈등이 있으며 속임이 난무하고 두려움과 두려워할 만한 여러 조건이 있는 곳이다.

양설의 증상과는 땅이 고르지 않은 곳이나 높고 낮은 경사가 져서 다니기 어렵고 두려움과 공포를 느낄 만한 곳이다.

악구의 증상과는 고사목과 가시덤불, 돌, 깨진 자갈이나 파편이 많거나 거칠고 척박하며 폭포나 호수, 못이 없는 곳, 메마른 땅, 염분이 많은 땅, 유실된 땅, 절벽, 악행이 난무하는 곳, 공포스러운 곳이다.

기어의 증상과는 유실수에 열매가 생기지 않고 때 아닌 때에 열매가 맺으며 제때에 열매가 맺히지 않는 것이다. 익지 않은 열매가 익은 것처럼 보이고 뿌리가 튼튼하지 않으며 뿌리가 오래가지 않고 공원, 숲, 연못, 동산이 없으며 두려움을 느낄 만한 여러 조건이 있는 곳이다.

탐욕심의 증상과란 모든 원만한 조건들이 매년 혹은 절기마다 달마다

---

164) 티벳어로는 닥뾔이 데부(བདག་པོའི་འབྲས་བུ་ bdag po'i 'bras bu)라고 하며 어떠한 환경의 주인 노릇을 하게 만드는 과보를 뜻한다.

165) 티벳어로는 왕기 데부(དབང་གི་འབྲས་བུ་ dbang gi 'bras bu)라고 하며 어떤 업으로 지은 결과로 그것을 누리거나 겪을 권한을 가지게 됨을 뜻한다.

매일 매일 기울고 늘어남이 없이 줄어드는 곳이다.

진에심의 증상과는 돌림병과 재난, 전염병, 내분이나 외부의 공격으로 분쟁이 많고 사자나 호랑이 등 맹수나 독사와 전갈, 지네가 많고 귀신[야차夜叉]이 있거나 강도, 도적 등이 많은 곳이다.

사견의 증상과는 기세간에 있는 훌륭하고 주요한 자원들이 감소하고 더러운 것과 고통을 주는 것이 깨끗하고 좋으며 행복한 것으로 보이고 법의 기회와 구원자나 의지처가 없는 곳이다.

나-2)- 선업과 그 과보를 사유하기
   2)-(1) 선업
   2)-(2) 선업의 과보

선업과 그 과보를 사유함에 있어 선업과 그 과보를 설한다.

2)-(1) 선업

첫 번째 선업이란 살생, 투도, 사음이 가져올 해악을 생각하여 선의 마음(동기)으로 그와 같은 악업을 잘 다스리는 행위를 하고 완전한 제어(완결)에 이르는 신업을 말한다.[166] 이와 마찬가지로 네 가지 구업과 세 가지 의업에도 똑같이 적용되며 차이는 구업과 의업이라는 것뿐이다. 이와 같이 「본지분」에서 말씀하셨으므로 십악의 업도처럼 대상, 생각, 행위와 완결의 요건이 적용된다. 불살생의 업도를 예로 들면 그 대상은 타 중생이고, 생각은 살생업의 해악을 알고 살생하지 않으려는 것이며, 행위는 살생의 행위를 잘 제어하려는 노력이고, 완결

선의 업도에도 대상, 선한 의도, 행위, 완결이 갖추어져야 한다.

---

166) 이 부분은 『유가사지론』의 「본지분」 내용을 인용한 것이다. 한역 謂於殺生, 起過患欲解, 起勝善心, 若於彼起靜息方便及於彼靜息究竟中所有身業. 『유가사지론』 8권(ABC, K0570 v15, p.522b11-b13) 역: 살생(殺生)에 대해서 과환의 욕해[過患欲解]를 일으키고 뛰어난 선심[勝善心]을 일으키어 그것을 그치게 하는 방편[靜息方便]을 일으키는 것으로부터 끝내 그것을 그치게 하는 것까지의 모든 신업(身業)을 말한다. 『유가사지론』 8권(ABC, K0570 v15, p.516a01)

은 제대로 다스려낸 신업이다. 이러한 형태를 다른 선업에도 적용할
줄 알아야 한다.

2)-(2) 선업의 과보

두 번째, 선업의 세 가지 과보 가운데 이숙과는 선업이 크거나 중간이
거나 혹은 작은 정도에 따라 인간, 욕계의 천신, 두 상계(색계·무색계)의
천신으로 태어나는 것이다. 선업의 등류과와 증상과는 불선업의 과보
와 반대로 적용된다.[167] 『십지경』에서 이르시길

> 이러한 열 가지로 윤회를 두려워하고 비심悲心[168]을 떠나 남의 말[聲]
> 을 따라 닦으니 성문과를 이루느니라. 또한 남에게 의지하지 않으
> 며 비심 없이 연기緣起를 알고 익히면 독각을 이루느니라. 큰마음으
> 로 비심과 선교방편善巧方便과 대원력을 일으키고 일체 중생을 포기
> 하지 않으며 광대한 부처의 지혜를 목적으로 하여 배운다면 보살지
> 와 바라밀을 모두 이루느니라.

이러한 십선을 모두 크게 닦음으로써 부처의 일체 공덕을 이룬다고 말
씀하셨다.

나-3) 기타 업의 분류
3)-가) 인업과 만업
3)-나) 정수업과 부정수업

세 번째, 업의 또 다른 분류를 설한다.

여기서는 일체중생을
향한 비심을 뜻하므로
자신만의 해탈을 구하
는 성문, 연각은 그러
한 비심을 떠나 있는
것이다.

남의 말을 따름은 성
문의 특징이며 남에게
의지하지 않음은 독각
의 특징이다.

---

167) 예를 들면 살생이라는 불선업의 등류과가 단명하거나 살생을 좋아하는 성격을 가지
는 것이라면 불살생이라는 선업의 등류과는 그와 반대로 장수하거나 살생을 싫어하는 성격
을 가지는 것이다.

168) 타인이 처한 어려움과 고통에 공감하고 그것을 안타깝게 여김과 동시에 그 고통에서 벗
어나기를 바라는 마음.

가) 인업과 만업

먼저 이끄는 업[인업引業][169]과 채우는 업[만업滿業][170]의 구분이다. 선취로 이끄는 인업은 선이고 악도로 이끄는 인업은 불선이지만 만업은 선이나 불선으로 정해져 있지 않다. 왜냐하면 선취에 태어나서 사지나 오장육부, 신체기관의 결함 혹은 추한 외모를 지니고, 명이 짧고 병이 많거나 빈곤한 것 등은 불선으로 인한 것이고, 악도의 축생과 아귀에게도 원만한 재물이 있는 것은 선으로 인한 것이므로 내생에 겪게 되는 만업의 과보가 다양하기 때문이다.

따라서 선의 인업이 이끄는 경우에 선의 만업으로 한 생을 살거나 불선의 만업으로 한 생을 사는 것이 있고, 불선의 인업이 이끄는 경우에 불선의 만업으로 살거나 선의 만업으로 사는 두 가지가 있으므로 모두 네 가지 경우가 있는 것이다. 『집학론』에서 다음과 같이 말씀하셨다.

> 선과 불선의 업이란 선취와 악도에 태어남[生]을 이끌고 완전히 생을 다하게 하는 업이라는 것을 알라. 이끄는 것[引]이란 그 업이 이숙과를 이끄는 것이다. 완전히 생을 다하도록 채우는 것[滿]이란 그 업으로 어떤 생에서 원하거나 원치 않는 것을 겪는 것이다.

인업에 대한 의문

『구사론』에서 다음[171]과 같이 말씀하셨다.

> 하나가 한 생生을 이끌며
> 만업滿業은 여러 가지이네

재물을 가진 아귀에게도 여전히 기갈의 고통이 있는 것은 인색함으로 먹지 못하기 때문이라고 한다.

한 생과 한 몸은 같은 의미이다.

---

169) 육도 중생의 생 가운데 어떠한 생으로 태어나도록 이끄는 업을 뜻한다.

170) 빈부, 귀천, 성별 등 한 생 동안 원하거나 원하지 않는 것을 겪게 하는 업을 뜻한다.

171) 한역 一業引一生 多業能圓滿 『아비달마구사론』 17권(ABC, K0955 v27, p.583b12).

하나의 업은 한 생生을 이끌지 여러 생을 이끌지는 않는다. 만업에는 여러 업이 있으나 여러 업이 또한 하나의 생을 이끌지 않는다고 설명한다. 반면『집학론』에서는 다음과 같이 말씀하셨다.

> 한 업이 한 몸을 이끄는 업도 있고
> 한 업이 여러 몸을 이끄는 그러한 업도 있고
> 여러 업이 한 몸을 이끄는 그러한 업도 있고
> 여러 업이 여러 몸을 이끄는 그러한 업이 있네

『집학론』의 주석서[172]에서는 한 찰나의 업이 오직 한 생의 이숙 종자를 심거나 그 업이 여러 생의 이숙 종자를 심고, 또 수많은 찰나의 업이 한 생의 종자만을 계속 심거나 수많은 업이 서로 의지하여 한 생과 또 다른 생을 잇는 종자를 계속 심는다고 설명한다.

3)-나) 정수업과 부정수업

과보를 겪는 것이 정해진 업[정수업定受業]과 정해지지 않은 업[부정수업不定受業]이란 「본지분」에서

> 정해진 업[定受業]이란 생각한 대로 행하고 쌓은 그 어떤 것이다. 정해지지 않은 업[不定受業]이란 생각한 대로 행하였으나 쌓지 않은 그 어떤 것이다.

라고 하신 말씀대로이다. 그처럼 행한 것과 쌓은 것의 차이점은 같은 논論에서

---

172) 논사 라지 꾸마르의 저술. 논서명은 『མཛོད་པ་ཀུན་བཏུས་ཀྱི་བཤད་པ། mdon pa kun btus kyi bshad pa』.

행한 업[作業]은 무엇인가, 생각하거나 생각하고 나서 또한 몸과 말로 드러난 것이다.

라고 하셨고 또 다음과 같이 말씀하셨다.

쌓은 업[증장업 增長業]이란 열 가지 형태의 업을 제외한 것으로 이와 같이 꿈속에서 행한 것과 모르고 한 것, 의도치 않게 행한 것, 생각 없이 우발적으로 행한 것, 실수로 행한 것, 망각[실념 失念]하여 행한 것, 원치 않으면서 행한 것, 성품이 무기업인 것, 참회로써 제거된 업, 대치對治로써 소멸된 업 이러한 열 가지 형태의 업을 제외한 업이다. 쌓지 않은 업[부증장업 不增長業]은 언급한 열 가지이다.

「섭결택분」에서도 네 가지로 설명한다. 가령 살생의 경우 행하였으나 쌓지 않은 것이란 부주의로 행한 것, 꿈속에서 한 것, 일부러 한 것이 아닌 것, 원치 않음에도 불구하고 남이 억지로 시켜서 한 것, 단 한번의 행을 즉시 참회하며 인과의 허물을 생각하여 얇아진 것, 이숙과가 생기지 않도록 세간도로써 집착을 여의어 종자의 힘을 무력화하거나 출세간의 무간도無間道[173]로써 종자를 소멸시킨 것이다.

쌓았으나 행하지 않은 것이란 생명체를 죽이기 위해서 오랫동안 생각하여 계획하고도 죽이지 못한 것이다.

행하고 쌓은 것이란 앞의 두 가지 경우를 제외한 모든 살생이다.

행하지 않고 쌓지 않은 것은 앞의 세 가지를 제외한 것이다.

---

173) 도는 크게 세간도(世間道)와 출세간도(出世間道)로 나눈다. 수도오위 가운데 자량도와 가행도가 세간도이며 견도와 수도, 무학도는 출세간도이다. 견도 이상의 출세간도는 다시 세 가지 도로 나누는데 대치법으로 끊어야 할 바를 끊는 무간도(無間道), 해당 번뇌를 끊은 상태인 해탈도(解脫道), 선정을 벗어난 후득지(後得智)이다. 이 가운데 무간도는 선정에서 간극 없이 지속적으로 대치법을 행하여 번뇌를 끊는 것을 말하는데 이러한 출세간의 무간도로써 업의 종자를 소멸시킬 수 있다.

행한 업이란 생각(意)으로 행하거나 생각한 대로 몸과 말로 행한 것이다.

쌓은 업이란 고의성을 가지고 행한 것을 가리킨다.

①행한 업이지만 쌓지 않은 업: 명령에 의해 원치 않은 살생을 한 것.
②쌓은 업이지만 행하지 않은 업: 살인하려는 고의성을 가지고 준비를 하였지만 기회가 없어 죽이지 못한 것.
③행한 업이자 쌓은 업: 살생의 고의성을 가지고 살생을 행한 것.
④행하지도 쌓지도 않은 것: 잠깐 일어난 살의.
→③번의 행하고 쌓은 업은 반드시 과보를 겪게 하는 정수업이며 나머지는 정해지지 않은 부정수업이다.

투도에서 기어까지도 이와 같이 각각에 적용할 수 있어야 한다. 십악 중 세 가지(탐욕, 진에, 사견) 의意에는 두 번째 쌓았으나 행하지 않은 경우는 없으며, 첫 번째 행하였으나 쌓지 않은 경우에도 의意란 마음에서 일어나는 것이므로 모르고 하거나 타인이 시켜서 하는 것 또한 없다.

과보를 받는 시기에 따른 세 가지 업

정수업定受業은 과보를 받는 시기에 따라 세 가지 업[174]으로 구분한다. 그 중에 현생에서 겪는 것[순현법수업順現法受業]이란 업을 지은 바로 그 생에 받는 것이다. 여기에는 여덟 가지가 있다. 육신이나 재물, 현생만을 보고 집착함에 따라 짓는 불선의 과보를 현생에서 겪는 것이다. 마찬가지로 그러한 것에 집착하지 않는 마음으로 지은 선의 과보이다. 또 중생을 크게 해치려는 마음으로 지은 불선과 반대로 큰 자비심과 이타심으로 지은 선, 또 삼보와 스승들을 크게 해치려는 마음으로 지은 불선과 그러한 대상에 대한 깊은 신심과 신해심으로 지은 선, 또 은혜를 입은 부모와 스승 등을 원망하고 배은망덕함으로 저지른 불선은 그 현생에서 과보를 겪는다. 그뿐만 아니라 은혜를 베푼 것에 진심으로 보은하려고 지은 선 역시 현생에서 좋은 과보를 받는다고 「본지분」에서 언급하고 있다.

태어나서 겪는 것[순생수업順生受業]이란 현생에 지은 업으로 인해 내생에 그 과보를 겪는 것이다.

또 다른 여러 생에서 겪는 것[순후수업順後受業]이란 세 번째 생 이후에 성숙되는 것을 말한다.

심속心續에 존재하는 많은 선업과 악업의 종자는 어떠한 것이 성숙되는가 하면 무거운 업이 가장 먼저 성숙한다. 선악의 경중이 대등하다

---

174) 『대승아비달마집론』에서는 순현법수업, 순생수업, 순후수업이라 하고 『아비달마구사론』에서는 순현법수업, 순차생수업, 순후차수업이라고 한다.

면 죽을 때에 일어나는 마음[현행심소]에 따라 성숙한다. 이 또한 비등하다면 습관이 큰 것부터 성숙한다. 이 또한 비슷하다면 먼저 행한 것이 먼저 성숙하니 『구사석론』에서 다음과 같이 말씀하신 대로이다.

> 윤회에서 업이 무거운 것과
> 가까운 것과 습이 든 것,
> 앞에 행한 그것에서부터
> 먼저 성숙하게 되네

임종 시에 선의 마음이 일어나면 선업의 종자가 발현되고 불선의 마음이 일어나면 악업의 종자가 발현되어 선악의 과보가 각각 생기기 때문에 임종 시의 마음이 중요한 것이다.

{2}-⟨2⟩ 인과에 대한 특별한 사유
　　⟨2⟩-1. 이숙의 공덕
　　⟨2⟩-2. (그러한) 이숙의 결과
　　⟨2⟩-3. (그러한) 이숙의 원인

두 번째 인과에 대한 특별한 사유이다. 십악을 버리는 것만으로도 분명 좋은 몸을 얻을 터이지만 그것만으로 충분하지 않아 해탈을 이루고 부처를 이룰 수 있는 몸을 얻어야 한다. 부처[일체종지一切種智]를 이루는 조건이 갖춰진 몸을 얻는다면 그것은 도를 닦는 특별한 능력을 갖추는 것이므로 마땅히 그러한 몸을 성취하여야 한다. 그러한 의미에서 여기에 세 가지 이숙[175]의 공덕, 이숙의 결과, 이숙의 원인을 사유한다.

십선을 행하면 천신이나 인간의 몸을 얻을 수 있지만 그것만으로는 해탈과 부처를 이루기 어렵기 때문에 해탈과 부처를 이루는 좋은 조건을 갖춘 선취의 몸이 필요한 것이다. 그러한 조건을 갖춘 몸이 무엇인지를 알고 그러한 몸을 성취하는 원인이 무엇인지 알기 위해 특별한 이숙과를 사유하는 것이다.

　　⟨2⟩-1. 이숙의 공덕

첫째(이숙의 공덕), 팔공덕八功德 중에 ① 원만한 수명이란 전생의 업이 장수長壽라는 과보를 이끌고 그렇게 이끈 대로 오래 사는 것이다.

---

175) 여기에서의 '이숙'은 이숙과·등류과·증상과의 세 과보에서 일컫는 협의의 '이숙'이 아니라 업의 결과라는 광의적인 의미로 쓰였다. '이숙'이라는 말에 해당되는 티벳어 '남빠르민빠(རྣམ་པར་སྨིན་པ་)'는 완전히 익은, 성숙한 열매를 뜻하며 마음 씀씀이에 따른 업이 완전히 성숙한 과보라는 의미이다. 『둥깔칙죄첸모(東噶西學大事典)』 1236쪽, 中國藏學出版社 2002.

근을 모두 갖추었다는 것은 오근을 비롯한 신체기관의 부족함이 없는 것이다.

②원만한 외모란 안색과 외형이 좋아서 용모가 반듯하고 근根을 모두 갖춰서 보기 좋고 조화로워 아름다운 것이다.

③좋은 가문이란 세간인들이 존경하며 알려진 귀한 명문가에 태어나는 것이다.

④원만한 권세는 큰 재력과 형제를 비롯한 친족이 번성하고 권속이 많은 것이다.

⑤말의 위엄이란 언행으로 남을 속이지 않고 믿을 만해서 모든 논쟁의 전거로 삼을 수 있기에 중생들이 그 말을 듣고 따르는 것이다.

⑥큰 명성이란 베푸는 것에 과감하고 정진 등의 덕을 지녀 명망과 공명이 높아 그로써 대중들의 공양처가 되는 것이다.

⑦남성이란 남근을 가진 것이다.

내면의 힘으로 어떤 조건에도 해가 되는 일이 적다.

⑧힘을 지닌 것이란 전생의 업력으로 본래부터 해害가 적고 병이 없으며 현생의 조건에서 생기는 큰 자신감을 지닌 것이다.

첫번째 원만한 수명은 선취에 태어난 경우에 해당되는 것이다.

부연하자면 선취에 머무는 것이 첫 번째이다. 몸의 외견은 두 번째이다. 태생[生]은 세 번째이다. 재물과 권속은 네 번째이다. 다섯째는 세간인의 본보기가 됨을 뜻한다. 여섯째는 그의 명성을 뜻한다. 일곱째는 일체 공덕의 그릇을, 여덟째는 행위에 대한 능력을 뜻한다.

〈2〉-2. 이숙의 결과

이러한 여덟 가지 이숙의 결과[176]중에 첫 번째(원만한 수명)는 자신과 타인에게 이로운 일을 하여 오랫동안 많은 선을 짓게 한다. 두 번째(원만한 외모)는 보는 것만으로도 중생들이 좋아하고 모이게 하며 그의 말을 듣고 행하려는 마음을 가지게 한다. 세 번째(좋은 가문)는 말한 것을 거스르지 않고 따르게 한다. 네 번째(재물과 권속)는 보시로써 중생들을 섭수하

---

176) 여기서 말하는 결과는 과보를 뜻하는 것이 아니라 여덟 가지 공덕의 영향력과 그것이 초래하는 결과를 뜻한다.

고 교화한다. 다섯 번째(말의 위엄)는 부드러운 말[愛語]을 하고 실천하게 만들고[利行] 언행일치[同事]로써 중생을 섭수하고 교화한다. 여섯 번째(큰 명성)는 모든 일에 도움을 주고 이로움을 주었기에 그 은혜를 기억하여 속히 말을 들어준다. 일곱 번째(남성)는 일체 두타행頭陀行[177]을 이루는 공덕의 그릇이고 의욕과 노력으로 모든 행[178]을 담는 그릇이며 넓고 섬세한 지혜의 그릇이다.[179] 또한 대중에게서 두려움이 없고 모든 중생과 함께 다닐 수 있고 말을 섞거나 함께 하고 혹은 외딴 곳에 머무는 것을 막고 방해하는 것이 없다. 여덟 번째(능력)는 자신과 타인을 이롭게 하는 어떤 일에도 나약하지 않으며 큰 자신감과 심지가 굳건해서 심신의 능력을 얻어 신통력을 속히 얻는다.

〈2〉-3. 이숙의 원인

원만한 이숙의 공덕을 얻게 하는 원인 가운데 첫 번째 원만한 수명의 원인은 중생을 해하지 않는 것과 해하지 않으려고 생각하는 것이다.

---

177) 출가자가 세속의 욕심을 버리고 몸과 마음을 닦으며 고행을 능히 참고 행하는 불교수행. 12두타행은 석가모니불 당시부터 행하여졌던 것으로, ①고요한 곳에 머무르면서 세속을 멀리한다(在阿蘭若處). ②언제나 걸식하여 신도나 국왕 등의 공양을 따로 받지 않는다(常行乞食).③걸식할 때는 마을의 일곱 집을 차례로 찾아가서 빈부를 따지지 않고 걸식하며, 일곱 집에서 밥을 얻지 못하면 그날은 먹지 않는다(次第乞食). ④하루에 한 차례를 한자리에서 먹고 거듭 먹지 않는다(受一食法). ⑤항상 배고프지 않을 정도로만 먹고 발우 안에 든 음식만으로 만족한다(節量食). ⑥정오가 지나면 과일즙·석밀(石蜜) 따위도 마시지 않는다(中後不得飲漿). ⑦좋은 옷을 입지 않고 헌옷을 빨아 기워서 입는다(著弊衲衣). ⑧내의(內衣)·상의(上衣)·중의(重衣) 등 세 가지 옷만을 가진다(但三衣). ⑨무덤 곁에 머물면서 무상관(無常觀)을 닦는다(塚間住). ⑩쉴 때에는 정자나 집을 택하지 않고 나무 밑에서 쉰다(樹下止). ⑪나무 아래에서 자면 습기·독충·새똥 등의 피해를 입을 수 있으므로 한데에 앉는다(露止坐). ⑫앉기만 하고 눕지 않는다(但坐不臥) 등 12가지 행을 닦는 것이다. [출처: 한국민족문화대백과사전(두타행(頭陀行)]

178) 이 부분은 ས་གཏོང་བ/ ས་ཏོང་བ/ ས་ཏ/ ས་ཐོ 로 표기된 여러 판본이 존재한다. 고어해설서에 따라 휜보째(ཡུལ་རོ་ཆོ)의 판본을 근거로 행(ས་ཏ 行)이라고 번역하였다.(Ⓑ 55쪽)

179) 달라이라마는 넓고 깊은 지혜와 공덕을 이루고 모든 행을 할 수 있는 것은 남성만의 능력은 아니지만 부처님 당시 인도라는 지역과 사회의 특수성을 반영한 것이라고 설명한다.(Ⓓ 상권 761쪽) 상대적으로 여성보다 남성이 육체적으로 강한 힘을 가지고 있어서 선을 짓고 수행을 하는 데 유리하다고 보는 것이다.

목숨으로 도와주는 것
이란 자신의 목숨을 걸
고 상대의 생존을 돕는
것을 말한다.

이외에도 다음[180]과 같은 원인이 있음을 말씀하셨다.

도살장에 있는 것을 방생하고
그와 같이 목숨으로 도와주며
생명의 위기에서 구해 줌으로써
긴 수명을 얻게 되리라

병자를 돌보고 치료하며
약을 잘 베풀고
목숨이 있는 것을 돌과 몽둥이 따위로
해하지 않음에서 병이 없으리라

두 번째 원만한 외모의 원인은 등불을 비롯한 조명과 새 의복을 보시하
는 것이다. 또한 다음과 같은 것이 원인이 된다고 하셨다.

화내지 않고 인욕하거
나 삼보의 장엄을 위해
보시하면 그 과보로 내
생에 훌륭한 외모를 갖
게 되고 질투하지 않으
면 그 과보로 내생에
얻기 어려운 좋은 기회
를 얻게 된다.

성내지 않는 것에 의해서,
장엄을 보시함으로써 훌륭한 외모
질투가 없음으로 인한 과보는
좋은 기회라고 세세히 설하셨네

세 번째 좋은 가문의 원인은 아만심을 없애어 스승을 비롯한 분들께
합장과 예로써 공경하고, 타인에게 자신을 낮추는 하인처럼 공손하게
대하는 것이다.

네 번째 원만한 권세의 원인은 의복과 음식 등을 구걸하는 자에게 그
러한 것을 베풀고 구걸하지 않아도 궁핍한 자에게 도움을 주며 어려운

---

180) 세친보살의 저술 『ཡོན་ཏན་བདུན་བརྗོད་པའི་གཏམ། yon tan bdun brjod pa'i gtam』

자, 재화가 없는 출가자와 같은 복전에 보시를 베푸는 것이다.

다섯 번째 말의 위엄의 원인은 구업의 네 가지 불선을 끊는 데 노력하여 습관을 들이는 것이다.

여섯 번째 큰 명성의 원인은 내생에 자신의 다양한 공덕을 이루기 위해 발원하고 삼보에 공양하며 부모와 성문·연각, 교수사敎授師,[181] 아사리阿闍梨[182] 스승에게 공양하는 것이다.

일곱 번째 남성의 원인은 남자 몸의 장점을 좋아하고, 여성의 것을 좋아하지 않고 그 허물을 보는 것, 내생에 여성의 몸을 바라는 이들의 마음을 돌리는 것, 남근이 잘리는 위기에서 벗어나게 하는 것이다.

여덟 번째 능력의 원인은 타인이 결코 할 수 없는 것을 자신이 해 주고, 혼자 할 수 없는 일에 자신의 힘을 보태어 도와주고, 함께하는 이들에게 먹을 것과 마실 것을 주는 것이다.

또 이 여덟 가지 원인에 세 가지 원인을 더 갖춘다면 가장 수승한 이숙의 과보를 얻게 된다. 그 세 가지 원인이란 청정한 마음, 청정한 행, 청정한 터전이다. 첫 번째 청정한 마음에는 자타에 의해 각기 두 가지 청정심이 있으며 그 중에 자신에 의한 청정심이란 선업의 원인因을 위없는 깨달음으로 회향하는 것으로 과보를 바라지 않는 것이며, 다른 하나는 진심을 다해 선업이라는 인因을 이루려는 강한 염원이다. 타인에 의한 두 가지 청정심이란 법을 행하는 세 부류의 대상을 볼 때 나보다 나은 사람에게는 시기심을, 나와 비슷한 이에게는 경쟁심을, 나보다 못한 이에게는 멸시하는 마음을 버려서 그들의 선을 수희찬탄하는 것이다. 다른 하나는 그들처럼 선을 행할 수 없더라도 매일같이 해야 할 바가 무엇인지 거듭 살피는 것이다.

두 번째 청정한 행에도 자타에 의한 행이 있다. 먼저 자신에 의한 행이

약용으로 수컷의 생식기가 잘릴 위기 따위를 말한다.

팔공덕을 갖춘 훌륭한 몸이라도 그 결과가 헛되지 않으려면 이 세 가지 원인을 갖추어야 한다.
① 청정한 마음
② 청정한 행
③ 청정한 터전

---

181) 출가하여 처음 사문의 기본적인 습의를 가르쳐 주는 스승.
182) 제자를 가르치고 지도하여 모범이 되는 스님.

란 오랫동안 끊임없이 최선을 다하는 행이다. 타인에 의한 행이란 계율을 바르게 수지하지 못한 이들을 수지하도록 만들고, 계를 수지한 자들에게 환희심이 일어나도록 칭송하고, 지속적으로 행하게 하여 포기하지 않도록 독려하는 것이다.

세 번째는 청정한 터전이란 언행이 일치되는 것이다. 선한 마음과 행위 이 두 가지는 그 자체로 좋은 과보를 많이 가져다주기 때문에 많은 열매를 주는 밭과 같은 것이다.[183] 이상은 『유가사지론』 가운데 「보살지」에서 말씀하신 것에 주석의 해주解註를 보충하여 설명한 것이다.

> {2}-⟨3⟩ 인과의 사유에 따른 실천
>> ⟨3⟩-1. 개요
>> ⟨3⟩-2. 사력(四力)으로 업을 정화하는 법

세 번째, 인과를 사유하여 그것을 실천하는 방법에 대하여 전반적인 개요를 설명하고 사력四力으로 업을 정화하는 구체적인 방법을 설한다. 첫 번째 인과를 사유하여 실천하는 방법에 대해 『입중론』에서 다음과 같이 말씀하셨다.

불선에서 고통이 생기나니
거기에서 어떻게 벗어날 것인가
밤낮으로 항상 스스로
오직 이것을 사유해야 마땅하리

선한 쪽에 있는 모든 것의
뿌리는 능인께서 믿음이라 하셨네

선의 뿌리는 인과에 대한 믿음이다.

---

183) 세 번째 원인은 청정한 마음과 행위 그 자체가 청정한 터전이라고 하였기 때문에 사실 이 두 가지 이외 세 번째 원인이 따로 있는 것이 아니다. (Ⓡ 하근기 323쪽, ⓒ 310쪽)

그것의 근본은 또한 항상
이숙과를 사유하여 닦는 것이네

이처럼 선업과 악업의 과보를 알았다면 아는 것에만 그치지 않고 인과를 꾸준히 사유하여 닦아야 한다. 왜냐하면 인과는 구경究竟의 비현전非現前[184]이므로 큰 확신을 얻기가 어렵기 때문이다. 『삼마지왕경』에서 다음과 같이 말씀하셨다.

달과 별이 있던 곳에서 떨어지고
산과 마을이 있던 대지가 무너지며
허공계가 완전히 변하게 될지라도
당신은 진실 아닌 말을 하지 않으시네

그처럼 부처님의 말씀에 믿음을 가지고 인과에 대한 확신을 키워 나가야 한다. 이 인과에 참된 확신을 얻지 못한다면 어떤 법으로도, 부처님을 기쁘게 할 만한 확신을 얻지 못한다.

혹자는 공성에 요해를 얻었다고 하면서 인과를 믿지 못하고 대수롭지 않게 여기는데 그것은 기실 공성을 잘못 이해한 것이다. 왜냐하면 공성을 안다면 그 자체가 연기緣起를 의미함을 알기에 공성의 이해는 오히려 인과에 대한 믿음이 생기는 데 도움이 되기 때문이다. 『삼마지왕

---

184) 다섯 가지 감각기관(五根)에 의해 색·성·향·미·촉의 다섯 대상(五境)을 오식(五識)이 각각 지각할 때 그 대상은 바로 드러나기에 '현전(現前)'이라 하고 그 인식을 '현량(現量)'이라 한다. 이와 달리 의식의 추론에 의해 지각되는 대상을 '비현전(非現前)'이라 하며 그 인식을 '비량(比量)'이라 한다. 불교 인명학에서는 인식대상을 크게 현전과 비현전으로 나누고 비현전은 다시 '소비현전'과 '구경비현전'으로 나눈다. 그 중에 구경비현전이란 범부의 추론을 넘어서는 대상을 가리키는데, 작게는 태어난 날이나 크게는 전생과 후생이 이에 해당된다. 추론이란 단순한 추측을 뜻하는 것이 아니며 밝히려는 내용과 그것을 성립시키는 원인과의 불가분적 인과관계를 통해 추론되고 지각된다. 구경비현전의 대상은 그러한 추론으로 지각되는 것이 아니므로 신뢰할 수 있는 사람의 말을 통해 알게 되고 받아들여진다.

소연할 바가 없다는 것
은 실체가 없음, 무자성
(無自性)을 의미한다.

이 도리란 제법이 공한
성품 가운데 지은 업대
로 과보가 생기는 인과
의 연기가 이치에 합당
함을 뜻한다. 이 인과
의 미묘함은 중생이 모
두 알 수 없어서 일체
지자이신 오직 부처님
만이 아시는 경계이다.

경』에서 다음과 같이 말씀하셨다.

> 허깨비, 물거품, 신기루, 번개처럼
> 제법은 마치 물에 비친 달과 같아
> 죽어서 저 세상으로 나아가는
> 중생·의생意生[185]은 소연할 바가 없지만
>
> 행한 업들은 없어지지 않으니
> 선악의 업대로 과보가 성숙하리라
> 합당한 이 도리는 훌륭한 문이지만
> 미세하고 알기 어려워 부처의 경계이네

그러므로 선업과 악업의 원인에 의하여 과보가 발생하는 연기緣起에 확신을 일으키며 밤낮으로 항상 신구의 삼문을 살핌으로써 악도를 끊어야 한다. 처음부터 인과에 대한 깊은 지식이 없어 잘 모르거나 조금 알고 있더라도 삼문이 방일하게 되면 악도의 문이 열리게 된다. 『해룡왕청문경』에서 다음과 같이 말씀하셨다.

> 용왕이여, 보살의 한 법은 악도로 잘못 떨어져 태어나는 것을 바르게 끊느니라.
> 그 한 법이 무엇인가 하면, 이와 같으니라. 내가 어떻게 밤낮을 보내고 있는지 생각하여 선법을 살피는 것이니라.

인과를 사유하여 닦는 방법은 자신의 삼문을 살펴 허물을 알아차리는 것

그와 같이 마음을 살필 때 선대의 선지식들께서는 다음과 같은 말씀

---

185) 중생, 유정을 가리키는 또 다른 명칭이다.

을 하셨다.

"인과에 관한 이 법과 자신을 비교해 보면 전혀 걸맞지 않다. 결
국 이제껏 우리가 잘못을 하고 있었던 탓에 윤회에서 벗어나지 못
한 것이다."
"인과의 가르침에 기준해서 자신의 행동이 적합한지 아닌지를 보
아야 한다."
"법을 통해 자신의 마음을 고쳐 보려고 할 때면 하나도 법에 맞는 것
이 없는데, 그렇다는 것을 진짜 안다면 그는 지혜로운 자이다. 『법
구경』에서 이르시길, '어떤 어리석은 자가 스스로 어리석음을 안다
면 그는 이로써 현자'라고 하셨다."
"법에 자신을 비춰볼 때 시체를 짊어지듯 법을 등지고 가면서도 여
전히 청정한 수행자나 최고의 현자가 되기를 기대한다면 그는 참
으로 우매하기 짝이 없는 자다. 『본생담』에서, '어떤 어리석은 자
가 스스로 지혜롭다 여기는구나, 그를 어리석은 자라고 할 수 있
으리라'라고 하셨으니 적어도 법에 대해 지력智力을 발휘해 가며 생
각하라."

시체를 등에 업어 운반
할 때는 산 사람을 업는
것과 반대로 시체의 얼
굴이 위를 향하게 하여
등을 진다고 한다.

뽀또와께서도 『본생담』의 다음 게송을 인용하여 마음을 살필 것을 당
부하셨다.

하늘과 땅 사이가 멀고
이 바다와 저 바다도 멀도다
동산과 서산 두 사이가 그보다 멀고
범부와 정법은 또한 그보다 더 멀구나
범부와 법 사이에는 저 예처럼 큰 거리가 있도다

인용하신 이 게송은 찬드라 보살께서 선설善說에 대한 보답으로 바라문에게 천금을 올리고 받은 바로 그 법이다. 뙤룽빠(stod lung pa)의 어록에서도 그와 같은 말씀을 하셨다.

"살필 줄 아는 사람이 마음을 살피면. 눈 깜짝할 사이 둥근 공이 내리막으로 굴러가듯이 잠시 방일하는 동안 마음이 금세 법에서 멀어져 점점 더 멀어진다는 것을 알게 된다."

인과를 사유하여 죄행을 끊는 방법

그렇다면 그처럼 인과를 사유하여 또한 죄행에서 벗어나는 방법은 무엇인가. 「제자품」에서 다음과 같이 말씀하셨다.

왕이여, 그대는 살생업을 하지 마소서
모든 생명에게 목숨은 참으로 소중한 것
고로 누군가 오래 살기 바라는 자는
마음에서조차 살생을 생각지 마소서

이러한 말씀처럼 십악과 그밖의 앞서 언급했던 죄의 동기가 되는 생각조차 마음에서 일어나지 않도록 자신을 다스리고 끊임없이 닦아야 한다. 그처럼 죄행에서 벗어나지 못하면 원치 않으면서도 고통을 겪어야 하므로 어디에 가더라도 그것에서 벗어날 수 없기 때문이다.

잠깐의 이익에 눈이 멀어 행한 악업

그런 까닭에 나쁜 업을 지어 얻은 행복이 별 것 아닌 작은 이익으로 보여도 그 업의 과보가 성숙될 때면 얼굴이 눈물로 뒤범벅되어 원치 않아도 겪어야 하는 고통을 맛보게 된다. 그러므로 그러한 것을 겪게 하는 업을 행하지 않고, 과보로 받을 때 허물없는 즐거움과 행복을 누리게 하는 업을 행해야 하는 것이다. 『법구경』에서

> 그대가 고통에 두려움을 느끼고
> 그대에게 고통이 미워 보인다면
> 드러난 것이든 아니든
> 악업을 행하지 말지니
>
> 만약 악업을 행하였거나
> 하고 있든 간에 그대가
> 벌떡 일어나 도망치더라도
> 고통에서 벗어나지 못하느니라
>
> 어디에 있어도 업이 미치지 않는
> 그러한 곳은 존재하지 않으니
> 허공에도 없고 바다 속에도 없으며
> 깊은 산속에 있더라도 없느니라

라고 하셨고 또 다음과 같이

> 지혜가 작은 어리석은 자들
> 스스로를 원수처럼 해치고
> 누군가는 불의 고통이 될
> 악한 업을 행하네
>
> 어떤 것을 행하여 괴롭고
> 얼굴이 눈물로 뒤범벅되듯

부처님께서 강가를 포행하실 때 마침 한 어부가 많은 물고기를 죽이는 것을 보셨는데 그에게 "그대는 무엇이 두려운가"라고 물으셨다. 어부가 답하기를 "고오타마여, 나는 고통이 무섭습니다." 그러자 부처님께서 "그렇다면 다른 이에게 고통을 주지 마라. 그러면 고통에서 벗어나 행복하리라."라고 말씀하셨다. 이 게송은 어부와의 인연으로 설하신 가르침이다.
(ⓒ 316쪽)

사리자가 라지기르에 계실 때 한 아귀가 찾아와 "성현이여, 전생에 저는 라지기리의 상인이었는데 인색함과 계급에 대한 아만심으로 아귀와 같은 행을 했고 그 과보로 아귀로 태어났으니 내 형제들에게 승가에 대중공양을 올리면 내게도 도움이 될 것이라 일러 주십시오." 라고 청하였다. 이 게송은 사리자와 아귀의 만남의 인연으로 부처님께서 말씀하신 가르침이다. (ⓒ 317쪽)

각각의 이숙과를 받게 하는

그러한 업은 하지 않는 게 좋으리

어떤 것을 행하면 괴롭지 않고

기쁘고 마음이 편안하여

각각의 이숙과를 받게 하는

그러한 업은 하는 것이 좋으리라

스스로 쾌락을 구한 까닭에

거칠고 악한 업을 행하여

그 악업이 무르익은 열매를

울면서 맛보게 되느니라

라고 하셨으며 또 다음[186]과 같이 말씀하셨다.

악업은 행한 즉시 당장에

칼처럼 상처를 내지는 않지만

모든 악업이 중생들의

내세에 실현 되리라

어딘가에서 그러한 과보로

제각각 뜨거움을 맛보아야 하니

악업으로 인한 것, 중생들이

내세에 알게 되리라

---

186) 바이샬리에는 상인인 네 명의 친구가 있었는데 한 명은 종교에 무관심하였고 다른 한 명은 수치심이 없는 자였고, 다른 한 명은 악행을 일삼는 자였고, 나머지 한 명은 인색한 자였다. 이들은 늘 내생에 천상에 태어나 천신의 행복을 누리길 원했는데 어느 날 부처님께 가서 그 방법을 물었다. 이 게송은 그에 대한 부처님의 답이다. (ⓒ 317쪽)

철에서 녹이 생기지만
생겨난 녹이 철을 갉아먹듯
그처럼 살피지 않고 행한 것이
자신을 악도로 가게 하리라

게쉬 캄룽빠께서 푸충와께 "우리의 선지식께서는 오로지 업의 중요함을 말씀하셨는데 작금은 인과에 대해 강설하거나 청문聽聞할 만한 가치도, 닦을 만한 가치도 없다고들 한다. 나는 도리어 이 인과를 수행하는 것이 참 어렵다."고 하시자 푸충와께서도 "저도 그렇습니다."라고 하셨다.

또 돔뙨빠께서는 "그대들이여, 담대한 척 하지마라. 이 인과의 연기는 미묘하여 알 수 없느니라."고 말씀하셨다.

어떤 과보를 겪을지 알 수 없기에 교만함과 방만함을 버려 행동을 삼가야 한다.

푸충와께서도 "나는 늙어서야 『현우경』의 말씀처럼 인과에 수순隨順하게 되었다."고 하셨다.

쌰라와께서는 "부처님께서는 어떤 허물과 문제가 생겨도 나쁜 방위나 집터의 탓으로 돌리는 것이 아니라 오직 이것을 행함으로써 저것이 생긴다고 말씀하셨다."고 하셨다.

삶에서 여러 문제에 직면하면 대부분 남탓이나 외적 요인을 탓하지만 부처님께서는 그것은 오직 자신이 지은 업의 결과라고 하셨다.

〈3〉-2. 사력(四力)으로 업을 정화하는 법

두 번째 네 가지 대치력[四對治力]으로 업을 정화하는 방법이다. 그와 같은 죄행에 물들지 않도록 노력하여도 방일함과 번뇌 등으로 인해 죄가 생긴다면 이를 대수롭게 가벼이 여겨서는 안 된다. 따라서 고통에서 벗어나려면 악업으로 고통 받는 중생을 위해 대자대비하신 부처님께서 설하신 훼범毁犯과 악업을 바로잡아 회복하는 방법을 실천하는 데 노력해야 한다.

율장에 의하면 법에 무지하여 죄를 짓고, 법을 알아도 죄행을 경시하여 죄를 지으며, 또 경시함이 없어도 해이함과 방일함으로 죄를 짓거나 번뇌가 많아서 죄를 짓는다고 한다.

세 가지 계율이란 별해
탈계, 보살계, 밀종계
를 뜻한다.

계를 파한 허물을 바로잡아 정화하는 법

범계의 허물[187]을 바로잡아 회복하는 방법이란 부처님께서 말씀하신
세 가지 계율 각각의 의궤儀軌와 방법대로 해야 하며 악업을 바로잡기
위해서는 사력 대치법을 행하는 것이다. 『설사법경說四法經』에서 다음
과 같이 말씀하셨다.

> 미륵이여, 보살마하살이 네 가지 법을 갖춘다면 행하고 쌓은 악업
> 을 제압하게 되느니라. 네 가지가 무엇인가 하면 이와 같으니라. 온
> 전히 책망하는 행, 온전한 대치행과 죄행에서 벗어나는 것과 대상
> 의 힘이니라.

온전히 책망함이란 진
심으로 마음속 깊이 뉘
우침을 말한다.

온전한 대치행이란 과
거의 악업과 정반대의
방편으로써 악행을 상
쇄시키는 모든 선행을
뜻한다.

행하고 쌓은 업은 정수업定受業이므로 과보를 받는 것이 정해져 있지만
사대치의 힘으로 그것을 제압할 수 있다면 부정수업不定受業은 말할 것
도 없다.

2-가. 참회의 힘

이 사력 가운데 첫 번째 힘이란 무시이래 행한 악업을 깊이 후회하고
뉘우치는 것이다. 이러한 참회의 마음이 생기기 위해서는 이숙과를 비
롯한 세 가지 과보가 발생하는 이치를 알고 사유하며 수행해야 한다.
참회를 실천할 때는 『금광명경金光明經』의 참법[188]과 삼십오불三十五佛 참
법[189]을 통해 참회한다.

---

187) 티벳어 뚱와(ཉེས་པ)는 계율을 어긴 허물을 말하며 여기에는 세 가지 계율의 범계를 뜻한다.
188) 티벳 경전 가운데 드물게 한역을 번역한 것이다.
189) 『삼온경(三蘊經)』에서 말씀하신 가장 대표적인 참법(懺法)이다.

두 번째(대치법의) 힘에는 여섯 가지가 있다. 그 가운데 심밀의深密義의 경장[190]에 의지함이란 반야경을 비롯한 경장의 말씀을 암기하고 이해하며 독경하기 등이다.

공성에 대한 신해심信解心이란 마음은 실체[我]가 없고, 광명이라는 법성에 대한 문사수를 행하여 본래의 청정함을 믿는 것이다.[191]

진언의 염송이란 백자진언[192] 등의 특별한 다라니를 의궤대로 염송하는 것이다. 『묘비청문경妙臂請問經』에서 다음과 같이 말씀하셨다.

불이 번진 봄 숲에서 불길이
서둘러 울창한 숲을 모두 태우듯이
염송의 불에 지계의 바람을 일으켜
정진의 큰 불길로 악업을 태우느니라

마치 설산에서 태양의 빛이
비추면 그 위엄에 못 이겨 눈이 녹듯이
지계의 태양과 염송의 별이
내리쬐어 악업의 눈이 사라지리라

190) 그 뜻이 깊고 미묘하여 알기 어렵기 때문에 공성(空性)을 '심밀의(深密義)'라고 한다. 심밀의 경장이란 공성의 지혜를 설하시는 반야부의 경장을 가리킨다.

191) 이 부분은 『집학론』 8품 「업장소멸품」에서 『여래장경』을 인용한 내용이다. 용모가 수려한 비구가 탁발을 가서 상인의 딸과 눈이 맞아 그 남편을 죽이고 같이 살았지만 후에 후회하는 마음이 생겼는데 문수보살께서 이를 아시고 악업을 정화하기 위해 부처님께 인도하였다. 부처님께서 허물이 있는 마음의 실상을 보라고 하시자 마음의 법성이 본래 청정함을 보아 그 허물이 없어졌다고 한다. 부처님께서는 누구든 마음의 법성을 듣고 사유하고 닦아 마음이 본래 청정함을 깨달아 확신한다면 그는 악도에 떨어지지 않으리라는 말씀을 근거로 공성에 대한 신해심이 업장을 소멸하는 방편임을 말씀하신 것이다.

192) 백 글자로 이루어진 금강살타의 진언을 가리키며 밀교에서 악업을 정화하기 위해 염송하는 대표적 진언이다.

> 칠흑 같은 암흑에서 등불의 빛이
> 모든 어둠을 없애 주듯이
> 수천 생으로 지은 악업의 어둠이
> 염송의 등불로 속히 없어지리라

이러한 진언은 또 악업이 정화되는 징후가 보일 때까지 염송한다. 그 징후란 『준제다라니准提陀羅尼』[193]에서 꿈속에서 상한 음식을 토해내고 발효유나 우유 등을 마시며 혹은 그것을 뱉어내고, 태양과 달이 뜨는 것을 보며 혹은 허공을 날아가고, 자신이 불에 타고, 황소나 흉폭한 자를 물리치고, 비구와 비구니의 승가를 보고, 우유가 나오는 나무에 오르고 코끼리, 무소에 올라타고, 산 정상이나 사자좌나 궁전에 오르고 법을 듣는 꿈을 꾸는 것이라고 하셨다.

형상에 의지함이란 부처님에 대한 신심을 가지고 불상을 조성하는 것이다.

공양에 의지함이란 부처님과 그 불탑에 갖가지 공양을 하는 것이다.

명호에 의지함이란 부처님과 대보살들의 명호를 듣거나 염하는 것이다.

이상의 내용은 『집학론』에서 직접적으로 언급하고 있는 것일 뿐, 이 밖에도 악업을 닦는 수많은 방법이 있다.

2-다. 불선을 제어하는 힘

불선을 제어하는 힘은 불선을 하려는 마음을 다스려서 다시는 불선을 행하지 않겠다고 마음을 고쳐먹는 것이 핵심이다.

세 번째 힘이란 열 가지 불선을 온전히 제어하는 것이다. 이 힘은, 자신이 행하거나 남에게 시킨 것, 수희찬탄한 것 등 전생에 행한 살생을 비롯한 모든 삼문의 악업과 법의 장애[194]를 부순다고 『일장경日

---

193) 밀교 경전.

194) 법의 장애(ཆོས་ཀྱི་སྒྲིབ་པ། chos kyi sgrib pa)는 법을 비방한 업으로 생기는 장애 혹은 선법을 행하거나 깨달음을 얻는 법을 행할 때 생기는 장애를 뜻한다.

藏經』[195]에서 말씀하셨다.

진심으로 다시는 악업을 행하지 않겠다고 마음을 고쳐먹는 다짐이 없으면 말뿐인 참회가 된다는 것을 부처님께서 보시고 '후에 다시 하지 않겠는가'라고 묻는 율장의 깊은 뜻[196]을 『비나야광석』에서 설명하는 것이다. 그런 까닭에 이후에 다시 하지 않으리라는 개심改心이 무엇보다 중요하며 이 마음이 생기는 데에도 첫 번째 참회의 힘에 달려있다.

2-라. 대상의 힘

네 번째 대상의 힘[197]이란 삼보를 대상으로 한 귀의심과 일체 중생을 대상으로 한 보리심을 닦는 것이다.

악업을 정화하기 위해 부처님께서 초심자가 악업을 닦는 보편적인 다양한 방법을 설하셨으나 완전한 방법은 이러한 네 가지 힘을 모두 갖추는 것이다.

삼보에 귀의하고 일체 중생을 제도하기 위해 보리심을 닦음으로써 삼보와 일체중생이라는 복전이 그 바탕이 되어 업이 닦이는 것이다.

악업은 어떤 식으로 닦이는가

악업이 닦이는 방식이란 이와 같다. 고통이 큰 악도에 태어날 원인들이 고통이 적은 악도에 태어나는 원인으로 변하거나, 악도에 태어나도 그곳의 고통을 겪지 않거나, 혹은 현생에서 두통 정도의 작은 통증

---

195) 경의 출처에 오류로 보인다. 실제 티벳대장경의 『지장십륜경』에 나오는 부분으로 확인된다. 『도뛰람딕 (མདོ་བཏུས་ལམ་སྒྲིག mdo btus lam sgrig)』386쪽의 지적처럼 한역 『대승대집지장십륜경』에서도 같은 내용이 확인된다. 所有前際輪轉五趣沒生死河, 因殺生故, 造身語意諸惡業障, 諸煩惱障, 諸有情障, 一切法障, 諸壽命障, 自作, 教他, 見聞隨喜.

196) 포살에서 보름간 훼범한 것을 발로참회할 때에 "잘못임을 알겠느냐?"하고 물으면 "알겠습니다."라고 답하고 '후에 다시 하지 않겠는가?'라고 물으면 "하지 않겠나이다"라고 답하는 부분이 의궤에 존재하는 것은 마음을 고쳐먹고 다시는 하지 않겠다는 개심이 없이는 진정한 참회가 이루어지지 않기 때문이다. 같은 이유에서 실제 악업의 참회에도 개심 없이는 진정한 참회가 되지 않음을 설명하신 것이다.

197) 특별한 대상에 의해 생기는 선의 힘을 말한다. 『남될락짱(རྣམ་གྲོལ་ལག་བཅངས།)』에 의하면 땅에 넘어지면 땅을 짚고 일어서야 하는 것처럼 주로 삼보와 중생을 대상으로 큰 악업을 짓기 때문에 그 대상에 의해 악업을 정화하고 회복하는 것이다. (ℕ 227쪽)

을 겪는 형태로 닦이는 것이다. 그와 같이 오랫동안 겪어야 할 것을 짧게 겪거나 또는 전혀 겪을 필요가 없어진다. 이것은 업을 닦는 자의 능력의 크기와 네 가지 대치력을 모두 갖추었는지 아닌지, 그리고 대치력의 정도와 업을 닦은 기간의 길고 짧음 등에 따른 것이니 일률적으로 정해진 바가 없다.

모든 업의 소멸 가능성과 관련된 여러 의문들

경장과 율장에서 "한번 지은 업은 백겁이 지나도 훼손되지 않는다"라고 말씀하신 것은 네 가지 대치력을 갖추지 않은 경우를 말하는 것이며 사대치력의 내용대로 닦는다면 반드시 과보를 겪게 하는 업[定受業]까지도 닦인다고 하셨다. 『팔천반야대석』[198]에서 다음과 같이 말씀하셨다.

> 이처럼 상반되는 쪽[대치][199]에 가까워질수록 쇠락하는 그러한 대상[法]은 상반된 성질의 힘을 지닌 대치로써 완전히 없앨 수 있다. 예컨대 금에 슨 녹이 점차 지워지다가 완전히 없어지는 것과 같다. 정법을 비방한 업장 등 그 모든 것도 앞서 설명한 그와 같은 대상[法]이라는 도리에 의해, 오만한 마음에 빠져 저지른 죄가 대치력으로 남김없이 사라지게 되는 것이다.
>
> 혹자가 말하기를, 반드시 겪을 업도 소멸될 수 있다고 한다면 경론 어디서든 업들은 백겁이 지나도 훼손되지 않는다는 그 말씀은 무엇인가? 그것은 대치법을 닦지 않았을 때 훼손되지 않아 과보를 겪는

[의문1] 백겁이 지나도 업이 훼손되지 않는다는 말씀에 대한 의문

---

198) 『반야팔천송』에 대한 사자현(師子賢, རྒྱལ་སྲས་སེང་གེ་བཟང་པོ Haribhadra) 논사의 해설서.
199) 두 가지 대상이 상반된 성질을 가지고 있어 서로 동시에 양립될 수 없는 원리를 이용하여 부정적인 쪽의 힘을 누르는 것을 대치법이라고 한다. 예를 들면 빛은 어둠의 대치법으로 빛이 있는 곳에 어둠이 존재할 수 없듯이 어떠한 대상은 그것과 상반되는 쪽에 가까워지면 그 대상은 쇠락하기 마련이다. 악업을 정화하는 것도 이러한 대치법의 힘을 이용한 것이다.

다는 뜻임을 알아야 한다. 그렇지 않으면 이치에 어긋나게 되고 많은 경의 말씀과도 어긋나게 된다.

반드시 겪는다는 말씀도 이[200]로써 설명될 수 있다.

정해지지 않은 업을 말씀하신 것은 대치법을 닦지 않았더라도 과보가 확실하지 않은 경우가 있음을 알아야 한다.

[의문2] 반드시 겪는 정수업이 있다는 말씀과 모순되는 의문

[의문3] 정수업과 부정수업의 구분이 무슨 의미가 있는가, 대치법을 닦으면 둘 다 과보를 겪지 않는 것이 같지 않은가.

업을 닦는 자의 능력이 적으면 업이 완전히 소멸되지는 않지만 과보가 줄어든다. 이와 같이 참회와 개심 등으로 이숙과를 가져다주는 힘이 무력화된 업들은 다른 조건을 만나더라도 이숙과를 가져다주지 못한다. 마찬가지로 사견이 생기거나 분노로 선근이 훼손되는 것과도 유사하다고 말씀하셨다. 『분별치연론分別熾然論』[201]에서 다음과 같이 말씀하셨다.

"선善 또한 사견과 진에심으로 기울게 되거나 불선에 있어서도 뉘우치고 마음을 고쳐먹고[改心], 털어놓는[發露] 등의 대치로써 힘이 쇠한 업들은 조건의 화합이 있더라도 선과 불선의 종자의 힘이 쇠하였으니 어디에서 어떤 과보가 생길 수 있겠는가, 조건의 화합이 없어서 다른 때에 변한다면 어찌 뿌리 뽑은 것이 아니겠는가, 마치 이와 같으니 수지정법受持正法과 같은 대치법으로 인해 그가 내세에 겪게 될 악업 또한 이생에서 과보[現法果][202]를 겪게 된다."고 하고 또한 "악도로 가게 하는 저 업들, 이로써 두통 정도로 변하리." 라고도 한다.

만일 업장을 닦아도 이생에 두통을 겪는 정도의 과보가 여전히 있다면 업장을 뿌리 뽑는다는 것은 어떤 것인가.

대치법을 닦지 않는 한 악업의 모든 과보를 남김없이 지옥의 고통

두 가지 의문을 나타낸다. 만약 '사대치력으로 살생업이란 업장이 정화되어 내생에 지옥에 태어날 필요없이 이생에서 두통 정도의 고통을 가볍게 겪고 지난다고 해도 그러한 두통으로 살생업의 이숙과를 겪는 셈이니 사대치력으로 업장이 완전히 닦인 것은 아니지 않은가. 만약 그렇다면 완전히 닦인다는 것은 어떤 것인가.'라는 의문이다.

---

200) 대치법을 닦지 않으면 반드시 그 과보를 겪게 됨을 의미한다.

201) 청변의 저술.

202) 현생에 겪는 과보.

으로 겪을 것인데 업장을 닦는 대치력으로 인해 지옥 고통의 일부조차 겪지 않는다면 그것이야말로 완전히 소멸된 것이 아닌가.[203] 또 두통 따위가 이생에 생겼기 때문에 과보가 어찌 전혀 없는 것이겠는가.[204]

번뇌라는 씨앗을 부수는 대치법이란 공성을 깨달은 지혜를 말한다.

악업의 씨앗인 번뇌를 부수는 대치법을 얻지 못했더라도 과보를 방해하는 조건[逆緣]이 업종자를 무력화시키므로 또 다른 조건(애·취)이 모여도 과보가 생기지 않는 것은 안팎의 인과에서 많이 볼 수 있는 것이다.[205]

그러므로 많은 선업을 짓는 노력을 하더라도 선을 훼손하는 분노라는 원인 등을 막지 못한다면 이전과 같다고 하셨기 때문에 선업의 종자를 지키는 데 노력함과 동시에 불선업을 참회하는 데 노력해야 한다.

큰 업력이라도 완전히 정화할 수 있다고 하면서 경에서 전생 업의 이숙과는 제외된다는 말씀은 어떤 의미인가. 말하자면 전생의 업으로 인해 현생에 귀가 들리지 않거나 눈이 보이지 않는 몸으로 태어나는 등의 이숙과가 이미 발생한 때에는 현생에서 대치법으로 그것을 정화하기 어렵고 아직 과보가 발생하지 않은 원인의 상태에 있을 때에는 없애기 쉽다는 뜻에서 그와 같이 말씀하신 것이므로 허물이 없는 것이다. 『분별

---

203) 사대치력으로 업장이 닦이지 않으면 그 과보로 틀림없이 지옥의 고통을 겪을 것이지만 사대치력으로 업장이 닦였기 때문에 지옥의 과보를 받지 않았으므로 그 업장이 다 닦인 것이 아니고 무엇인가라고 반문으로 답한 것이다. (Ⓡ 하근기 360쪽)

204) 이 부분은 대치력으로 업이 다 닦이면 '한번 지은 업은 결코 헛됨이 없이 과보를 가져온다'는 말씀과 모순된다는 의문의 답으로 이생에 두통을 겪음으로써 업이 또한 결코 헛되지 않음을 나타낸다.

205) 업장소멸과 관련해서 일부 티벳인들의 사견을 타파하기 위한 말씀이다. 그들은 악업의 종자가 여전히 남아 있기 때문에 사대치력으로 과보를 당장 겪지 않고 멀리 미루는 것은 가능하지만 완전히 닦는 것은 불가능하다고 한다. (Ⓒ 327쪽)

치연론』에서 다음과 같이 말씀하셨다.

"만약 악업이 완전히 없어진다면 어째서 이전 업의 이숙과는 제외한다고 설하셨는가. 그것은 눈이 보이지 않거나 외눈이거나 혹은 사지가 없고 다리를 절며 말을 못하고 귀가 들리지 않는 등의 신체적 장애를 장차 가지고 태어나는 과보를 받게 하는 원인과 현재 겪고 있는 과보를 고려하여 설하신 것이다.

그런 까닭에 이숙의 과보가 이미 발생했을 때 그러한 업의 과보는 완전히 없어질 수 있는 것이 아니다. 원인의 상태인, 동기[思]로 행한 업은 또 다른 특별한 마음을 얻을 때 완전히 없어진다. 예컨대 앙굴리말라와 아사세왕,[206] 쏘가왕[207] 이처럼 아버지를 죽인 자와 아쇼카왕[208] 등 이들에게 대치법을 설하신 것과 같다.

특별한 마음이란 사대치력을 의미한다.

만일 그렇다면 아사세나 어머니를 죽인 자들에게 특별한 선심이 생겼음에도 불구하고 어째서 업이 다하지 못하고 무간지옥에 태어났는가, 업의 인과에 믿음을 일으키기 위해 무간지옥 등에 잠시 태어남을 설하신 것이지 남아 있는 업이 모조리 없어지지 않은 것이 아니다. 공을 땅에 힘껏 내리치면 바로 튀어 오르듯이 지옥에 태어나자마자 벗어나고 지옥의 불길 따위에도 닿지 않는 것이다. 그러므로 대치법으로 큰 악업까지 완전히 뿌리 뽑을 수 있다는 것은 사실로 성립되며 업에 과보가 없는 것도 아니다.

특정한 이들에게 나타나는 예외적 경우는 무엇인가. 한 예로 용건득勇健得왕이 선화월善花月 보살을 살해한 것을 후회하여 부도탑을 만

오랫동안 참회를 하였지만 업장이 다 소멸되지 않은 특수한 사례가 사대치력으로 업장이 닦이는 이치에 모순되지 않는 이유를 설명한다.

206) 아버지를 죽였으나 부처님께서 교화하여 진리를 깨달았다. (ⓒ 329쪽)
207) 어머니를 죽였으나 부처님께 귀의하여 선업을 닦았다고 한다.
208) 초반기에 전쟁을 일으켜서 많은 사람을 죽였으나 아라한 '닥빠'를 만나 불법에 귀의하여 개과천선하였다.

들어 크게 공양하였고 950억년 동안 매일 세 번씩 참회하고 계율을 바르게 지켰으나 죽어서 무간지옥에 태어났으며, 지옥을 벗어나서도 6억2천만의 천억 겁 동안 장님으로 태어나는 등 한량없는 고통을 겪었다고 『월등삼매경月燈三昧經』[209]에서 말씀하셨다. 그와 같이 한량없는 고통을 받았더라도 참회한 것이 의미 없는 것은 결코 아니다. 왜냐하면 참회를 하지 않으면 그보다 더 오래 무거운 고통을 겪어야 하기 때문이다.

참회와 개심改心으로써 남김없이 업이 닦일 수는 있지만 처음부터 죄가 생기지 않은 청정함과 참회에 의한 청정함에는 크나큰 차이가 있는 것이다. 예컨대 「보살지론」에서 보살계의 파계는 다시 보살계를 받음으로써 바로잡을 수 있지만 그 생에서 보살 초지初地를 얻을 수 없다고 말씀하신 것과 같다. 『섭연마경攝研磨經』에서도 다음과 같이 말씀하셨다.

참회와 개심으로 업을 정화할 수 있다면 죄를 짓는 것을 두려할 필요가 없다는 사견에 대한 답.

"세존이시여, 만약 어떤 이가 악한 벗으로 인하여 법을 비방하여 버리는 것과 같은, 그와 같은 업을 하게 되었다면 세존이여, 그 때 이 자는 어떻게 벗어날 수 있나이까?" 그와 같이 여쭈자 세존께서 문수사리동자에게 이와 같이 말씀하셨다. "문수여, 만약 7년 동안 매일같이 세 번씩 죄를 참회한다면 그 후에 닦여지는 하여도 그 이후에 가행도의 인위忍位를 얻는 데에 적어도 10겁이 걸리느니라."

비록 악업은 닦이지만 인위忍位의 깨달음을 얻는 데에는 아무리 빨라도

---

209) 한역 『월등삼매경』 8권(ABC, K0181 v11, p.66c20) 참조.

10겁이 소요된다고 하셨다. 따라서 업이 모두 닦인다는 것은 받게 될
원치 않은 과보가 닦인다는 것이며, 도를 닦아 깨달음을 얻는 것으로
부터는 멀어지게 되므로 처음부터 죄에 물들지 않도록 노력해야 한다.
이런 이유로 성현들이 목숨을 걸고서라도 사소한 죄와 잘못이라도 일
부러 하지 않으려는 것이다. 참회로써 업이 닦이는 것과 처음부터 죄
가 없는 이 두 가지에 차이가 없다면 그처럼 죄를 짓지 않으려고 노력
할 필요가 없을 것이다. 세간에서도 이와 비슷한 것을 볼 수 있는데 팔
다리 등이 부러지면 다시 회복할 수는 있지만 애초에 다치지 않은 상태
와 똑같지 않은 것과 같다.

불방일과 알아차림(正知)을 통해 자신이 알고 있는 것을 실천하기

그와 같이 노력하여 『법구경』에서

> 죄를 짓고 복을 짓지 않으며
> 법을 의심하고 비법非法[210]을 얻은 자
> 악행자는 죽음이 두려워지리니
> 바다 속으로 낡은 배가 가라앉는 것과 같네

이 게송은 부처님께서
육사외도를 신통력으로
조복하실 때 설하신 것이
다.

> 복을 짓고 죄를 짓지 않으며
> 바른 도의 법을 행한 자
> 그 자는 결코 죽음이 두렵지 않으니
> 튼튼한 배가 바다를 건너는 것과 같네

라는 말씀처럼 앞 게송과 같은 것을 행하지 않고 뒤 게송과 같은 것을

---

210) 논사 쁘라냐 와르마(ཤེས་རབ་གོ་ཆ)의 법구경 주석서 해석에 의하면 여기서 법은 지혜와 자비이
므로 비법은 무지함과 무자비함을 뜻한다.

행해야 한다.

업과 그 과보에 대해 논리적인 다양한 이유를 말한들 실천하는 데 불방일하면 아무 소용이 없으며, 법을 많이 알지 못하더라도 알고 있는 그대로 취하고 버릴 바를 실천한다면 그 앎은 큰 의미가 있는 것이다. 『법구경』에서 다음과 같이 말씀하셨다.

설사 많은 이치를 말하면서도
그와 같이 행하지 않는 방일한 자
예컨대 소치기가 남의 소를 셈하듯이
그처럼 선행의 몫[211]을 얻지 못하느니라

설사 이치를 적게 말하여도
법에 맞게 법을 행하고
탐진치貪瞋癡를 끊는 자
그러한 자는 선행의 몫을 얻느니라

비구는 불방일을 좋아하고
방일함을 무섭게 보아
스스로를 악도에서 건지니
진흙의 늪에서 빠져나오는 코끼리와 같네

비구가 불방일을 좋아하고
방일함을 무섭게 보는 것
그것은 일체 악을 흔들어 놓으니
폭풍이 나뭇잎을 떨어뜨리는 것과 같네

---

211) 선행의 몫이란 예류과, 일환과, 불래과, 아라한과라는 네 가지 결과이다. (ⓒ 333쪽)

따라서 『친우서』에서는 다음과 같이 말씀하셨다.

> 만일 증상생과 해탈을 진정 원하신다면
> 바른 견해[212]에 습관을 들이소서
> 사견자의 행동은 당장 좋은 행처럼 보여도
> 일체 이숙과의 큰 고통이 함께 하리라

사견을 가지고 있는 자의 행위는 겉으로는 좋은 행처럼 보이지만 인과를 믿지 않는 사견을 가지고 있으므로 고통의 이숙과를 겪게 된다.

『친우서』의 말씀처럼 선악이라는 두 가지 원인과 그 결과의 연기적 발생을 여실히 보는 이 견해는 일체 승乘과 인간의 뜻을 모두 이뤄 주는 토대이다. 따라서 인과의 견해는 불도에서 없어서는 안 되는 것이므로 앞서 언급한 내용을 비롯하여 『염처경』과 『현우경』, 『백업경』, 『아함경』 등 율장의 인연분과 그밖에 다른 교설의 내용를 또한 보아서 인과에 대한 깊은 믿음을 일으킨다. 더불어 인과에 대한 확신을 잃지 않고 그 믿음을 계속 가지는 것을 매우 중요하게 여겨야 한다.

---

212) 세간과 출세간의 정견 가운데 여기서는 세간의 정견인 업의 인과에 대한 바른 견해를 가리킨다.

내생의 행복을 바라고 구하는 것이란 이생의 무의미한 일을 버리고 의미 있는 일하는 것, 내생을 준비하는 것을 말한다.

Ⅱ. 하근기 의요가 일어난 경계

두 번째, 하근기의 의요가 생겼는지 어떻게 알 수 있는가.

이전에는 현세를 추구하는 절실한 마음이 있었지만 이생이 곧 끝나서 내생이 가까이 있음을 안다면 내생을 위한 준비를 해야 한다고 이해할 것이다. '내생의 희구'라는 말에 걸맞는 이해의 수준에서 진일보하여 자신의 삶에서 실제 내생의 희구가 주가 되고 이생이 부수적인 것이 된다면 바로 그때 비로소 하근기의 의요가 생긴 것이다. 그러나 하근기의 의요가 생겼다 하더라도 그 마음을 더욱 공고히 할 필요가 있으므로 이 의요가 생긴 이후에도 닦음에 힘써야 한다.

세 번째, 여기에서 사견을 차단한다.

첫 번째 사견 – 윤회에서의 원만한 조건

부처님의 교설 가운데 윤회의 일체 원만함에 대한 집착을 버려야 한다는 말씀을 오해하여 혹자는 몸과 재화 등이 원만한 증상생增上生[213]은 윤회이기 때문에 그것을 희구하는 마음을 일으키는 것은 옳지 않다고 생각한다. 그러나 바라고 구해야 할 것에는 일시적인 것과 궁극적인 것이 있으며 그 중에 윤회의 몸을 비롯한 원만한 조건들은 해탈을 원하는 이들도 임시로 구하는 것이다. 왜냐하면 그러한 몸을 통해 점진적으로 구경의 해탈을 얻기 때문이다.

또한 몸과 재물, 권속 등 원만한 증상생의 조건이라고 해서 모두 윤회에 속하는 것은 아니다. 색신色身[214]이라는 몸과 그 색신의 불국토에 풍요로움과 그 대중이라는 가장 완전하고 원만한 조건은 윤회에 속하는 것이 아니기 때문이다. 이러한 관점에서 『장엄경론莊嚴經論』[215]에서 다음과 같이 말씀하신 것이다.

> 원만한 몸과 재물을 갖추고
> 원만한 권속과 위업을 갖춘 증상생

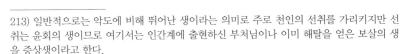

[사견 1]
선취에 태어나서 누리는 잠깐의 즐거움과 행복에 대한 집착을 버려야 한다는 가르침을 오해하여 선취를 추구하는 것 자체가 옳지 않다는 견해.

---

213) 일반적으로는 악도에 비해 뛰어난 생이라는 의미로 주로 천인의 선취를 가리키지만 선취는 윤회의 생이므로 여기서는 인간계에 출현하신 부처님이나 이미 해탈을 얻은 보살의 생을 증상생이라고 한다.

214) 부처님의 몸은 크게 두 가지로 법신과 색신이다. 색신은 중생을 교화하는 실질적인 역할을 하며 화신과 보신으로 나눌 수 있다. 보신과 그 불국토에 머무는 대중은 보살성현이므로 윤회에 속하지 않으며 동시에 증상생이라고 할 수 있다.

215) 인도 티벳 전통에서 미륵보살께서 저술하신 자씨오론(慈氏五論) 가운데 하나이다. 한역은 『대승경장엄론(大乘經莊嚴論)』이라 한다.

그처럼 육바라밀 가운데 보시·지계·인욕·정진의 네 바라밀로써 증상생을 이룬다고 하셨으며 많은 경론에서 네 가지 바라밀로써 색신을 이룬다고 하셨다. 그러므로 일체지를 이루려는 이들은 지계와 보시, 인욕 등 뛰어난 바라밀 수행을 다양하게 오랫동안 성취하기 때문에 그러한 수행의 과보로써 몸을 얻는 것처럼 원만한 증상생도 추구해야 하는 바이다.

두 번째 사견 – 궁극적인 행복을 이루는 원인에 대한 사견
궁극적인 행복의 성취는 『입행론』에서

　　인간이란 배에 의지하여
　　고통의 바다를 건너네

라는 말씀처럼 인간과 같은 선취의 몸에 의지하여 윤회의 바다를 건너고 일체지로 나아가야 한다. 그것은 또한 많은 생을 통하여 이뤄지는 까닭에 그러한 몸을 성취하는 바른 원인인 계율이 도의 뿌리가 되는 것이다.

선취의 몸이라 할지라도 모든 조건을 원만하게 갖추지 못하고 일부의 조건만을 갖추었다면 도를 이루어도 그 경지가 미약할 수 밖에 없다. 따라서 팔공덕의 조건을 완전하게 갖춘 몸이 필요하다. 그러한 몸을 성취하는 계율 또한 사미계처럼 구족계가 아닌 계율의 지계는 팔공덕을 갖춘 몸을 성취하는 원인이 되기에는 부족하므로 따라서 구족계(비구·비구니계)를 수지하여 그 지계에 힘써야 하는 것이다.

어떤 이는 "별해탈계의 지계가 선취를 이루기 위한 것이라면 그것은 팔관재계만으로 선취의 생을 얻을 수 있는 것인데 굳이 지키기 어려

[사견 2]
선취의 몸을 얻는 원인이 지계에 있다면 굳이 지키기 어려운 구족계의 지계로 선취를 이룰 필요는 없다는 사견.

모든 조건을 원만하게 갖춘 몸이란 앞서 설명한 팔공덕을 갖춘 것을 말한다.

운 것에 비하여 이익이 적은 비구계 등을 지켜서 무얼 할 것인가.”라고 말한다.

또 어떤 이는 “별해탈계의 목적이 아라한과를 위한 것이라면 비구계는 스무 살이 되기 전까지는 받을 수 없고, 게다가 우바새의 몸으로도 아라한과를 얻을 수 있으니 우바새의 몸을 칭송하면 될 것인데, 굳이 지키기 어려운 것에 비해서 크게 의미가 없는 비구계로 무엇을 할 것인가.”라고 한다. 그와 같이 말하는 것은 교법의 핵심을 모르는 터무니없는 소리라는 것을 알아야 한다.

그러므로 하위의 계율을 초석으로 삼아 상위의 계율을 수지하여 모든 계율을 제대로 지키며 지속적으로 정진해야 한다.

이로써 하근기의 도와 공통이 되는 도차제를 어떻게 닦는지 그 방법에 대해 모두 설명하였다.

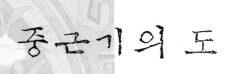

중근기의 도

자비하시고 존귀한 대덕들께 공경으로 귀의합니다.

그와 같이 죽음을 떠올리고, 죽어서 악도에 떨어지는 이치를 생각하면 현세에 집착하는 마음에서 물러나 내세의 선취를 구하는 마음이 생긴다. 그러한 바람으로 보편적 귀의심[216]과 선악의 인과에 대한 확신으로 선업을 이루는 데 노력한다면 그로써 마땅히 선취를 얻을 것이다. 그러나 여기에는 그러한 정도에 만족하지 않고 하근기의 의요意樂가 생겼다면 일체 윤회계에 대한 환멸을 느끼는 중근기의 의요를 일으키는 것이다. 그러한 의요에 의해 위없는 깨달음[무상정등각 無上正等覺]을 구하는 보리심을 일으켜 상근기의 도로 나아가는 것이므로 중근기의 의요는 반드시 배우고 닦아야 할 바이다.

일체 윤회계에 환멸을 느끼는 중근기의 의요를 일으켜야 하는 근본적인 이유는 이와 같다. 천·인의 지위를 얻었을지라도 여전히 행고行苦에서 벗어나지 못한 것이기 때문에 행고를 벗어나지 못한 선취를 본래의 행복이라 여기는 것은 전도된 것이다. 전도된 대상에는 참된 행복이 없을 뿐더러 다시 악도에 반드시 떨어지게 되므로 그 끝이 부정적이기 때문이다. 예컨대 그것은 곧 낭떠러지로 떨어질 자들이 벼랑 끝에서 잠시 휴식하는 것과 같다. 『입행론』에서 다음과 같이 말씀하셨다.

> 선취에 나고 또 다시 나서
> 많은 안락함을 누리고 누려
> 죽고 나서는 악도의 고통이라는
> 오랜 고난 속에 빠지리라

보리도차제는 궁극적으로 상근기의 도로 나아가는 자들을 위한 것이며 상근기의 도로 나아가기 위해서는 반드시 하근기와 중근기의 도를 거쳐야 하기 때문에 하근기와 중근기의 도를 말씀하시는 것이다. 그러한 과정 없이 상근기의 도를 닦는다면 원하는 바를 이룰 수 없다.

---

216) 악도의 두려움과 그것에서 제도하는 삼보에 대한 믿음으로 귀의하는 것을 '하근기의 귀의'라고 하고, 윤회의 두려움과 그것에서 제도하는 삼보에 대한 믿음으로 귀의하는 것을 '중근기의 귀의'라고 하며, 일체중생이 겪는 고통에 대한 두려움과 그것에서 제도하는 삼보에 대한 믿음으로 귀의하는 것은 '상근기의 귀의'라고 한다. 일반적으로 불교도라면 모두 첫 번째의 귀의심을 가지기 때문에 그것을 보편적 귀의심이라고 한다.

『제자서』에서도 다음과 같이 말씀하였다.

> 항상 쉬지 않고 돌아가는 윤회의 챗바퀴
> 그 속에 머물며 고작 바퀴의 축을 행복이라 여기는
> 그런 자 결코 자유롭지 못하여 수백 번 돌아가며
> 이전과 같은 생과 다른 생으로 늘 떠돌게 된다네

윤회는 계속 굴러가는 바퀴와 같고, 악도는 흔들림이 심한 바큇살과 같으며, 바퀴의 중심축은 비교적 안정적인 선취와 같다.

그런 까닭에 악도와 마찬가지로 선취에 대해서도 염증을 느껴야 한다. 『사백론』에서 다음과 같이 말씀하셨다.

> 지혜로운 자들은 선취로도
> 지옥과 같은 두려움을 느낀다네
> 언제 어디서든 그들에게
> 두려움이 생기지 않는 것은 드문 일

악도는 고통이 많은 세계이므로 대부분 쉽게 염증을 느끼지만 선취는 행복이라고 여겨 싫어하는 마음을 내지 않는다. 그러나 해탈도를 구하는 중근기는 선취에도 염증과 환멸을 느낄 수 있어야 한다.

『섭공덕보경攝功德寶經』에서도

> 윤회에 집착하는 마음을 가진 이들이 계속 유전流轉하느니라

라고 말씀하셨고 『제자서』에서도 다음과 같이 말씀하셨다.

> 제 중생에게 안락함에 대한 생각[想]이 생겨나면 날수록
> 그만큼 어리석음의 어둠이 점점 짙어지고
> 제 중생에게 고통에 대한 생각이 생겨날수록
> 그만큼 어리석음의 어둠이 점점 옅어지리
>
> 아름다운 것에 대한 집착함이 커지면 커질수록

그만큼 탐욕의 불길이 점점 번지고
더러움을 관觀하는 수행이 익숙해지면 질수록
그만큼 탐착의 불길은 누그러지리

그처럼 무시이래로 윤회의 원만구족[217]을 행복으로 여기고 아름다운 것으로 착각하는 분별망상의 습慣을 다스리는 대치법은 윤회의 원만구족이 고통임을 관觀하고 그것의 부정함을 관觀하는 것이다. 그와 같이 관한다면 그러한 전도된 분별이 사라지지만 관하지 않는다면 치심과 탐착이 늘어나 윤회의 바퀴를 굴리게 된다고 하셨으므로 무엇보다 윤회의 해악을 관하는 것이 중대한 관건이 된다.

그런 까닭에 중근기에 해당하는 도차제로 마음을 닦기 위해 중근기 의요 수행의 실제, 중근기 의요가 일어난 경계, 중근기 도에 관한 사견의 차단, 해탈로 이끄는 도에 대해 설한다.

Ⅰ. 중근기 의요 수행의 실제
Ⅰ-[1] 중근기 의요: 해탈을 희구하는 마음

첫 번째(중근기 의요 수행의 실제)는 두 가지로 해탈을 희구希求하는 마음과 그 마음을 일으키는 방법이 무엇인지를 설한다.

첫 번째(해탈을 희구하는 마음)에서 해탈이라고 하는 것은 묶여진 속박에서 벗어나는 것이다. 말하자면 우리를 윤회에 묶이게 하는 것이 업과 번뇌

윤회의 원만구족이 고통임에도 행복이라 여겨 어리석음이 늘어나고, 그것이 부정한 것임에도 깨끗하고 좋은 것이라 여겨 탐욕이 늘어난다. 그러한 어리석음과 탐욕이 윤회의 원인이 되어 윤회의 바퀴가 계속 굴러가게 된다.

217) 천상이나 인간계에서 가질 수 있는 흠잡을 데 없이 원만하고 훌륭한 조건들을 뜻한다. 좋은 먹거리, 의복, 집 등의 물질적인 것부터 가족, 친구와 같은 좋은 관계와 지위, 명성 등이다.

이며 이 두 가지로 인해 윤회에 태어나는 것이다. 세계로 구분하면 욕계·색계·무색계라는 삼계에, 중생으로 구분하면 천신 등을 비롯한 다섯 혹은 육도 중생으로, 생처生處로 구분하면 태생·난생·화생·습생 네 가지에 태어난 오온의 발생이 속박의 본질이며 그것에서 벗어난 것이 바로 해탈이다. 이와 같이 오온의 속박에서 벗어남을 얻기 원하는 마음이 바로 해탈을 희구하는 마음이다.

해탈에 대한 잘못된 이해

이러한 해탈은 업과 번뇌의 행行[218]이 생기고 나서 그 다음 찰나에서 그 행이 소멸되는 것을 의미하지는 않는다. 발생한 것들이 두 번째 찰나에 지속되지 않는 것은 대치법을 닦는 등의 어떠한 조건에 의한 것이 아니기 때문에 만약 그것을 벗어남이라 한다면 모든 것이 또한 노력 없이 벗어나게 되는 허물이 생긴다. 그러므로 윤회의 원인을 없애는 대치법이 생기지 않으면 장래에 반드시 생을 받게 되며, 대치법이 생기면 그로써 생을 받는 것에서 벗어나는 것이다.

Ⅰ-[2] 중근기 의요를 일으키는 방법

두 번째, 해탈을 희구하는 마음을 일으키는 방법은 무엇인가. 예를 들어 갈증의 괴로움이 가시기를 바라는 마음이 일어나는 것은 갈증으로 인한 괴로움을 싫어함에 달려 있다. 그처럼 오취온五取蘊[219]이라는 고[行苦]가 소멸된 해탈을 바라는 마음이 일어나는 데에도 오취온을 고통의 본질로 보고 그것을 해악으로 보느냐에 달려 있기 때문에 윤회[有]

업과 번뇌로 인해 고통이라는 행(行)이 발생한 후에 그것이 소멸될 때 그것을 고통으로부터의 벗어남이라고 보는 이들처럼 해탈도 그와 같이 이해한다면 그것은 잘못된 것이다. 왜냐하면 업과 번뇌로 인해 발생한 것이 지속되지 않는 것은 수행과 같은 조건에 의해 근본적으로 벗어난 것이 아니라 그 발생의 무상한 성품에 의해 소멸된 것이기 때문이다. 고로 그것을 벗어남으로 본다면 노력하지 않고 해탈하는 오류가 생긴다.

---

218) 원인과 조건에 의해 발생하는 유위법을 말하며 여기서는 업과 번뇌라는 인연에 의한 발생을 뜻한다.

219) 업과 번뇌로 인해 취하게 되는 오온을 말하며 부처님과 아라한과를 증득한 보살의 몸은 업과 번뇌로 받은 것이 아니므로 오취온이라고 하지 않는다.

라는 해악을 관찰觀察하여 그것을 고통의 본질로 문제시하여 없애려는 마음이 생겨야 하는 것이다. 그것을 없애려는 마음이 생기지 않는다면 그러한 고苦의 소멸[寂滅]을 바라는 마음이 생기지 않으므로 『사백론』에서 다음과 같이 말씀하셨다.

여기에 대한 염증이 없는 자
그에게 적멸의 바람[願]이 어디에 있는가
자기의 집과 마찬가지로 윤회라는
이곳에서 떠나는 것 또한 어렵다네

[2]-{1} 고(苦)·집(集)을 통한 사유
　　{1} 십이연기를 통한 사유

따라서 해탈을 희구하는 마음을 일으키는 두 가지 방법을 설한다. 고제[苦: 고통]와 집제[集: 고통의 원인]를 통해 사유하고, 십이연기를 통해 사유하는 것이다.

　　{1} 고(苦)·집(集)을 통한 사유
　　{1}-〈1〉 고제: 윤회의 해악
　　{1}-〈2〉 집제를 통해 윤회하는 과정 사유하기

첫 번째에는 두 가지로 고제를 통해 윤회의 허물을 사유하고 집제를 통해 윤회로 들어가는 과정을 사유한다.

　　〈1〉 고제: 윤회의 해악
　　〈1〉-1. 사제에서 고제를 가장 먼저 설하신 뜻은 무엇인가
　　〈1〉-2. 고통관의 실제

첫 번째(윤회의 해악)에 두 가지를 설한다. 네 가지 진리[四諦] 가운데 고제를 가장 먼저 말씀하신 뜻을 설하고 고통관의 실제를 설한다.

자신의 집에 집착하면 집을 버리기 어렵듯이 윤회라는 집에 집착하는 이들은 윤회를 떠나기 어렵다.

윤회에서 벗어난 해탈을 희구하는 마음은 윤회의 고통을 진심으로 원하지 않을 때 생기므로 윤회의 고통을 사유하고 관찰하는 것이 출리심을 일깨우는 방편이 된다. 따라서 여기서는 윤회의 고통을 사유하고 관찰하는 방법을 다룬다.

인도와 티벳의 여러 논서에서는 고집멸도의 순서에 담긴 부처님의 교화 방식을 매우 중요하고 심도있게 해석하고 받아들인다.

첫 번째 혹자가 "집集은 원인이고 고는 그 결과이므로 집제가 먼저이고 고제가 나중이라면 어째서 세존께서 본래의 순서에 맞지 않게 '비구들이여, 이것은 고성제이니라. 이것은 집성제이니라'고 말씀하셨는가?"라고 한다면, 부처님께서 인과의 순서를 바꾸어 설하신 것에는 수행의 중요한 핵심이 있으므로 허물이 되지 않는다.

그렇다면 그것은 또한 무슨 의미인가 하면 이와 같다. 중생 스스로에게 무엇보다 윤회에서 진정으로 벗어나려는 마음이 생기지 않으면 그것은 뿌리가 없는 것이니 그러한 자를 어떻게 해탈로 이끌 수 있겠는가, 고로 가장 먼저 무명의 암흑에 가려 윤회의 '원만구족'이라는 고통을 행복으로 여기는 전도된 망상에 속고 있는 중생에게 『사백론』에서

이 고통의 바다[고해 苦海]에서는 끝이
어디에도 존재하지 않는다면
어리석은 그대, 이 바다에 빠지는 것에
두려움이 어찌 생기지 않는가

라고 하신 말씀처럼 "그것은 참된 행복이 아니라 고통이다."라고 고통의 다양한 형태를 설하여 중생들로 하여금 그것에 대한 염증을 일으키게 하기 위해 고성제를 가장 먼저 말씀하신 것이다.

그런 연후에 자신이 고통의 바다에 빠져 있는 것을 보게 되며, 그곳에서 벗어나려고 할 때 고통의 본질인 오취온을 없애야 한다는 것을 알게 된다. 그것은 또한 근본 원인을 없애지 않는 한 없어지지 않는다는 것을 알고 '그 근본 원인이 어떤 것인가'라고 생각하는 가운데 업과 번뇌라는 집제를 알게 되므로 그 다음으로 집성제를 설하신 것이다.

그리하여 윤회의 고통은 유루有漏의 업에서 생기고, 그런 업은 또한

번뇌로 인해 생기며, 번뇌의 뿌리가 아집이라는 것을 앎으로써 집제가 발생하는 이치를 알게 된다. 아집이라는 것도 무아의 깨달음으로 없앨 수 있다는 것을 알게 되면 그때 비로소 고통이 사라진 멸滅을 증득하려는 마음이 서기 때문에 그 다음으로 멸성제를 설하신 것이다.

사제의 순서에 대한 논쟁과 논파

'그럼 고성제를 설하면 해탈을 구하는 마음이 생기므로 고제 다음에 멸제를 설하는 것이 마땅하지 않는가.'라고 말한다면 그것은 허물이 되지 않는다. 그 때에 고통의 사라짐[滅]을 얻고자 하는 해탈의 바람이 있더라도 고통의 원인을 아직 알지 못하고 그 원인을 없앨 수 있는지를 모르기에 멸을 증득하겠다고 생각하여 해탈을 목적으로 삼지 않기 때문이다.

그와 같이 해탈인 멸滅을 증득하겠다는 생각이 생길 때 '그것에 이르는 길이 무엇인가' 하고 살피면 그것이 도제임을 알게 되고 그로써 도제道諦에 들어가게 하기 때문에 도제를 마지막에 말씀하신 것이다.

사제의 순서에 대한 전거

그처럼 『보성론』에서도 다음과 같이 말씀하셨다.

> 병은 알아야 할 바, 병의 원인은 끊어야 할 바,
> 행복은 얻어야 할 바, 약은 의지해야 할 바이듯이
> 그처럼 고통과 그 원인과 그것의 소멸과 방도는
> 알아야 할 것, 끊을 것, 증득할 것, 의지할 것이네

사제 순서에 대한 논거

요컨대 사제四諦는 소승과 대승의 모든 경장에서 수없이 설하시는 것

『사가합주』에 의하면 지혜가 뛰어난 이근(利根)은 멸을 증득할 수 있는지 그 가능성이 불확실한 상태에서는 그것을 목표로 삼지 않는다고 한다.(ⓒ 344쪽) 이것은 고집멸도의 순서로 사성제를 설하는 중생의 근기가 이근임을 뜻한다. 반면 둔근(鈍根)은 지적인 이해보다 부처님의 말씀을 맹목적으로 받아들이므로 이근의 교화방식은 둔근과 다를 수밖에 없다.

병은 고제, 병의 원인은 집제, 병고에서 벗어난 행복은 멸제, 병을 치료하는 약은 도제에 비유되며 순서대로 고제는 알아야 할 바이고, 집제는 그 원인으로 끊어야 할 바이며, 멸제는 얻어야 할 바이고, 도제는 실천할 바이다. 이러한 순서로 병자가 병을 알고 그 원인을 살펴서 실제 나을 수 있음을 확신하면 약을 먹게 되는 것과 같아서 고집멸도의 순서로 사제를 설하신 것이다.

고집멸도의 순서는 그 법을 듣는 자의 마음을 자연스럽게 일깨워 해탈을 이루기 위한 실천의 길로 나아가도록 이끌기 위해 고안된 방편이다.

이다. 그것은 윤회에 들어가고 또 윤회에서 벗어나는 원리를 부처님께서 요약하신 것이므로 해탈을 이루는 데 있어 매우 중요한 가르침이자 수행의 요체가 응축되어 있기 때문에 그와 같은 순서로써 사람들을 이끌어야 한다.

고제의 사유를 통한 윤회에 깊은 환멸을 느끼지 않는다면 해탈을 얻으려고 하는 것은 그저 말에 지나지 않는 것이므로 무엇을 하든지 간에 그것은 윤회의 원인[集]이 된다.

또 사유를 통하여 윤회의 뿌리가 업과 번뇌라는 것을 제대로 알지 못한다면 표적을 보지 않고 화살을 쏘는 것처럼 도의 핵심이 끊어지고 윤회에서 벗어나는 길 아닌 길을 길이라 여겨 무모한 수고를 하게 되므로 없애야 할 고苦와 집集을 알지 못하면 그것이 모두 사라진 해탈 또한 알지 못한다. 따라서 이러한 것을 모른다면 해탈을 구하는 마음 역시 허황된 것에 지나지 않기 때문이다.

〈1〉-(2) 고통관의 실제
    (2)-1. 윤회의 보편적 고통 사유하기
    (2)-2. 윤회의 개별적 고통 사유하기

두 번째 고통관의 실제에서 두 가지, 윤회의 보편적인 고통을 사유하고 윤회의 개별적인 고통을 사유하는 것이다.

2-가. 윤회의 보편적 고통 사유하기
    나-1) 팔고
    나-2) 육고
    나-3) 삼고

윤회의 보편적 고통의 사유는 세 가지로 팔고八苦, 육고六苦, 삼고三苦에 대한 사유이다. 첫 번째 『친우서』에서 다음과 같이 말씀하셨다.

현군賢君이여, 원하는 것을 얻지 못함과 죽음,
병과 늙음 등 수 많은 고통의
원천인 윤회에 혐오하는 마음을 내소서

이러한 말씀처럼 고통을 사유한다. 여기에서 윤회를 혐오하는 마음을
닦는 것이란 윤회를 수많은 고통의 원천이라 생각하는 것이다.

고통이란 '원하는 것을 얻지 못하는 등'이라는 『친우서』의 구절에서 직
접 언급된 네 가지 고통과 '등'이라는 말에 포함되는 또 다른 네 가지 고
통까지 해서 모두 여덟 가지 고통을 뜻한다. 이 여덟 가지 고통八苦은 여
러 경장에서 부처님께서 고제를 소개하실 때 설하신 것이다.

상근기뿐만 아니라 중근기에 해당되는 모든 수행을 하는 데에도 마찬
가지로 하근기의 도와 공통되는 부분은 하근기 편에서 설명했던 것을
그대로 수행에 적용하여야 한다. 중근기의 독자적인 부분은 마음의 능
력이 되면 적혀진 대로 수행하되 능력이 부족하면 인용 경문의 자세한
의미를 사유하는 것은 잠시 접어두고 해당 내용의 전체적 의미를 사유
하는 정도로만 수행한다.

관수행에서도 도거와 혼침에 빠지지 않는 것이 필요하다

이러한 고통관은 분석·통찰하는 위빠사나[관觀] 수행이지만 그것이
선, 악 혹은 무기無記이든 간에 관수행의 대상이 아닌 경우에는 그 어
떤 대상에도 마음이 그쪽으로 흘러가지 않도록 해야 한다. 그리하여
마음이 대상에 집중하기 위해서는 도거掉擧[220]와 같은 산란심을 차
단하고 잠과 혼침[221]에 빠지지 않도록 하여 분명하고 맑은 의식 상
태에서 지속적으로 관해야 한다. 『입행론』에서

일반적으로 사마타(止)
수행에서 집중해야 할
대상을 놓치게 하는 도
거와 명징함을 유지하
지 못하게 하는 혼침을
가장 큰 장애로 본다.
여기에서 말하는 분석
하고 통찰하는 고통관
이 비록 관수행에 속
하는 것이지만 지수행
과 마찬가지로 도거와
혼침의 장애가 생기지
않도록 하는 것이 중요
하다.

220) 집착하는 대상에 마음이 들뜨는 상태로 산란심의 일종이다.

221) 마음이 무기력하고 가라앉은 상태.

진언 암송과 고행 등을
오랜 시간 동안 행하였어도
산란한 마음으로 행한 것은
부처님께서 의미 없다고 하셨네

라고 하셨듯이 마음이 다른 대상에 이끌려 산란해진 마음으로 행한 모든 선행은 그 과보가 적다고 말씀하셨기 때문이다. 『대승의 신심을 닦는 경[修信大乘經]』에서도

선남자여, 이 법문으로도 이와 같이 보살들의 대승에 대한 신심, 대승에서 생긴 그 어떤 것이든 그 일체는 산란하지 않은 마음으로 의미와 법을 바르게 사유한 것에서 생긴다는 것을 알아야 하느니라.

라고 말씀하셨기 때문이다. 여기에 '산란하지 않은 마음'이란 선善이 아닌 대상으로 마음이 분산되지 않는 것(집중)을 뜻하며 '의미와 법'이란 그 말과 뜻이며 '바르게 사유한 것'은 관찰지로써 살피고 분석하여 생각하는 것(통찰)이다. 이는 공덕이 되는 모든 선법을 이루는 데, 이 두 가지가 필요하다는 의미로 설하신 것이다.

그러므로 삼승의 그 어떤 공덕을 이루든지 간에 선善이 아닌 대상에 마음이 산란하지 않은 일념[심일경성 心一境性]의 본 사마타[지止][222]와 유사 사마타,[223] 그리고 선의 대상을 세세히 관찰하여 진소유성盡所有

공덕이 되는 모든 선법을 이루는 데에는 반드시 지(집중)와 관(통찰) 두 가지가 필요하다.

---

222) 본서의 지관 편에 의하면 9종주심의 단계를 거쳐 심신의 경안을 얻어 심신의 기쁨과 즐거움을 얻은 삼매를 가리킨다. 사마타를 성취하면 마음의 자재함을 얻기 때문에 애를 쓰지 않고 바로 삼매에 들 수 있으며 선을 행하는 데 피로감을 느끼지 않아서 선을 행하는 최적의 마음 상태가 된다.

223) '시내당제쑤뛴바(ཞི་གནས་དང་རྗེས་སུ་མཐུན་པ་)'를 번역한 말로 '사마타에 상응하는 것'이라는 뜻으로 사마타와 유사한 것을 뜻한다. 사마타를 성취하기 전 단계까지, 한 대상의 집중 수행(조곰 འཛིན་སྒོམ་)을 유사 사마타라고 한다.

性[224]과 여소유성如所有性[225]을 구분하는 본 위빠사나[觀][226]와 유사 위빠사나[227]가 모두 필요하다고 말씀하신 것이다. 그처럼 『해심밀경解深密經』에서도

> 미륵이여, 또한 성문들의 선법이나 보살들의 선법 혹은 여래들의 선법은 세간이든 출세간이든 모두 지止와 관觀의 과보임을 알아야 하느니라.

라고 말씀하셨다. 이 부분에서 말씀하신 지관을 본 지관과 유사 지관 두 가지로 이해하지 않으면 삼승의 모든 공덕이 본 지관의 결과가 되어야 하는 허물이 생긴다. 다시 말해 삼승의 도에서 생기는 모든 공덕이 반드시 본 지관에 의해서만 생기는 것은 아니며 유사 지관에 의해서도 생긴다.

1) 팔고

가) 태어남의 고통(生苦)

그와 같이 여덟 가지 고통 가운데 첫 번째 태어남의 고통[生苦]을 다섯 가지로 사유한다. 그 가운데 태어나는 고통이 있기 때문에 괴로운 것이라고 사유한다. 화생 중에 지옥중생들과 오직 고통뿐인 아귀들, 태에서 태어나는 것[태생胎生]들과 알에서 태어나는 것[난생卵生]과 같은 이 네 가지 생으로 태어나면 극심한 고통을 수없이 느끼며 태어난다.

하위의 도에서 공덕을 성취한 결과로 상위의 도로 나아가는 것인데, 만약 본 지관으로만 공덕이 성취된다면 대승도의 본 지관을 처음 성취하는 때는 가행도이므로 가행도 전의 자량도를 통해 공덕을 이룰 수 없게 되고 그로써 상위의 도로 나아갈 수도 없게 된다. 이런 이유에서 대사께서 본 지관 뿐만 아니라 유사 지관에 의해서도 공덕이 생긴다고 말씀하신 것이다.

태어남의 고통을 겪는 아귀와 그렇지 않은 아귀가 있다. (© 473쪽)

습생과 몇몇의 화생을 제외하고 대부분은 태어남의 고통을 겪는다.

---

224) 속제와 동의어.

225) 진제와 동의어.

226) 사마타의 상태에서 대상을 관하는 힘이 경안(輕安)을 일으키고 그 경안 가운데 대상을 관찰하는 지혜[觀察知]를 말한다.

227) '학통당제쑤뛴바(ལྷག་མཐོང་དང་རྗེས་སུ་མཐུན་པ)'를 번역한 말로 관(위빠사나)과 상응하는 것이라는 뜻으로 관과 유사한 것을 뜻한다. 여기에서는 그러한 관과 유사한 것으로, 대상을 분석하고 통찰하는 수행 '쬐곰(དཔྱད་སྒོམ)'을 가리킨다.

태어남은 고통을 생기
게 하는 근원이자 미
래에 고통을 받게 만
드는 것

태어남은 부정적인 것[악처惡處]과 함께하므로 괴로운 것이라고 생각한다. 삼계의 제행諸行[228]은 번뇌에 따르는 부정적 결과이기 때문에 선善을 행하는 데 원활하지 못하고 자유롭지 못한 것이다. 삼계 중생의 오온[行]이 형성되는 데에도 번뇌에 따른 부정적 결과와 연관된다. 요컨대 번뇌가 생기고, 지속되고, 늘어나게 하는 종자를 갖고 있기 때문에 선을 위해 그것을 쓸 수도 없으며 마음대로 부릴 수도 없다.

태어남은 고통의 근원이므로 괴로운 것이라고 사유한다. 삼계에서 생을 받아 태어남으로써 늙음과 병듦 그리고 죽음 등의 다양한 고통이 함께 생기는 것이다.

태어남은 번뇌의 원천이므로 괴로운 것이라고 사유한다. 윤회에 태어나면 집착하는 대상과 미워하는 대상, 어리석음의 대상에 삼독이 생기고 그로 인해 또한 몸과 마음이 편치 않고 불행에서 행복으로 이어지지 않아 갖가지 번뇌에 심신이 시달린다.

태어남이란, 원치 않아도 떠나야 하는 것이 자연의 이치이므로 괴로운 것이라고 생각한다. 태어난 모든 것은 끝내 죽음을 초월하지 못하고 또 죽는 것을 원치 않기에 그로 인해 또한 극심한 괴로움을 겪는 것이다. 그와 같이 태어날 때 고통 속에 태어나고, 부정적인 것을 가지고 태어나는 것이며, 태어남으로써 또한 병듦과 늙음을 비롯해 또 다른 괴로움들과 죽음을 이끈다. 생로병사 등의 그러한 고통이 또한 우리에게 괴로움을 주는 이치를 사유한다.

생고 가운데 태에 머물 때의 고통

특히 모태에 머물 때[주태 住胎] 어떠한 고통을 겪는가 하면 『제자서』에서 다음과 같이 말씀하셨다.

---

228) 원인과 조건에 의해 형성되는 유위법을 뜻하며 여기에서는 업과 번뇌로 인해 받은 오온을 가리킨다.

심한 악취와 오물에 둘러싸여 꽉 막혀
참으로 답답하고 캄캄한 곳에 있는
태생 중생은 지옥과 같은 그곳에서 머물며
몸을 완전히 웅크린 채 큰 고통을 견뎌야 하네

이러한 것의 의미를 또 『입태경』에서는 다음과 같이 말씀하셨다.

오물로 가득 찬 곳, 수천 종의 벌레들이 머무는 곳, 심한 악취의 두 문
이 있는 곳, 뼈의 구멍과 작은 구멍, 많은 굴이 있는 곳, 소변과 골, 골
수가 모여 질퍽질퍽한 곳으로 위장의 아래, 대장 위에 있느니라. 얼굴
은 척추를 보고 태아의 등은 엄마의 뱃가죽에 의지하여 매달마다 월
경으로 배양된다. 어머니가 음식을 상하의 두 치아로 잘게 부수고 목
구멍으로 삼키니 아래에서는 악취가 나고 침으로 축축해진 것, 위에
서는 진액이 묻은 토사물과 같은 음식의 영양이 어머니의 뱃속에서
태아의 배꼽 구멍으로 탯줄을 통해서 들어감으로써 생장하며 갈라
람羯剌藍·알부담頞部曇·폐시閉尸·건남鍵南으로 손발의 모습이 온전히
변하느니라. 손과 발과 얼굴과 머리는 양수로 둘러싸여 있고 뒷간처
럼 악취가 나고 극심한 암흑에 가려진 곳을 이리저리 움직이느니라. 음
식은 쓰고 시고 거칠고 짜고 뜨거운 떫은 맛을 불덩이처럼 느끼느니
라. 기생충처럼 더러운 물질로 자라느니라. 더러운 진흙 속에서 목숨[命
根]은 견고하지 못하고 어머니 몸속 체온의 불로 시달리고, 온전히 시
달리고, 뜨겁고, 모두 뜨겁고, 완전히 뜨거우며, 태워지고, 모두 태워
지고, 완전히 태워지고, 크고 거칠고 심한 고통으로 싫다는 느낌을 겪
게 되느니라. 태아의 어머니가 움직이고 더 크게 움직이는 만큼 또한
그는 사지와 얼굴, 오지가 묶이고 뜨거운 재 구덩이에 들어간 것처럼
비유하기 어렵고 형용하기 어려운 큰 고통을 느끼게 되느니라.

태내에서 배아가 세포
분열되어 생장하는 단
계를 가리킨다.

태아는 자라남에 따라
어머니의 체온으로 점
점 더한 강도의 고통에
시달리게 된다.

이와 마찬가지로 어머니가 너무 많이 먹거나, 적게 먹거나, 혹은 너무 기름지거나, 거칠거나, 차갑거나, 뜨겁거나, 짜거나, 시거나, 달거나, 쓰거나, 맵거나, 떫은 음식을 먹을 때와 달리고, 빨리 걷고, 뛰어 오르내리고, 헤엄치고, 불 옆에 있고, 쭈그리고 앉으면 태에 머무는 자에게 해가 된다고 말씀하셨고, 위장이 누르고 대장이 버티고 있어서 마치 창으로 찌르는 것과 같은 상태에 머무른다고 말씀하셨다.

생고 가운데 태에서 나올 때 고통

태에서 밖으로 나올 때[출태出胎]의 고통 또한 『제자서』에서 다음과 같이 말씀하셨다.

> 그는, 서서히 참기름을 짜는 딱딱한 도구로
> 짜내듯 하여 태에서 힘겹게 나오네
> 그러나 바로 목숨을 잃지 않은 이
> 그 고통은 겪어야 하는 벌이 틀림없네
>
> 더러운 저 속에서 머무는 유약한 저 몸
> 축축한 태에 둘러 싸여 악취와 함께 나오네
> 짓눌리는 괴로움이 커서 고름이 터져 나오듯
> 토사물을 본 것처럼 **혐오하며 나올 때** 전의 기억을 잃어버리네

이러한 말의 의미는 『입태경』에서 다음과 같이 말씀하셨다.

> 그로부터 사지와 그 마디가 모두 다 생기고 요도, 상한 것, 떨어지는 것, 악취가 나는 것, 캄캄한 것을 본다면 참으로 끔찍할 것이며 대변과 소변이 묻어 있는, 나쁜 냄새와 피와 진물이 항상 흐르는

태에서 밖으로 나올 때 태아는 자신이 겪는 고통을 견디기 힘들고 역겨운 것으로 느껴 그곳에서 **빠져나오려고 한다.** 이때의 고통으로 대부분 전생의 기억을 잃는다.

구멍으로부터 전생 업이 성숙함으로 인해 발을 위로 두고 머리를 아래로 두어 두 팔을 움츠리면 두 골반이 벌어져 누르느라. 시달리고 더 시달리고 완전히 시달리며 눌러지느니라. 거칠고 극심한 고통의 느낌은 몸의 사지가 금방 생긴 멍처럼 파래지고, 몸의 감각기관은 따갑고, 태의 지저분한 냄새가 몸을 뒤덮으며, 갈증으로 입술과 목과 심장이 마르고, 답답하고, 처참한 상태의 태아는 인과로써 전생의 업이 성숙하여 생긴 기氣가 태 밖으로 그를 밀어 내니 어렵고 어렵게 그와 같이 밖으로 나오느니라. 태아가 나오자마자 바깥바람은 상처난 곳에 꺼칠한 감촉이 있는 물건이나 손, 혹천에 닿으면 칼로 베는 듯 참기 힘든, 극심한 고통의 느낌을 맛보게 되느니라.

피부가 벗겨진 소를 다른 짐승이 물어뜯거나 나병환자의 곪은 몸을 철로 된 채찍으로 때리면 극심한 고통을 느끼듯이 밖으로 막 나온 태아는, 손으로 가슴에 안기거나 뜨겁고 차가운 것에 닿게 되면 또한 고통을 겪게 되느니라.

여덟 가지 고통 가운데에서도 첫 번째, 이 태어남의 고통[生苦]과 마지막인 오취온고五取蘊苦를 관하는 것이 매우 중요하기 때문에 앞서 설명하였듯이 관찰지로 거듭 분석하여 사유한다.

나) 늙음의 고통(老苦)

늙음의 고통에 대한 사유는 다섯 가지이다. 그 가운데 첫 번째, 좋았던 몸이 모두 쇠하므로 고통스러운 것이다. 허리는 활처럼 굽고, 머리는 백화처럼 하얘지며, 이마는 칼자국이 많이 난 가죽 도마처럼 주름으로 가득해지는 등 젊음이 쇠하여 흉해진다.

두 번째는 기력이 모두 쇠하는 고통으로 앉을 때는 자루의 밧줄이 끊어진 것과 같고, 일어설 때는 나무의 뿌리가 허공에 솟은 것 같으며, 말할 때는 어눌하고, 걸을 때는 금방이라도 넘어질 듯하는 것 따위이다.

세 번째는 육근이 모두 쇠하는 고통으로 눈으로 물체 따위를 선명하게 보지 못하고 잘 잊어버려 기억력 등이 감소하는 것이다.

네 번째는 대상을 향유하는 힘이 모두 쇠하는 고통으로 음식 등이 소화되기 힘들며 그밖에도 색성향미촉[五慾]을 즐길 수 없는 것이다.

다섯 번째는 명命이 모두 쇠하는 고통으로 명이 거의 다하여 어느새 죽음에 성큼 다가서는 것이다. 이러한 괴로움들을 거듭 생각해야 한다.

『대유희경』에서 다음과 같이 말씀하셨다.

> 늙음으로 쇠하여 젊음이 지나가면
> 벼락이 나무를 부숴 버리듯이
> 늙음의 두려움은 곧 무너질 폐가와 같으니
> 늙음에서 벗어남을 선인이여, 빨리 말해 주오
>
> 젊은 남녀는 늙음으로 시들하게 말라가고
> 사라수沙羅樹 숲에 폭풍이 휘몰아친 것처럼
> 늙음은 노력과 재주, 용기를 빼앗으니
> 예컨대 늪에 빠진 사람과 같도다
>
> 늙음은 아름다운 모습을 추하게 만들고
> 늙음은 기쁨을 빼앗고 기력을 빼앗네
> 늙음은 안락함을 뺏고 멸시 받게 만들고
> 늙음은 죽게 하고 늙음은 생기까지도 앗아가네

죽음의 고통도 나쁘지만 그나마 짧은 순간에 겪는데 비해 늙음의 고통은 오랜 시간 겪어야 하므로 더 나쁘다.

짼웅아와께서는 "죽음의 고통이 나쁘지만 그나마 짧다. 늙음은 그보다 나쁘다."고 하셨다.

또 까마빠께서 말씀하시길 "늙음이 차츰차츰 다가오니 망정이지 그것이 한순간에 찾아온다면 아무도 감당해 낼 수 없을 것이다."고 하셨다.

다) 병듦의 고통(病苦)

병듦의 고통에 대한 사유 역시 다섯 가지이다. 그 가운데 첫 번째는 몸의 본래 모습이 변화하는 고통으로 몸의 살이 무너지고 피부가 마르는 등이다.

두 번째는 육체적 고통과 심적인 불편함이 커지고 그러한 상태로 대부분의 시간을 보내는 고통이다. 즉 몸의 수대水大를 비롯한 사대요소들이 조화롭지 못해 균형이 깨져 몸의 괴로움이 생기고 이로써 마음에 불편함이 생기는 상태로 그렇게 밤낮을 보내야 한다.

세 번째는 좋아하는 것을 구할 수 없는 고통이다. 좋아하는 것들은 병에 해롭다는 이유로 원하여도 누릴 수 있는 자유가 없다. 그처럼 행위조차 원하는 것을 할 수 없다.

네 번째는 좋아하지 않는 것을 원치 않아도 해야 하는 고통이다. 약과 음식 등 싫은 것을 억지로 먹어야 할 뿐더러 불에 타고 무기에 찔리는 등의 험한 치료도 받아야 한다.

다섯 번째는 목숨[命根]을 잃는다는 것을 알게 되는 고통이다. 병을 고칠 수 없음을 알게 되면 괴로움이 일어나는 것이다.

이상의 내용들을 세세히 사유한다. 『대유희경』에서도 다음과 같이 말씀하셨다.

> 수백 가지 많은 병과 병듦의 고통은
> 중생을 해치니 사냥꾼이 짐승을 해하듯
> 늙음과 병듦으로 파괴되는 중생을 보고
> 고통에서 벗어남을 조속히 말하시오

예컨대 늦겨울의 강풍과 폭설은
풀과 나뭇잎, 숲의 생기를 앗아가듯이
그처럼 이 병고는 중생의 생기를 빼앗고
몸과 기력을 쇠하게 하네

작은 재물과 큰 재물을 끝까지 없애니
병듦은 늘 중생을 비참하게 하고
해치며 아름다움을 미워하네
초목을 황폐화시키는 하늘의 태양처럼

라) 죽음의 고통(死苦)

죽음의 고통을 사유하는 데에도 다섯 가지이다. 첫 번째는 좋아하는 원만한 재화들과 헤어지는 고통, 두 번째는 부모 형제 등의 사랑하는 원만한 가족과 헤어지는 고통, 세 번째는 좋아하는 원만한 권속과 헤어지는 고통, 네 번째는 좋아하는 원만한 육신과 헤어지는 고통, 다섯 번째는 죽을 때 겪는 육체적 고통과 극심한 심적인 괴로움이다.

이러한 다섯 가지 고통에 대한 염증이 생길 때까지 계속 사유한다. 앞의 네 가지가 고통인 이유는 네 가지 좋아하는 원만한 것들과 헤어진다는 것을 알게 됨으로써 괴로운 것이다. 『대유희경』에서도 다음과 같이 말씀하셨다.

죽어 중음에 나고 또 죽어 내생에 태어나면
과거의 소중하고 아름다운 사람과 영원히 헤어지니
다시 돌아오지 못하고 만날 수도 없다네
나무에서 떨어진 낙엽과 같고 흘러간 폭포수와 같네

죽음은 권력자들도 힘을 잃게 하고

여기서 말하는 원만함이란 부족함이 없는 최상의 것이다.

죽음은 강물에 나무가 떠밀려가듯 힘을 빼앗네
인간은 둘이 아닌, 벗 없이 홀로 가며
자신의 업보와 함께하니 어떤 자유도 없다네

죽음은 수백의 많은 생명체를 가두니
물고기[魚類]들에게는 바다의 고래와 같고
뱀에게는 독수리, 코끼리에게는 사자와 같다네
초목과 미물들에게는 불길과 같다네

마) 싫어하는 것과 만나는 고통(怨憎會苦)

싫어하는 것과 만나는 고통[원증회고 怨憎會苦]을 사유하는 데에도 다섯 가지이다. 첫 번째는 원수와 같은 상대를 만나는 것만으로 괴롭고 불편한 마음이 생긴다. 두 번째는 그가 해를 입힐 것으로 인해 두려워해야 할 것이 생긴다. 세 번째는 좋은 소리[가타 伽陀]가 없는 것[229]인데 즉 불명예가 두렵고, 네 번째는 비참하게 죽는 것이 두려운 것이다. 다섯 번째는 '법에 어긋난 행동으로 죽은 후에 악도에 가지 않을까.'하고 걱정하여 두려워하는 것이다. 이러한 고통을 사유한다.

바) 애별리고

사랑하는 것과 헤어지는 고통[애별리고 愛別離苦]이란 가족과 같이 너무나 소중한 대상과 헤어지면 이로써 마음에 괴로움이 생기며, 입에서 곡소리가 나오고, 몸에 해를 가하고, 그 대상의 좋았던 점을 그리워하고 원하여 괴로워하고, 그 대상의 부재로 인해 괴로운 것이다. 이러한 고통들을 사유한다.

---

229) 가타伽陀는 산스크리트의 음역으로 시나 시구를 뜻한다. 거칠고 험한 말이나 불명예 따위의 원치 않는 말을 듣는 것을 가리킨다.

구부득고의 다섯 가지 고통이란 원하는 바를 구하여 얻지 못하면 마음에 괴로움이 생기고, 입으로 절규하고, 스스로 몸을 해하고, 원하는 것의 좋은 점을 생각하여 괴로워하고 그것을 가지지 못해 괴로운 것이다.

요컨대, 오취온이 고통이라는 말씀은 『백업경』과 율장의 대표적 인용구이다.

사) 구부득고

원하는 바를 구하여 얻지 못하는 고통[구부득고求不得苦]의 사유 역시 다섯 가지이며 애별리고와 비슷하다. 원하는 바를 추구하여 얻지 못하는 것이란 가령 농사를 지어도 거둬들일 곡식이 없고 장사를 해도 이윤이 나지 않는 것 등을 말하며 어떠한 것을 기대하여 노력하고 구하여도 얻지 못하여 절망하는 괴로움이다.

아) 오취온고

"요컨대, 오취온이 고통이니라."라는 말씀의 의미를 사유하는 데도 다섯 가지가 있다. 오취온은 미래의 고통의 그릇이며, 현재의 고통의 그릇이며, 고고苦苦의 그릇이고, 괴고壞苦의 그릇이고, 행고行苦의 본질이라는 것이다. 이러한 사실을 계속하여 사유한다.

이 다섯가지에서 첫 번째(미래의 고통의 그릇)란 오온을 받음으로써 번뇌를 일으키고 업을 지어 내생의 고통들을 이끄는 것이다.

두 번째는 이미 형성된 오온에 의해 현생의 병듦과 늙음 등의 바탕이 되는 것이다.

세 번째와 네 번째는 두 고통(고고 · 괴고)의 종자이므로 조건이 되면 이 두 가지 고통을 일으키는 것이다.

다섯 번째란 오취온의 몸으로 형성된 그것 자체가 행고의 본질이며 전생의 업과 번뇌로 인한 모든 행(유위법)은 행고인 까닭이다. 이것은 뒤에 삼고三苦 편에서 자세히 설명하겠다.

팔고의 요체와 그 중요성

오취온의 본질인 윤회에 대한 참된 염리심厭離心[230]이 생기지 않는다면

---

230) 어떠한 것을 싫어하여 그것으로부터 멀어지려는 마음을 뜻하며 주로 윤회의 세계에 대한 환멸과 염증을 느껴 윤회로부터 벗어나려는 마음을 가리킨다.

해탈을 구하는 참된 구도심이 생길 수 없으며, 윤회에 떠도는 중생에 대한 대비심이 생길 방법이 없으므로 대·소승의 어떤 도에 들어가든 이 염리심이 무엇보다 중요하다. 이러한 염리심을 일으키기 위해서는 완전무결한 경론의 가르침에 의지하여 올바른 이해를 얻는 데 노력해야 한다. 경론에 의지하여 고통에 대한 올바른 이해를 얻은 후에 오랫동안 관찰지의 통찰을 통하여 마음의 큰 변화가 일어날 수 있어야 한다. 이러한 이유로 부처님[세존]께서 윤회의 해악이라는 고제를 알게 하기 위해 팔고를 설하신 그 의미를, 무착보살께서 잘 정립해 놓으신 대로 여기에 설명하였다.

팔고의 체득

뽀또와께서 말씀하시기를 "육도에 무엇으로 태어났건 간에 병듦과 죽음 따위의 고통이 생기는 것은, 아플 것이 아픈 것이고, 죽을 것이 죽는 것이지 거기에 있을 수 없는 일이 불현듯 생긴 것이 아니다. 그것들은 윤회의 자연스러운 현상이자 윤회의 본성이다. 윤회에 머무는 동안에는 그러한 것으로부터 결코 벗어나지 못하는 것인데, 만약 우리 자신이 그것이 싫다면 태어남을 버려야 한다."고 하셨다.

원인을 버려야 한다는 이 말씀처럼 앞서 설명한 생로병사와 같은 고통의 발생도 그와 같이 사유한다. 그처럼 그 원인을 없애야 한다는 것을 사유해야 한다.

2) 여섯 가지 고통: 육고(六苦)

팔고 다음으로 두 번째, 여섯 가지 고통[六苦][231]을 사유한다. 『친우

관찰지로써 팔고를 오랫동안 통찰하면 마음의 변화를 일으켜 선지식 뽀또와처럼 윤회의 갖가지 현상을 자연스럽게 수용하게 된다. 이것이 통찰에 의해 체득한 경계이다.

쫑카파 대사는 『친우서』의 내용을 기반으로 여섯 가지 고통을 설명하고 있다.

---

231) 한역 『대승아비달마집론』에서는 핍박고(逼迫苦)·전변고(轉變苦)·합회고(合會苦)·별리고(別離苦)·소희불과고(所悕不果苦)·추중고(麤重苦)라고 한다. 3권(ABC, K0572 v16, p.176a01)

서』의 주석서에는 일곱 가지[232] 고통을 언급하고 있으나 마지막 일곱 번째는 육도 중생 각각의 해악과 고통이기 때문에 여기에는 여섯 가지 고통을 사유한다.

윤회에서 집착하는 관계라는 것도 항상 변하기 때문에 고정되어 있지 않아 허망한 것이다.

가) 정해진 것이 없음

여기에 첫 번째 정해짐이 없는 허물이란 윤회에 떠돌 때, 어떤 생에서 부모와 같이 가까운 이들이 또 다른 생에서는 그와 달리 원수가 되고, 원수는 가까운 사람이 되며, 또 아버지가 아들이 되고, 아들은 아버지가 되며, 어머니는 아내가 되고, 아내는 어머니가 되는 등 순차적으로 뒤바뀌는 것일 뿐이라서 관계라는 것은 결코 믿을 것이 못 된다. 『친우서』에서 다음과 같이 말씀하셨다.

아버지는 아들로, 어머니는 아내로
원수였던 사람은 형제로
바뀌게 되니 이런 까닭에
윤회에 결코 정해진 바가 없네

이생에만 보더라도 벗과 원수가 서로 바뀌게 된다. 『묘비청문경』에서 다음과 같이 말씀하셨다.

때로는 원수조차 벗이 되고
벗 또한 그처럼 원수가 되느니라
그렇게 가깝던 이도 그저 그런 사이가 되고
아무 관계도 아닌 이들이 또 원수가 되느니라

---

232) 『친우서』 주석서에 의하면 용수보살께서 윤회의 모든 고통을 하나하나 설할 수 없기 때문에 일곱 가지로 윤회의 허물을 언급하신다고 설명하고 있다. 일곱 가지는 육고에 육도 중생의 개별적 고통을 하나로 범주화하여 더한 것이다.

그처럼 어떻게 사랑하는 이가 되는지를 깨쳐서
지혜로운 이여, 결코 집착하지 마라
가까운 이를 사랑하는 마음의 분별을
버리고 오로지 선을 향해 나아가라

여기에서 말하는 선은 해탈을 이루는 도를 뜻한다.

이와 같은 말씀처럼 윤회의 관계가 모두 허상이라는 것을 사유하여 원수와 벗을 구별해 좋아하고 미워하는 마음이 생기는 것을 버리고 윤회에서는 그 어떤 대상도 믿고 의지할 만한 것이 없다는 것을 알아차려 염증을 느껴야 한다.

나) 만족할 수 없음

만족할 수 없는 허물을 『친우서』에서 다음과 같이 말씀하셨다.

한 중생마다 사대해보다 많은
젖을 마셨으나 여전히 범부의
길을 따라서 윤회하는 자는
그보다 더 많이 마시게 되리라

한 중생으로 태어날 때마다 전생에 어머니의 젖을 얼마나 먹었던가. 여전히 해탈의 도를 행하지 않는다면 또 얼마나 더 먹어야 하는가를 생각한다. 이것은 하나의 예일 뿐 윤회에서 겪지 않은 행복과 고통이 없다는 것을 생각하여 생사윤회의 염증을 느낄 수 있어야 한다.

행복을 누리는 것이 마음의 만족을 위한 것이라고 한다면 윤회 속에서의 행복이란 누리면 누릴수록 만족이 없고 점점 갈증이 늘어나며, 또 그로 인해 윤회에 오랫동안 떠돌게 되어 그러한 잠깐의 즐거움과 비교할 수도 없는, 참기 힘든 고통을 한량없는 세월 동안 겪게 된다. 『친우서』에서 다음과 같이 말씀하셨다.

　　예컨대, 나병환자가 병균의 가려움에서
　　편안해지려고 불의 치료에 의지해 보아도
　　그 증세가 가라앉지 않듯이
　　욕망의 집착도 그러하다는 것을 아시오

『섭바라밀다론攝波羅蜜多論』에서도 다음과 같이 말씀하셨다.

　　바라는 것들을 얻어
　　매일 같이 의지하고
　　많이 쌓아도 만족을 모른다면
　　그보다 큰 병이 어디 있겠는가

『제자서弟子書』에서도 다음과 같이 말씀하셨다.

　　유정에게 수백 번 오가지 않은 곳, 어디 있으리
　　전생에 수없이 맛보지 않은 즐거움, 어디 있으리
　　불자拂子와 백산白傘자[233] 같은 부富, 얻지 않은 적이
　　또한 어디 있으리, 그럼에도 탐착이 점점 늘어가네

　　지금껏 여러 차례 겪지 않은 그러한 고통은 없으며
　　중생을 만족하게 만드는 그러한 즐거움도 없다네
　　누군가의 뱃속에 누워 보지 않은 그러한 중생이 없다면
　　그럼에도 어찌 윤회하는 자에게 집착이 사라지지 않는가

---

233) 불자를 지닌 자란 제석천을, 아름다운 흰 산개를 지닌 자는 범천을 가리킨다.

라고 말씀하신 것과 같이 사유한다. 이뿐만 아니라『제우론除憂論』[234]의
말씀과 같이 사유한다면 윤회에 대한 염증을 더욱 크게 느낄 것이다.

지옥에서 되풀이해
마셨던 끓는 쇳물
바닷물에 비교하여도
그만큼의 양은 되지 않느니라

개와 돼지가 되어
먹었던 오물이
산중의 산 수미산의
양보다 훨씬 많으니라

사랑하는 사람과 헤어짐으로
윤회의 세계에서 울며
흘린 눈물의 방울은
바다 같은 그릇에도 다 담지 못하리

서로 싸움함으로써
잘려나간 머리들을
쌓을라치면 그 높이는
범천 세계를 넘어서리라

벌레가 되어 굶주림으로
먹었던 흙과 거름
백유白乳[235]의 큰 바닷속을
그것으로 채운다면 넘쳐나리라

---

234) 마명보살의 저술. (ⓒ 366쪽)
235) 수미산 동쪽은 백색 세계이므로 그 색이 바다에 비쳐 흰 우유와 같은 바다라는 의미.

그렇다면 어떻게 하여야 하는가. 『화엄경』에서 다음과 같이 말씀하셨다.

　　그대가 욕망의 인(因)으로 쓸데없이 허비하였던
　　끝없는 무량한 전생의 몸을 기억하여
　　오늘 진정으로 깨달음 구하며 금행禁行과
　　더불어 이생에서 크게 노력하여 욕망을 제거하라

　　그대가 욕망의 인으로 무의미하게 허비하였던
　　끝없는 무량한 전생의 몸을 기억하라
　　항하사 수와 같은 부처님을 기쁘게 하지도 않았으며
　　부처님의 말씀을 부처님으로부터 듣지도 못했음을

이와 같은 말씀처럼 윤회계의 행복[具足圓滿]을 아무리 많이 얻더라도 그것에 속아 무의미한, 한량없는 고통을 겪으며 전생과 같이 수도 없이 몸을 허비하였던 것을 기억하라. 그럼에도 불구하고 여전히 해탈도에 노력하지 않는다면 또 그와 같은 고통을 겪고 허비하게 되리라는 것을 사유하며 그것에 대한 염증을 일으켜야 한다.

짼응아와께서 말씀하시기를 "친애하는 교사敎師들이여, 무시이래 그렇게 많은 몸을 받았지만 이번처럼 이와 같이 대승의 법을 행한 적이 없으니 모든 것을 여기에 걸어야 한다."고 하셨고,

쌍푸와께서 말씀하시기를 "이 윤회계에서 무수히 선도와 악도를 오르락내리락해야 했던, 이 부질없음은 차마 견딜 수 없는 것이라고 스승들께서 말씀하셨다. 그와 같은 생각이 들 때까지 사유해야 하며 그러한 윤회의 염증이 생기고 나서도 계속해서 꾸준히 그러한 마음을 키워야 하리라."고 하셨다.

다) 반복적으로 몸을 버림

몸을 반복해서 버리는 허물을 사유한다.

중생 각각의 뼈 무더기는
수미산의 크기를 능가하는 것

한 중생마다 몸을 받아서 죽을 때 버리는 뼈가 만약 없어지지 않고 남아 있다면 수미산보다 더 많을 것이다.

라) 반복하여 생을 받음

반복해서 생을 받는 허물이다.

어머니의 계보를 거슬러 그 끝을 알기 위해 흙으로 측백나무의 씨앗만 한 알갱이를 만들어 어머니의 수를 헤아리더라도 흙이 충분하지 않을 것이네.

이에 대하여 옛 사람들은 한 중생이 자신의 어머니를 했던 횟수로 해석하였는데 그것은 『친우서』의 본래 의미가 아니다. 왜냐하면 이 『친우서』의 주석서[236]에서는 다음과 같이 "비구들이여, 요컨대 몇몇 사람이 이 세상에 측백나무 씨앗만한 알갱이를 가지고 이것은 나의 어머니이다. 이것은 나의 어머니의 또 어머니라고 셈하여 알갱이를 버린다면 비구들이여, 이 세상의 흙덩이는 일찌감치 없어지리라. 인간들의 어머니 혈통은 그와 같이 소멸하지 않느니라."라고 경문을 인용하고 있는데 이 부분은 자신의 어머니에서 그 어머니의 어머니 등등으로 점차 소급되는 혈통을 설하

여기에 경론의 명칭을 밝히지 않은 인용구는 『친우서』의 게송이다.

윤회에서 죽어 몸을 계속 반복하여 버려야 하는 허물을 사유하고, 끊임없이 반복하여 생을 받아야 하는 허물을 사유함으로써 윤회의 염증이 일어나므로 이것은 염리심을 일으키는 좋은 방편이 된다.

---

236) 인도논사 로뙤첸보(བློ་གྲོས་ཆེན་པོ། blo gros chen po)께서 지으신 『친우서』의 주석서. 논서명은 『བཤེས་པའི་སྤྲིང་ཡིག་གི་རྒྱ་ཆེར་བཤད་པ་ཚིག་གསལ་བ། bshes pa'i springs yig rgya cher bshad pa tshig gsal ba』.

신 것이며 또『친우서』에서도 역시 '어머니의 계보 끝'이라고 말씀하시고 있기 때문이다.

이것은 윤회의 염증을 일으키는 원인이 되기 때문에『사백론』에서 다음과 같이 말씀하셨다.

이생의 몸이라는 한 과보라도
태초의 원인은 볼 수 없는 것
그때, 한 과보조차 광대한 원인이 됨을
보고도 그것에 두려움이 생기지 않을까

이 주석서[237]에도 "이로써 무엇이 생의 태초인지 그 흐름을 가늠할 수 없으며 두터운 무명으로 인해 한 치 앞도 보이지 않아 참으로 나아가기 어려운 황량한 광야와 같은 윤회에 항상 염증을 느끼고, 그렇게 느끼는 만큼 거기서 벗어날 방법을 여법하게 수행하는 것이 마땅하다."라고 말씀하셨듯이 그 의미를 알아야 할 것이다.

마) 상위와 하위 세계를 오르내림

다섯 번째, 윤회계에서 반복해서 상위 세계와 하위 세계를 오르내리는 허물이다.

세간이 공양할 만한 제석천이 된 후에도
업력으로 인하여 또다시 지상으로 떨어지며
사대주를 호령하는 전륜성왕이 되었더라도
다시 윤회계에서 천대받는 종 중의 종이 되네

237) 월칭보살이 저술한『사백론』의 주석서『བྱང་ཆུབ་སེམས་དཔའི་རྣལ་འབྱོར་སྤྱོད་པ་བཞི་བརྒྱ་པའི་འགྲེལ་པ་རྒྱ་ཆེར་བཤད་པ།』byang chub sems dpa'i rnal 'byor spyod pa bzhi brgya pa'i 'grel pa rgya cher bshad pa』

사왕천녀의 가슴과 허리를

만지며 오랜 즐거움을 겪다가도

지옥에서 갈리고 잘리며 뜯기는 기계의

견딜 수 없는 감촉을 느껴야 하리

발이 닿으면 푹신한 안락함이 있는

수미산 정상에 오래 머물렀다가도

또 다시 불구덩이와 오물을 건너는

견딜 수 없는 고통에 시달림을 사유하라

선녀들에게 둘러싸여 즐거워하며

아름다운 정원에 이르러 놀다가도

칼과 같은 잎사귀의 나무숲으로

손발과 귀, 코가 잘림을 얻으리라

유유히 흘러내리는 옥수, 천녀들의

아리따운 얼굴, 황금연꽃 물속에 있다가

다시 빠져나올 수 없는 지옥의 강으로

참기 힘든, 펄펄 끓는 염산 천에 들어가게 되리

욕계 천상의 지극히 큰 즐거움

탐착을 여읜 범중천의 행복을 얻고도

무간지옥 불의 장작이 되어서

끊임없는 고통을 당해야 하리라

해와 달처럼 빛나는 몸을 얻어

빛으로 모든 세간을 비추었다가

또다시 칠흑 같은 암흑세계에 가서

자신의 뻗은 손조차 보지 못하네

육욕천 중에 아래 두 천계(사천왕천, 도리천)의 감각적 쾌락을 느꼈다가 지옥과 같은 하위 세계에 떨어져 고통의 감촉을 겪게 된다.

좋은 장소도 믿을 만한 것이 되지 못함

탐착을 여읜 범중천은 색계이므로 하위 세계인 욕계의 탐착을 여읜 세계라는 뜻이다.

'갈리는 기계 등 세 가지'란 순서대로 중합지옥, 흑승지옥, 화탕지옥 세 곳에 있는 기계를 말한다.

'선녀들에게 둘러 싸여 있는 것'은 천녀들을 좋아하여 의지하는 것이다.

'욕계 천상의 즐거움'이라는 것은 도리천 위 욕계천의 즐거움을 말하는 것이다.

'해와 달의 빛'이란 머무는 곳과 머무는 자를 구분하지 않고 세간에 알려진 대로 풀이한 것이다. 세간에 알려진 해와 달을 엄밀히 구분하면 해와 달의 두 천신이 머무는 무량궁의 빛이다.

이러한 것을 비롯하여 상위 세계에서 하위의 세계로 가게 되는 도리를 모두 생각하여 윤회계에 대한 염증을 느껴야 한다. 결국 윤회의 모든 원만함의 끝은 쇠락함이기 때문이다. 이를 또한 『율장』에서 다음과 같이 말씀하셨다.

> 모여 있는 모든 것의 끝은 없어짐이고
> 높은 지위의 끝은 아래로 떨어짐이며
> 만남의 끝은 헤어짐이요
> 살아 있는 것의 마지막은 죽음이니라

바) 동행이 없는 허물

마지막으로 동행이 없는 허물을 사유한다.

> 그처럼 잘못된다는 것을 아시어
> 세 가지 복을 등불의 빛처럼 받아들이소서
> 그리하지 않는다면 홀로 해와 달이 닿지 않는
> 끝없는 암흑 속으로 들어가게 된다는 것을 아소서

'잘못된다는 것을 아시어'라는 말은 앞서 설하였듯이 결국 죽을 수밖에 없다는 사실을 아시라, 그리고 악도의 암흑을 없애는 '복덕이라는 광명을 받아들이시라'는 뜻이다.

여기에서 '세 가지 복'이란 신구의[三門]의 선이나 보시로부터 생기는 선 등의 세 가지를 말한다.

'끝없는 암흑'이란 밝음이 없는, 빛이 들어갈 수 없는[無明] 암흑이다.

'홀로 동행 없이 들어감'이란 『입행론』에서 다음과 같이 말씀하신 대로이다.

『친우서』 주석에 의하면 ①보시에 의한 선 ②지계에 의한 선 ③인욕, 선정 등을 수습함으로써 생기는 선을 말한다.

> 홀로 태어난 이 몸도
> 함께 생겨난 뼈와 살조차
> 끝내 무너져 각각 흩어진다면
> 다른 벗은 말할 필요도 없네
>
> 태어날 때 혼자 태어나고
> 죽을 때도 혼자 죽으니
> 고통의 몫을 남이 받아줄 수 없다면
> 방해가 되는 벗으로 무엇 하겠는가

이상의 여섯 가지 고통[六苦]은 세 가지로 요약되는데 윤회에는 믿고 의지할 만한 것이 없고, 윤회에서 아무리 행복을 누리더라도 그 만족의 끝이 없으며, 무시이래로 계속 머물고 있다는 사실이다.

첫째, 윤회에서는 믿고 의지할 바가 없다는 사실에는 네 가지가 있다. 생사를 거듭하며 끊임없이 몸을 버려야 하므로 받은 몸조차 믿고 의지할 바가 못 된다. 벗과 적으로 정해진 것이 없어 도움을 주는 자와 해하는 자도 믿고 의지할 바가 못 된다. 항상 등락이 있으니 얻게 된 원만한 조건도 믿을 바가 못 된다. 윤회에서는 항시 동행 없이 홀로 가야 하므로 잠시 함께하는 대상도 믿고 의지할 바가 되지 못한다.

둘째 아무리 행복을 누리더라도 만족의 끝이 없다는 사실은 앞서 설명한 대로 윤회에서 겪지 않은 고통과 즐거움이 없음에도 불구하고 만족하지 못하므로 그것에 끝이 없는 것이다.[238]

셋째, 반복하여 생을 받는 것이란 생이 이어지는 끝을 알지 못하는 것이다. 이와 같이 요약하여 또한 사유한다.

3) 세 가지 고통: 삼고(三苦)

세 번째는 세 가지 고통을 사유하는 것이다.

예를 들면 쓰라린 종기나 부스럼에 차가운 물을 바르면 편안함을 느끼는데 그와 같은 것이 윤회하는 이들이 느끼는 행복[낙수 樂受]이다. 그 느낌이 사라지면 곧 고통이 야기되므로 그것이 바로 변화의 고통[괴고壞苦]이다. 그러나 느낌[감수感受]만 괴고인 것은 아니다. 그것과 상응하는 또 다른 심왕과 심소들과 어떠한 것을 대상으로 하여 생기는 유루有漏의 경계들까지도 괴고이다.

쓰라린 종기의 괴로움이 소금물과 같은 염분의 감촉觸과 만나면 괴로움이 더욱 커지듯이 그러한 괴로운 느낌[고수苦受]이 고고苦苦임을 알아야 한다. 괴로움의 느낌은 생기는 즉시 몸이나 마음을 괴롭게 하는 까닭에 '고고'라고 한다. 예를 들면 신장의 통증 같은 것이다. 이 또한 느

삼고를 논할 때 고고는 주로 고수, 괴고는 윤회에서 느끼는 일시적 행복인 낙수, 그리고 행고는 모든 고통의 기반이 되는 오취온을 뜻하지만 여기서는 그것과 상응하는 심왕과 심소를 포함하고 어떤 대상으로 인해 생기는 유루의 경계까지도 포함한다.

신장에 결석 따위가 생겨서 겪는 극심한 고통을 말한다.

238) 원본에 누락되어 있는 과목(科目)과 내용을 삽입하였다. 이 부분이 누락된 것은 몽고 출신의 석학 빨덴 최제(dpal ldan chos rje)에 의해 확인되었다. 그가 라싸에 와서 잠시 머물 때 람림에 관한 일곱 개의 의문을 풀기 위해 게쎄 출팀 남겔(tshul khrims rnam rgyal)을 뵙고 여쭈었는데 그 중 세 가지는 의문이 풀렸으나 나머지 네 가지 의문은 게쎄 본인도 풀지 못한 부분이라고 하였다. 그 가운데 마지막 의문이 이 두 번째 과목(科目)의 누락이었다. 추후 빨덴 최제는 공식적으로 달라이라마께 쫑카파의 원본을 요청하였고 그 원본에서 두 번째 과목이 있음을 확인하였다.(ⓓ 중권 57쪽) 그럼에도 불구하고 여전히 이 오류를 정정하지 않고 상기 내용이 누락된 채로 출간되고 있는 것은 특이한 점이다.

낌[感受]만이 고고가 아니라는 것은 이전과 동일하다.

시원한 물의 감촉이나 소금물의 감촉과 만나지 않은 때의 종기와 같은 것은 즐거움도 괴로움의 느낌도 아닌, 유루有漏의 불고불락수不苦不樂受이다. 이는 장차 괴로움을 주는 번뇌의 종자가 따르는 까닭에 행고行苦[239]이다. 이 또한 불고불락수라는 감수感受만이 행고가 아닌 것은 이전과 같다. 이 행고는 전생의 번뇌와 업력으로 인한 것이며 장래의 괴로움과 번뇌들을 일으키는 종자와 결부됨으로써 원인과 결과에 모두 두루 영향을 미치는 부정적 대상이 내포되어 있는 것이다.

세 가지 느낌(感受)에서 번뇌가, 번뇌에서 괴로움이 생김

그처럼 즐거움[樂受]이 생기면 탐착[貪]이 늘고, 괴로움[苦受]이 생기면 분노[瞋]가 늘며, 즐거운 것도 괴로운 것도 아닌 이 몸은 변하는 것[無常]임에도 그것을 영원한 것[常]으로 여김으로써 어리석음[痴]이 늘어나는 것이다.

탐[貪]은 내생에 다섯 세계[五道][240]에 태어나는 등의 고통을 일으키고, 진[瞋]은 이생에서 괴로움을 일으킬 뿐 아니라 내생에 악도의 고통을 만든다. 치[痴]는 탐·진으로 일으킨 두 가지 고통을 놓지 않고 지속시킨다. 그러므로 즐거움의 느낌[樂受]을 고苦로 봄으로써 탐이 사라지고, 이 몸 자체가 괴로움을 일으키는 원인의 집합소이므로 이 몸에서부터 통증과 같은 결과가 당연히 생긴다고 여김으로써 괴로움[苦受]에 대한 진이 사라진다. 불고불락수는 무상하여 변하고 없어짐이 있고, 멸滅의 성품[241]을 가진 것임을 봄으로써 치痴가 사라진다. 이렇게 하여 세 가지의 느낌이 삼독의 원인이 되지 않도록 한다.

---

239) 업과 번뇌로 받은 오취온을 가리키며 이것은 모든 고통의 기반이 되는 것이다.

240) 육도중생계 가운데 아수라를 제외한 세계를 말한다.

241) 불고불락수라고 할 수 있는 오취온은 무명에 의해 생긴 것이므로 무명의 대치법인 무아의 지혜를 통해 온전히 소멸될 수 있는 것이다.

이상은 『유가사지론』의 「섭결택분」의 내용을 그대로 설명하였다. 예컨대, 큰 짐을 지고 갈 때 짐을 지고 가야 하는 한 편안함이 있을 수 없듯이 '오취온'이라는 짐 역시 지니고 있는 그 순간까지 고통스러운 것이다. 따라서 이 몸에는 고통과 번뇌의 종자가 견고히 존재한다. 이 행고가 있으면, 괴로움의 느낌이 지금 당장에 없는 경우가 종종 있으나 조건과 만나면 즉시 다양한 고통을 또다시 일으키므로 이처럼 행고는 일체의 고통에 편재하고 다른 두 고통의 뿌리이다. 따라서 이러한 행고에 크게 염증을 느낄 수 있도록 사유한다.

또한 탐착을 키우는 현재의 즐거움은 대부분 괴로움이 사라지는 변화를 행복이라고 생각하는 것일 뿐이다. 고통의 해결에 기인하지 않은 진정한 행복은 없다. 예를 들면 지나치게 많이 걸어서 고통스러울 때 걸음을 멈춤으로써 편안하다는 생각이 드는 것은 앞의 큰 괴로움이 점차 해소될 때 점점 편안함을 행복으로 느끼는 것일 뿐 참된 행복은 아니다. 왜냐하면 걸음을 멈춘 후에 다시 한 곳에 지나치게 머문다면 이전과 같이 다시 괴로움이 생기기 때문이다. 가는 것과 머무는 것, 자고 먹고 마시는 것, 햇볕과 그늘 따위가 또한 본래부터 행복의 원인이라면 고통의 원인에 의지하면 할수록 고통이 점차로 늘어나듯이, 그것에 오랫동안 의지하면 할수록 행복이 점점 늘어나야 함에도 불구하고 오히려 고통이 생기는 것을 볼 수 있기 때문이다. 그와 같음을 『입태경』에서도 다음과 같이 말씀하셨다.

> 난다여, 가고 머물고 서고 눕는 행위들 또한 각각이 고통임을 알아야 하느니라. 선정을 닦는 자가 그러한 행위와 그것의 성품을 살필 때 만약 걷는 것으로 하루를 보내며 머물지 않고 서지 않고 눕지 않는다면 그는 그 걸음을 오직 고통으로 느끼게 되며 강하고, 거칠고,

견딜 수 없고, 원치 않는 것으로 각각 느끼게 되므로 그 걸음에 즐거움이라는 생각[想]이 생기지 않느니라.

부처님께서 다른 세 가지 행위(머물고 서고 눕는 행위)를 또한 그와 같이 말씀하시고 이어 다음과 같이 말씀하셨다.

난다여, 그러나 이전 행위의 고통이 계속 되는 것을 끊기 위해서 또 다른 새로운 고통이 생긴 것에 즐거움의 상이 생기나니 난다여, 즐거움이 생기더라도 오직 이 고통이 생기고, 사라지더라도 오직 이 고통이 사라지는 것이고, 생기더라도 행行의 성품이 생긴 것이며 사라지더라도 행行의 성품이 사라지느니라.

'유루의 즐거움을 지나치게 추구하면 괴로움이 생긴다'는 말씀에 혹자는 그렇다면 '유루의 괴로움을 지극히 추구하는 것으로 행복을 이룰 수 있지 않겠는가'라고 의심한다. 이에 『사백론』에서도 다음과 같이 말씀하신 까닭이다.

점점 더한 행복을 추구한 뒤에
그것의 사라짐을 보게 되듯이
점점 더한 고통 뒤에는 그처럼
사라짐[樂]이 있지는 않다네

2-나. 윤회의 개별적 고통 사유하기

두 번째 육도 중생의 개별적인 고통을 사유하는 데 있어서 여섯 세계 중 삼악도의 고통은 하근기의 도에서 이미 설명하였다. 인간의 고통은 배고픔과 목마름, 더위와 추위, 생계의 고단함이라는 괴로움뿐 아니라

유루의 즐거움은 오직 고통을 본질로 하는 것이며 생겼다가 사라지는 것이다. 그것의 성품은 또 다른 고통을 야기하는 행(行:유의법)이며 그러한 성품을 지닌 것이 발생하고 사라지는 것이다.

'괴로움을 계속 추구함으로써 행복을 이룰 수 있지 않은가.'라고 의심하는 혹자에 대해 '행복을 추구한 뒤에는 행복의 사라짐이 있지만 고통을 추구한 뒤에는 고통의 사라짐으로 인한 행복을 이룰 수 없다'고 답한다.

생로병사를 비롯한 일곱 가지이다. 이는 앞서 설명했으니 알 것이다.

이외에 『자량론資糧論』[242]에서 다음과 같이 말씀하셨다.

　　악도의 모든 고통이 하나도 빠짐없이
　　인간들에게도 있음을 볼 수 있네
　　고통에 늘 시달리니 지옥과 같고
　　가난함으로 아귀의 세상과 같도다

　　이들에게 축생의 고통 또한 있으니
　　힘 있는 자가 힘으로 약한 자를
　　억누르고 해치는 것들이 끝없이
　　밀려오는 강물과 같도다

　　몇몇은 궁핍함에서 오는 것이고
　　어떤 이들은 만족하지 못해서 생기네
　　생계를 구하여 견딜 수 없는 고통이 생기고
　　모든 이들이 해하고 죽이는 것이네

『사백론』에서는 다음과 같이 말씀하셨다.

　　가진 자에게는 마음의 고통이
　　없는 자에게는 몸의 고통이 생기네
　　두 가지 고통이 이 세간인을
　　매일 매일 무너뜨리고 있도다

이와 같은 말씀처럼 육도 중생이 겪는 개별적 고통을 알아야 한다.

---

242) 세친 보살의 저술로 복덕자량과 지혜자량에 관한 논서이다.

아수라의 고통

아수라[非天][243]의 고통이란 『친우서』에서 다음과 같이 말씀하셨다.

> 비천非天들은 또한 본래부터 천신의
> 부富를 미워하는 까닭에 마음의 고통이 크고
> 그러한 이들은 지혜를 갖추고 있어도 중생의
> 이숙과라는 장애로 진실을 볼 수가 없구나

이숙과의 장애란 아수라로 태어남으로써 가지는 어려움을 뜻한다.

이러한 말씀처럼 아수라는 천신들의 풍요로움을 참지 못하는 시기심으로 마음이 괴롭고 이로써 천신과 전쟁을 하므로 몸이 베이고 구멍이 뚫리는 등의 많은 고통을 겪는다. 아수라들은 지혜가 있어도 이숙과의 장애를 가진 중생이므로 그 몸으로는 진리를 볼 수 없다. 이 중생을 『염처경』에서는 축생이라 하셨으며 『유가사지론』에서는 천신의 중생이라고 설명한다.[244]

천신의 고통

천신의 고통은 두 가지를 사유한다. 그 가운데 욕계 천신에게는 세 가지 고통이 있다. 죽음과 하계로 떨어지는 고통, 좌절의 고통, 베이고 뚫리고 죽임을 당하고 내쫓기는 고통이다. 첫 번째 고통에는 두 가지가 있다. 그 가운데 첫째 죽음의 고통은 다음과 같다.

천신의 고통을 사유할 때는 욕계 천신의 고통과 상계 천신의 고통을 사유한다.

1. 죽을 때의 고통 ①죽음의 징후로 인한 괴로움 ②강등되는 괴로움
2. 좌절의 고통
3. 해침을 당하는 괴로움

> 증상생增上生[245]에 또한 큰 즐거움 있어도

---

243) 아수라의 또다른 이름으로 천신답지 못한 천신이라는 뜻이다. 복이 많은 천신을 시기하고 증오하여 전쟁을 일삼기 때문에 비천이라고 한다.

244) 『염처경』과 『유가사지론』은 중생을 육도로 구분하지 않고 아수라를 제외한 오도로만 구분한다. 아수라는 우월하고 열세한 각기 2종이 있는데 전자는 천신의 중생이고 후자는 축생이기 때문에 『염처경』과 『유가사지론』의 내용은 서로 모순되지 않는다. (ⓡ 중근기 86쪽)

245) 증상생은 주로 천계·인간계를 가리키지만 여기서는 욕계천을 가리킨다.

죽음의 고통이 그것보다도 크다네

이와 같이 사유하여 현자들은

사라질 증상생 때문에 집착하지 마라

'증상생 때문'이란 욕계 천신이 누리는 쾌락을 가리킨다.

이와 같은 말씀처럼 생전에 천상의 오욕五慾을 누리다가 그런 즐거움을 떠나 죽음에 이를 때 다섯 가지 죽음의 징조를 보게 되므로 그로 인해 극심한 괴로움이 생긴다. 다섯 가지 죽음의 징후란 『친우서』에서 다음과 같이 말씀하셨다.

죽음의 징후란 ①몸의 광채가 사라지고 ②평소 지내던 자리가 싫어지며 ③장엄이 빛을 잃고 꽃타래가 시들고 ④천의에서 냄새가 나고 ⑤땀이 나기 시작한다. 이와 같은 징후로 주변 천신들이 그를 기피하고 죽음의 두려움으로 마음의 큰 괴로움이 생긴다.

몸의 빛깔이 아름답지 못하게 변하고

자리를 좋아하지 않고 꽃타래가 시들고

천의에서 냄새가 나고 몸에는

전에 없었던 땀이 나게 되니

천신의 죽음을 알리는 죽음의 다섯 징후

천상에 머무는 천신들에게 생기니

땅위의 인간들이 죽게 되었음을

알리는 죽음의 징후들과 같다네

둘째 아래 세계로 떨어지는 고통이란 다음과 같다.

복락이라는 과보를 가져다 줄 선근이 남아 있지 않으면 대부분 삼악도로 떨어진다.

천상의 세계들로부터 떠나는 이들에

만약 남아 있는 선이 전혀 없으면

거기서 떨어져 도리 없이 축생, 아귀,

지옥 그 어딘가에 머물게 되리라

두 번째 고통, 좌절감이란 크고 광대한 복온福蘊을 지닌 천신들은 욕계의 뛰어난 다섯 가지 즐거움을 누리는데 복덕이 적은 천자天子들이 그 것을 볼 때 상대적 빈곤감으로 절망을 느끼고 그것에 기반한 괴로움과 마음의 큰 불행을 겪는다.

세 번째 베이고 뚫리고 죽임을 당하는 고통이란 천신들이 아수라와 싸울 때 사지와 손발이 잘리고 몸이 뚫리고 죽임을 당하는 고통을 겪는 것이다. 머리가 잘리면 죽게 되지만, 나머지 베이고 뚫린 부분들은 다시 생기고 살아난다. 끝으로 내쫓기는 고통이란 막강한 힘을 가진 신들이 화가 나면 힘이 약한 신들을 자신의 거처에서 쫓아내는 것이다. 이밖에도 『자량론』에서 마음이 산란한 괴로움이 있다고 다음과 같이 말씀하셨다.

> 욕계천의 즐거움을 누리는 신
> 그에게도 평온한 마음이 없으니
> 욕계 탐욕의 병이 들어
> 내면의 불길이 타올라
>
> 마음이 산란한 이들
> 그에게 평온함이 어디에 있는가
> 산란함이 없는 마음, 찰나조차
> 뜻대로 되는 것이 아니니
>
> 어지럽고 혼란한 상태는
> 결코 고요해지지 않아
> 바람 속에 불길이 번지는
> 나무 숲과 같다네

욕계의 천신들은 몸의 안락함은 있지만 마음의 평온함이 없다고 한다.

또 다음과 같이 말씀하셨다.

병이 나은 지 얼마 안 된
환자에게 음식이나 여
러 조건으로 다시 병마
가 찾아올 수 있듯이 천
신들은 잠시 마음에 평
안함을 얻은 것 같아도
금세 그것을 잃게 된다.

　　병이 나은 지 얼마 되지 않은
　　환자가 맞지 않는 음식을 먹는 것과 같다네

상계 천신들의 고통

색계와 무색계의 상계 천신들에게는 욕계 천신에게 있는 그러한 고통
은 없다. 그러나 여전히 번뇌가 있고 장애[246]가 있어서 죽고 태어나고
머무는 것에 자유가 없으므로 이 천신들 역시 행고로 인한 고통이 있는
것이다. 이뿐만 아니라 『자량론』에서 다음과 같이 말씀하셨다.

　　색계와 무색계의 신들은
　　고고와 괴고에서 벗어나서
　　삼매의 즐거움을 본질로 삼는 자
　　겁의 세월 흔들림이 없이 머물러도

　　이 역시 결코 벗어난 것이 아니니
　　거기로부터 또 다시 떨어진다네
　　악도의 고통 그 소용돌이에서
　　잠시 벗어난 것과 같은 것이며

　　아무리 노력해도 오래 머물지 못하니
　　마치 힘없이 하늘을 나는 새와 같고
　　아이의 힘으로 화살을 쏜 것처럼
　　그것은 결국 금새 떨어지는 것이네

　　오래 타오르는 등불들이
　　찰나마다 타들어가듯이

---

246) 이숙과의 장애를 말한다. 천신으로 태어나면 즐거움을 쫓으므로 진리를 추구하기 어렵다.

모든 고에 편재하는 행고라는

고통으로 해를 당하리라

{1}-⟨2⟩ 집제를 통해 윤회하는 과정 사유하기

    ⟨2⟩-1. 번뇌가 생기는 이치

    ⟨2⟩-2. 번뇌가 업을 쌓는 과정

    ⟨2⟩-3. 죽음과 생을 받는 받는 방식

그와 같이 오도 혹은 육도 중생들의 보편적인 고통과 개별적인 고통을 사유하여 윤회에서 벗어나고자 하는 마음[厭離心]이 생겼다면 '무엇이 그러한 생사윤회의 원인이 되는 것인가?'하고 그 원인에 의문을 가지게 되므로 두 번째 집제를 통해 윤회에 들어가는 과정을 사유하는 것이다. 여기에는 세 가지로, 번뇌가 생기는 이치와 번뇌로써 업을 쌓는 과정, 죽음과 생이 시작되는 과정이다.

우선 윤회의 몸을 형성하는 원인에는 업과 번뇌 두 가지가 필요하지만 그 가운데 번뇌가 더 주된 원인이다. 이전에 지은 수많은 업이 있어도 업종자를 발아 시키는 번뇌가 없다면, 예컨대 수분과 흙 따위가 없이는 씨앗이 싹을 틔울 수 없듯이 업에 번뇌라는 구유연具有緣[247]이 없으면 고통이라는 과보의 싹을 틔울 수 없기 때문이다. 또 번뇌가 있으면 그전에 지은 업이 없더라도 즉시 새로운 업을 지어 내세의 몸을 받게 하기 때문이다. 이와 같이 『석량론釋量論』[248]에서도

윤회계의 갈애渴愛에서 완전히 벗어난 자

아라한의 업은 다른 생을 이끌 수 없으니

번뇌의 구유연具有緣이 다한 까닭이네

고제에서 설하신 윤회라는 고는 오취온이라는 몸을 받는 것을 뜻하며 집(集)은 그것의 원인을 뜻한다. 업과 번뇌가 그것의 원인이라는 것을 알고 그로 인해 윤회하게 되는 이치를 사유한다면 그것은 또한 염리심을 일으키는 방편이 된다.

---

247) 종자의 싹을 틔우고 열매를 맺기 위해 필요한 물, 햇빛 등의 필수적인 조건을 가리킨다. 업이라는 종자가 과보를 가져오기 위해서는 번뇌가 필수적인 조건이 되는 것이다.

248) 법칭(法稱, Dharmakīrti)보살의 저술로 불교 논리학(인명因明)의 대표적 논서.

라고 말씀하셨고 또

　갈애가 있으면 업이 또 다시 생기는 까닭이네

라고 말씀하셨기 때문이다. 그런 까닭에 번뇌를 다스리는 대치법對治法에 의지하는 것이 무엇보다 중요하며 그것은 또 번뇌를 제대로 아는 것에 좌우되기 때문에 반드시 번뇌에 대하여 통달하여야 한다.

<2>-1. 번뇌가 생기는 이치
　1-가. 번뇌란 무엇인가
　1-나. 번뇌가 생기는 과정
　1-다. 번뇌의 원인
　1-라. 번뇌의 해악

여기에 네 가지를 설한다. 첫 번째 번뇌란 무엇인가, 두 번째 번뇌는 어떻게 생기는가, 세 번째 번뇌의 원인은 무엇인가, 네 번째 번뇌의 해악은 무엇인가이다.

1-가. 번뇌란 무엇인가
　가-1) 번뇌의 일반적 정의

첫 번째 번뇌의 일반적 정의를 『집론集論』[249]에서는 다음과 같이 설명한다.

　어떤 한 법法이 생기면 매우 평온하지 않은 성품이 생긴다. 그것이 생김으로써 마음의 흐름[심속心續]에 지극히 평온하지 않음이 일어나는 것, 그것이 번뇌의 정의[성상性相]이다.

---

249) 무착보살의 저술 『대승아비달마집론』의 약칭.

이와 같은 말씀처럼 번뇌란 그것이 생기면 마음의 흐름에 평정平靜함을 잃게 하는 것이다.

가-2) 개별적 정의

열 가지 번뇌 각각의 정의는 다음과 같다.

열 가지 번뇌 가운데 ① 탐貪이란 좋아하는 안팎의 경계[境]에 따라 집착하는 것이다. 예컨대 천에 묻은 기름때가 빠지기 어렵듯이 탐도 그 대상에 애착하여 점점 그 마음을 키우므로 그 대상과 떨어지기 어렵다. ② 진瞋이란 중생들에 대하여, 심지어 통증과 고통을 주는 무기와 가시 따위를 미워하는 거친 마음으로 어떤 대상으로부터 물러서는 마음이다.

③ 만慢이란 유신견有身見이라는 증상연에 의하여 안팎의 좋고 나쁨과 높고 낮음에 대하여 자신이 남보다 뛰어나다고 마음이 우쭐한 것이다. ④ 어리석음[痴]이란 사성제와 업의 인과나 삼보의 의미에 밝지 못한, 무지한 번뇌이다.

⑤ 의심[疑]이란 사성제와 인과, 삼보에 대해 긴가민가, 있나 없나 생각하는 것이다.

⑥ 살가야견薩迦耶見[250]이란 자신의 오취온(살가야)을 대상으로 하여 '나[我]'라고 여기는 아견我見과 '나의 것[아소我所]'이라고 여기는 아소견我所見을 가리키며 이것은 인지적 번뇌이다. 여기에 '살薩'은 변화[無常]하는 것, '가야[迦耶: 모인 것]'는 여러 가지라는 뜻이다. 따라서 이 견해의 대상이 되는 오온은 무상하며 여러 가지가 모인 것일 뿐, 변하지 않고[常] 단일한[一] '실체[我.아트만]'라는 것이 없다는 사실을 보이기 위해서 '살가야견'이라 이름 붙인 것이다.

안으로 자신의 지식과 능력을, 밖으로 재물과 명예 등을 말한다.

---

250) 범어를 음역한 것이다. 동의어인 유신견(有身見)과 신견(身見)은 의역한 용어이다.

변하지 않고 단일한 존재이며 몸과 마음을 주관하는 주체(我 아트만)라는 의미로 상일주재(常一主宰)의 아(我)라고 일컫는다.

외도는 불교와 달리 마음이 아닌 몸의 고행을 통해 업을 닦고 해탈을 얻는다고 여긴다.

⑦ 변집견邊執見[251]이란 살가야견의 대상인 아我를 변함없는[常] 고착된 존재로 보거나[常見] 이생에서 내생으로 생의 이어짐이 없이 단절되는 것으로 보는[斷見] 인지적 번뇌이다.

⑧ 견취견見取見이란 살가야견과 변집견, 사견을 뛰어난 견해로 여기거나 그러한 세 가지 견해를 일으키는 몸[五蘊]을 뛰어난 것으로 여기는 인지적 번뇌이다.

⑨ 계금취견戒禁取見이란 허물[훼범毀犯]이 없는 지계,[252] 복식服飾,[253] 고행 방식,[254] 몸과 말로 하는 수행[금행禁行]으로, 그러한 것을 행하는 몸[五蘊]을 대상으로 하여 악업을 닦고 번뇌에서 벗어나고 윤회에서 벗어난다고 보는 인지적 번뇌이다.

⑩ 사견邪見이란 전생과 후생 혹은 업의 과보 따위가 없다고 비방하거나 자재천과 조물주主 따위가 유정有情의 원인因이라 여기는 인지적 번뇌이다.

이러한 열 가지 번뇌는 『집론集論』과 『유가사지론』, 그리고 『석오온론釋五蘊論』의 해설서[255]에 나와 있는 대로 설명하였다.

1-나. 번뇌가 생기는 과정

두 번째 번뇌가 생기는 과정이다.

---

251) 단변(斷邊)과 상변(常邊)이라는 양 극단(邊)에 집착하는 견해이다.

252) 남의 지계를 폄하하고 자신의 지계를 뛰어난 것으로 여기는 것을 말하는 것이 아니라 해탈의 원인이 아닌 지계를 해탈을 이루는 뛰어난 원인으로 잘못 여기는 것을 말한다. 이러한 사견은 대부분 숙명통을 얻은 외도에게 나타나며 현생의 좋은 결과가 전생의 고행 때문이라는 오해에서 비롯된다. (ⓒ 385쪽)

253) 외도 중에 인피를 쓰거나 사람의 뼈로 염주를 만들어 지니는 등의 독특한 복장과 장식을 하는 것을 말한다.

254) 한쪽 발을 들고 서 있거나 태양이 움직이는 대로 태양을 바라보고 서 있는 등의 특별한 고행 방식을 가리킨다.

255) 세친보살의 제자 씨타르마띠(ཤིར་མཐི)의 저술.

살가야견과 무명을 별개로 인정하는 이들에 의하면, 예를 들어 어둠이 내려 어스름한 곳에 놓인 밧줄을 볼 때, 그 실상이 분명하지 않으면 밧줄을 뱀이라 여기는 생각이 생기는 것처럼 오온의 실상에 대한 밝음을 가리는 무명의 어둠으로 인해 오온을 '나[我]'라고 착각하는 생각[我執]이 생긴다. 이것으로부터 또 다른 번뇌들이 생기는 것이다.

살가야견과 무명을 동일한 것으로 인정하는 이들에 의하면, 살가야견 그 자체가 번뇌의 뿌리이다.

살가야견에 의해 열 가지 근본 번뇌가 생기는 과정

말하자면 살가야견으로 인해 나[我]를 집착하게 되며 그로써 자타를 각각으로 구별한다. 그와 같이 구별하여 자신의 편에 집착[貪]하고 다른 편에 미움[瞋]이 생기며 '나'를 대상으로 교만[慢]함도 생긴다. '나'라는 존재 자체에 대한 상견과 단견이라는 두 가지 변집견이 생긴다. 아견을 비롯한 세 가지 견해를 뛰어난 것으로 여기는 견취견 그리고 그것과 관련하여 나쁜 금행을 뛰어난 것으로 여기는 계금취견이 생기는 것이다. 이와 마찬가지로 무아를 설하시는 부처님(교조)과 부처님께서 설하신 업과 과보, 사제, 삼보 등이 없다고 여기는 사견이나 혹은 그와 같은 것에 긴가민가하고 의심[疑]을 일으키는 것이다. 『석량론』에서도 다음과 같이 말씀하신 까닭이다.

> '아[我]'가 있으면 남[他]을 알며
> 자타 일부를 집착하고 미워하네
> 이러한 것이 온전히 연관되어
> 모든 허물이 생기게 된다네

수교행(隨教行) 유식파는 오온의 실상에 몽매한 무명으로 인해 오온을 '나'로 착각하는 유신견이 생기며 그것에서 번뇌가 생긴다고 본다.

수리행(隨理行) 유식파는 살가야견과 무명이 다르지 않다고 주장한다.

열 가지 번뇌가 생기는 과정

'나'라는 존재를 변하지 않는 것으로 보는 것은 상견이고, 내생을 받지 않고 없어진다고 보는 것은 단견이다.

번뇌의 종자란 표면적
으로 드러나지 않은 번
뇌의 잠재적 상태를 말
한다.

세 번째, 번뇌가 생기는 원인은 여섯 가지이며 그 가운데 ①근간은 번
뇌의 종자[隨眠]이다.

②대상[소연所緣]이란 번뇌의 발생과 부합하는 경계[境]들이 육근에 투
영되는 것이다.

③환경이란 바른 선지식이 아닌 나쁜 벗[惡友]을 따라 배우는 것이다.

④이론이란 잘못된 법[邪法]을 듣고 배우는 것이다.

⑤습관習이란 이전에 번뇌를 되풀이하여 생긴 힘이다.

⑥작의作意란 아름답거나 아름답지 않은 상相을 조작하고, 변화하는 것
[無常]을 영원불변하는 것[常]이라고 여기는 등 이치에 맞지 않는 것을
마음에 짓는 것[비여리작의非如理作意]이다.

네 번째 번뇌의 해악[過患]이란 이와 같다.

번뇌가 생기면 우선 마음을 번뇌롭게 한다.

대상을 왜곡[전도顚倒] 시킨다.

번뇌의 종자를 견고하게 만든다.

동류의 번뇌를 끊이지 않게 한다.

나와 남 모두를 해한다.

이생과 내생, 두 생 모두에 죄를 생기게 한다.

육체적 고통과 마음의 괴로움을 겪게 한다.

생로병사를 비롯한 미래의 고통을 만든다.

열반으로부터 멀어지게 한다.

선善을 기울게 한다.

재물을 기울게 한다.

대중 속에서 당당할 수 없게 만든다.

기쁨을 없애고 불안함을 가져온다.

모든 방향과 경계에서 불명예가 늘어난다.

교조와 호법신장 등 성현들이 꾸짖으신다.

후회하면서 죽게 되고, 죽고 나서도 악도에 태어나며 자신의 뜻을 성취할 수 없다.

『장엄경론』에서도 번뇌의 해악을 다음과 같이 말씀하셨다.

번뇌들은 나를 파괴하고, 중생을 파괴하고, 계戒를 파괴하네

법이 기울고, 가진 것이 미천하고, 호법신장과 교조께서 책망하네

불명예의 논란, 그것破戒으로 내생에 무가無暇의 세계에 태어나며

성취하지 못하고, 성취한 것이 기울며 마음에 큰 괴로움을 얻네

『입행론』에서도 다음과 같이 말씀하셨다.

미움[瞋], 애착[愛] 등의 원수들은

손과 발 따위가 있지도 않고

용기와 지혜도 없는데 어째서

그것들이 나를 종처럼 부리는가

나의 마음속에 머물며

기꺼이 나를 해치네

이것은 화내지 않거나 참아야 할

대상이 아니라 책망할 대상이네

만약 천신과 아수라들이

모두 나를 적으로 여겨 들고일어나도

무간지옥의 불은 수미
산도 태울 수 있는 위력
을 가진다.

그러한 이들조차 나를 무간지옥의
불속으로 이끌거나 넣지는 못하네

번뇌라는 강력한 이 적이,
수미산이라도 그것에 닿으면
그 재조차 남지 않는 곳
그곳으로 나를 한 찰나에 보내네

나의 번뇌라는 적
오랜 시간 무시이래
다른 어떤 원수도 그처럼
오랫동안 나를 해할 수는 없으리

맞추어 공경하고 의지하면
모두 도움과 행복을 주는데
번뇌들은 섬기면 섬길수록
도리어 고통과 해를 입히네

그와 같이 말씀하신 번뇌의 해악이 무엇인지 잘 알아야 한다.

곤바빠께서 말씀하시길 "번뇌를 끊기 위해서는 번뇌의 해악과 번뇌의
의미 그리고 번뇌를 다스리는 법(대치법)과 번뇌를 일으키는 원인을 알
아야 한다. 번뇌의 해악을 알고 나서 그것을 문제시하라. 적으로 여기
라. 그 해악을 알지 못하면 그것이 적임을 알지 못한다. 고로 『장엄경
론』과 『입행론』에서 하신 말씀대로 사유하라."

또한 "번뇌의 본질[性相]을 알기 위해서도 아비달마를 배우라. 적어도
『분별오온론』을 배워 근본번뇌와 수번뇌에 대해 알게 되면 탐·진 등
어느 하나가 자신의 마음에 일어났을 때 '아, 이것이 그것이구나, 그

번뇌를 끊기 위해서는
먼저 번뇌가 어떤 문제
를 일으키는지 번뇌의
해악을 아는 것이 중요
하다. 또 번뇌가 무엇인
지 그리고 번뇌를 다스
리는 방법과 번뇌가 일
어나는 원인을 알아야
한다. 이를 모르면 번뇌
를 끊는 법을 알 수 없
다. (® 중근기 119쪽)

것이 생겼구나'하고 알아차리며 번뇌와 싸워야 한다.”라고도 말씀하셨다. 이와 같은 말씀처럼 번뇌에 대해 제대로 알아야 한다.

〈2〉-2. 번뇌가 업을 쌓는 과정
　　2-가. 쌓게 되는 업은 무엇인가
　　2-나. 어떻게 업을 쌓게 되는가

두 번째 번뇌가 어떻게 업을 쌓는가. 여기에는 두 가지로, 번뇌가 쌓는 업은 무엇인가, 어떻게 업을 짓게 되는가를 설한다. 첫 번째 번뇌가 짓는 업은 두 가지로 사업思業, 사이업思已業이다. 첫 번째 (사업)란『대승아비달마집론大乘阿毗達磨集論』에서 다음과 같이 말씀하셨다.

　　사思란 무엇인가 하면 마음을 실제 행하게 하는 의업인즉 선善과 불선不善, 무기無記에 마음을 움직이게 만드는 작용(業)을 하는 것이다.

그와 같이 그것[思]과 상응하는 마음[心王]을, 경계에 흔들리고 움직이게 만드는 심소이자 의업이다.

> 여기서 '그것'은 사(思) 심소를, '상응하는 마음'은 심왕(心王)을 가리킨다.

두 번째 (사이업)는 생각[思]이 동기가 되는 신업과 구업으로『구사론』에서 다음과 같이 말씀하신 까닭이다.

　　업이란 생각과 그로써 행한 것

　　사思는 의업意業이며

　　그것이 발생시킨 신구身口의 업

> 설일체유부는 행위를 하기 전에 일어나는 동기와 의지를 사업이라 하고 그 동기로 발생하는 신업과 구업을 사이업이라 한다.

신업과 구업을 설일체유부는 표색表色,[256] 무표색無表色[257] 두 가지로 구

---

256) 드러나는 색법(色法)이라는 의미로 오근(五根)으로 감지할 수 있는 모든 대상이다.
257) 겉으로 드러나지 않는 색법을 뜻하며 유부의 견해에서는 계율이 대표적인 무표색이다.

분하여 오직 색色으로 인정한다. 그러나 세친 논사는 이것을 부정하여 '신·구'라는 표색의 행위 가운데 일어나는 사思를 사이업으로 인정하므로 사업과 사이업 모두를 사思라고 보는 것이다.

일반적으로 업에는 선과 불선, 무기無記[258] 이렇게 세 가지가 있으나 여기에서는 선업과 불선업不善業만을 다룬다. 선업에는 또 무루업과 유루업 두 가지가 있지만 여기서는 유루업만을 다룬다. 유루업에도 성현에게 있는 유루업과 범부에게 있는 유루업 중에 여기서는 후자를 다룬다. 여기에서 불선업不善業이란 복이 아닌 업[非福業]을 말하고 복업福業이란 욕계에 속하는 선업을 말하며 부동업不動業이란 색계와 무색계에 속하는 유루의 선업을 말한다. 이와 같음을 또한 『구사론』에서 다음과 같이 말씀하셨다.

> 복福이란 욕계의 선업
> 부동업不動業은 상계의 업

어째서 부동업이라고 하는가? 이처럼 어떠한 업은 욕계에서 천신의 몸에서 성숙하는 대신 인간이나 축생, 아귀의 몸에서 성숙하는 것을 '과보가 변하는 것[動]'이라고 한다. 그와 같이 상계에서는 그곳과 다른 곳에서 과보가 성숙되지 않기에 '과보가 변하지 않는 것[不動]'이라 한다. 『구사론』에서 다음과 같이 말씀하신 까닭이다.

> 무슨 까닭인가, 그러한 상계의 세계에서
> 업이 성숙하는 고로 변하지 않기 때문이다.

---

258) 선도 악도 아닌 것을 말한다.

경량부의 입장에서 세친보살은 신업과 구업에 색법이 있다는 설일체유부의 견해를 부정한다. 또한 '신구'의 행위 전의 생각을 사업으로, 신·구의 행위를 할 때 일어나는 생각을 사이업으로 인정하기 때문에 사업과 사이업 모두 사(思)로 간주한다.

2-나. 어떻게 업을 쌓게 되는가

두 번째는 업을 어떻게 쌓는가이다.

일반적으로 성현에게는 선업의 일으킴과 쌓음이 있으나 예류豫流와 불환不換의 성현에게는 불선업을 쌓는 경우도 있다. 그러나 악도이든 선취이든 윤회로 이끄는 업[引業]을 성현이 쌓는 것은 불가능하다. 『중론』에서 다음과 같이

> 윤회의 가까운 근본 원인은 행行이니
> 그런 까닭에 성현들은 업을 행하지 않네
> 그런 까닭에 어리석은 자가 행위자이고
> 성현은 아니니 진여를 보았기 때문이라네[259]

라고 말씀하셨고 세친 논사께서도 "진리를 본 자에게 윤회의 태어남이 없으리."라고 말씀하셨기 때문이다. 그러므로 우리 자신이 아집我執의 영향력 아래에 있는 동안에는 윤회에 태어나는 업[引業]을 지으며, 무아의 진여를 깨달은 후에는 전생의 업과 번뇌로 인해 윤회에 태어남은 있으나 인업을 새로 짓지 않는다. 마치 힘센 자가 힘없는 자를 제압하는 것과 같아서 예류預流와 일래一來의 성현들도 아집을 방치하지 않고 끊는다고 『유가사지론』에서 말씀하셨기 때문이다.

따라서 윤회에 태어나는 업을 짓는 자는 대승 가행도加行道 세제일법世第一法 이하의 모든 범부이다.

그처럼 염오무명染汚無明[260]과 살가야견에 휘둘려서 신구의 삼업으로 살생업 등의 불선업을 실제 행하면 복이 아닌 업을 짓는다. 반면 보시

불선업을 쌓더라도 그 것이 모두 윤회의 생을 받는 인업이 되는 것은 아니다. 성현도 작은 불선업을 쌓는 경우가 있지만 성현이 된 후에는 윤회에 태어날 업을 짓지 않기 때문이다.

윤회에 태어나게 하는 인업은 아집을 근간으로 짓는 것이므로 성현은 무아를 깨달아 아집을 끊고 있거나 끊었기 때문에 그 영향력 아래에 있지 않아 새로 인업을 짓지 않는다.

인업을 쌓는 자는 오직 범부이다.

---

259) 『사가합주』의 해설에 의하면 윤회의 근본은 일반적으로 십이연기 가운데 첫 번째 무명이지만 여기서 말하는 근본 원인은 근취인을 뜻하므로 두 번째 '행'을 가리킨다. 케바(ཁེ་བ)는 지자, 통달한 자라는 뜻이 있으나 여기서는 성현을 가리킨다. (ⓒ 392쪽)

260) 윤회하게 만드는 십이연기의 첫 번째 무명을 가리킨다.

가행도 이하의 도에 머무는 범부가 해탈을 구하는 마음으로 쌓은 선업이나 무아를 닦은 지혜, 혹은 이 지혜와 상응하는 생각 등의 선업들은 윤회의 원인인가 아닌가 라는 의문이다. 이에 대해 쫑카파 대사는 그러한 선업들은 윤회의 근본인 아집을 없애는 방편이므로 윤회의 실질적인 원인인 집제는 아니지만 생을 일으키므로 집제와 유사한 기능이 있어 집제에 포괄된다고 하였다.

행과 지계 등 욕계의 선을 행하면 복업을, 색계와 무색계에 속하는 사마타[止]를 닦으면 부동업을 짓는 것이다.

그렇다면 윤회계의 일체 원만함을 허물로 보고 해탈을 구하는 마음이 동기가 되어 많은 선업을 이루거나 또 무아의 의미를 여법하게 살피는 지혜와 이에 상응하는 사思와 같은 그러한 선업들은 윤회의 원인[集]인가, 아닌가?

일반적으로 자량도와 가행도인들이 실제 인업을 쌓는 경우가 있지만 그러한 생각思이 동기가 되어 무아를 살피는 지혜와 그에 상응하는 선업들은 내세를 잇는 갈애[愛]의 대치법對治法이 되며 윤회의 뿌리인 인아집人我執과 모순되는 인식이므로 윤회에 태어나게 하는 인업으로서의 실질적인 집제는 아니다. 그러나 또 다른 내생을 일으키는 집제와 유사하므로 집제에 포괄되는 것이다. 그와 같이 「섭결택분」[261]에서 다음과 같이 말씀하셨다.

> 다시 태어나는 윤회[有]를 싫어하고 그것을 등지며 출세간의 도를 일으키는 그러한 세간의 법이 어째서 집제에 속하는 것인가? 라고 한다면 그것들은 본질적으로 다시 태어나는 윤회에 따르지 않는 것이 틀림없다. 그러나 다시 태어나게 하는 신구의의 선을 행하는 그것과 유사한 것이므로 그런 까닭에 집제에 속하는 것임을 알아야 한다.

염리심과 무아의 견해가 필요한 이유

윤회의 허물을 잘 사유함으로써 윤회에 환멸을 느끼는 마음[厭離心]이

---

261) 問若厭患後有能背後有, 引出世道世間諸法, 彼何因緣, 集諦所攝？答：雖彼自性厭背後有, 然能隨順後有身、語、意妙行, 是故亦是集諦所攝。 『유가사지론』67권(ABC, K0570 v15, p.1039b12~c04)

འདི་ལྟ་སྟེ། ཕྱི་མའི་སྲིད་པ་དག་ལ་ཡང་བ་ན་ཞིང་རྒྱབ་ཀྱིས་ཕྱོགས་ནས། འཇིག་རྟེན་ལས་འདས་པའི་ལམ་སྟེ། འཇིག་རྟེན་ཉིད་ཀྱི་ཆོས་རྣམས་འབྱུང་བར་འགྱུར་བ་དེ་ལ་ལ་སྒྲིབ་ལ་བར་འདི་ལྟ་སྟེ། ཕྱི་མའི་སྲིད་པའི་ལུས་ངག་ཡིད་ཀྱི་ཉེས་པར་སྤྱོད་པ་རྣམས། ཞེས་དེ་དེ་རོ་ཡུན་ཀྱི་ཕྱིར་དེ་ཡང་ཀུན་འབྱུང་གི་བདེན་པས་བསྡུས་པ་ཡིན་ནོ། ཞེས་དང་དེ་ལ་ལ་སྒྲིབ་ལ་ཕྱོགས་ཉིད་ཀྱི་ཕྱིར་ན་ཀུན་འབྱུང་བའི་བདེན་པས་བསྡུས་པ་ཡིན་པར་རིག་པར་བྱའོ།

『광론』에서 인용한 『유가사지론』「섭결택분」의 해당 원문과 티벳대장경의 판본을 비교해 본 결과 철자의 오류가 있음을 발견하고 정정하여 티벳장경의 원본에 근거하여 번역하였다.

동기가 되어 일으킨 출세간도의 선업은 실질적인 집제가 아니라고 말씀하셨다. 따라서 윤회에 환멸을 느껴 윤회를 떠나려는 이 염리심의 마음과 무아의 지혜는 윤회를 끊는 방편이므로 이를 일으키기 위해 노력해야 하는 것이다.

윤회에 대한 여러 가지 해악을 살피고 사유하여 윤회에서 느끼는 잠깐의 행복과 원만한 조건에 대한 애착을 없애는 염리심의 대치법을 또한 얻지 못하였거나, 무아의 뜻을 관찰지로 여실히 알지 못하였거나 혹은 이종二種[262] 보리심의 수행과 무관한 선행들은 복전의 위신력에 의한 특별한 경우를 제외하고 모두 윤회에 태어나게 하는 원인, 집제 그 자체이므로 윤회의 바퀴를 돌아가게 만든다.

염리심과 무아의 지혜, 보리심이 없는 대부분의 선업은 오직 윤회의 원인이 될 뿐이다.

업을 쌓는 것은 또한 두 가지 때문인데 즐거움의 느낌[낙수樂受]을 위해 업을 쌓고 즐겁지도 괴롭지도 않은 느낌[불고불락수不苦不樂受]을 위해서 업을 쌓는다. 첫 번째 낙수를 위해 쌓는 업에는 두 가지로 색·성·향 등 욕계의 다섯 가지[오욕五慾]를 누림으로써 생기는 즐거움 때문에 쌓거나, 바깥의 즐거움에 대한 집착을 버리고 삼매에서 생기는 내적 즐거움을 위하여 업을 쌓는다.

바깥의 즐거움 때문에 쌓는 업은 두 가지인데 그 가운데 죽기 전까지 주로 현생의 즐거움을 위한 목적이라면 복이 아닌 업[非福業]을 쌓고, 내생의 욕계의 즐거움이 주된 목적이라면 복덕업[福業]을 쌓는다. 삼매에서 생기는 즐거움이 주된 목적이라면 삼선三禪 이하에서 초선천까지 태어나는 부동업을 쌓는다. 오욕에 대하여 또한 집착을 버리고 낙수樂受로도 만족하지 못하여 불고불락수를 위해 업을 행한다면 사선四禪에서 유정천有頂天까지 태어나는 부동업을 쌓는다. 이것이 세친 보살께서 저술하신 『구사론』에서의 설명이다.

현생의 즐거움만을 위해서는 온갖 악을 저지르기 때문에 비복업을 짓고, 내생에 즐거움을 위해서는 복업을 짓는다. 재물과 같이 원만한 조건을 갖추어야 욕계의 즐거움을 누릴 수 있으므로 그런 과보를 가져오는 선업을 짓는 것이다.

---

262) 속제 보리심과 승의 보리심.

이러한 이치로써 모든 윤회계에 염증을 느껴 해탈을 위해 삼문의 선업을 실천한다면 윤회에서 점점 멀어지고 해탈에 점점 가까워질 것이다.

〈2〉-3. 죽음과 생을 받는 방식

세 번째, 죽음과 생을 받는 과정에는 다섯 가지로 첫 번째는 죽음의 원인, 두 번째는 죽을 때의 마음, 세 번째는 온기, 네 번째는 죽음 후 중음의 형성, 다섯 번째는 중음 후 생을 받는 과정이다.

3-가. 죽음의 원인

첫 번째(죽음의 원인)는 이러하다.

명命이 다함으로 인한 죽음이란 이전에 지은 업이 이끈대로 모든 명이 다하여 죽는 것으로 때가 되어 죽는 것이다.

복이 다함으로 인한 죽음이란 재화가 없어서 죽는 것과 같다.

갑작스레 죽는 것이란 명이 다하지 않고 죽는 것으로 그 원인과 조건이 아홉 가지라고 경에서 말씀하셨다. 첫째 지나친 양의 음식을 먹는 것, 둘째 맞지 않은 음식을 먹는 것, 셋째 소화되지 않은 상태에서 먹는 것, 넷째 소화되지 않은 채 쌓인 것을 배변하지 않은 것, 다섯째 숙변이 막히는 것, 여섯째 약을 섞어 먹는 것, 일곱째 익숙한 것과 익숙하지 않음을 모르는 것, 여덟째 때가 아닌 때에 외출하는 것, 아홉째 음행을 하는 것이다.

나. 죽음의 마음

두 번째, 죽을 때의 마음은 세 가지이다.

선심을 가지고 죽는 경우는 스스로 생각하거나 남이 생각하게 만들 수 있으며, 거친 의식이 남아 있을 때까지 신심을 비롯한 선법을 마음에 짓는 것이다.

익숙한 것과 익숙하지 않음을 모르는 것이란 능력이 되지 않는 것을 모르는 것을 말한다.

선심으로 죽음

선과 불선을 행하는 자가 죽을 때는 선이나 불선을 스스로 떠올리거나 남이 기억하게 할 수 있는데, 생전에 빈번하고 익숙했던 것이 특히 강하게 작용하여 그것이 마음에 일어나서 다른 것은 잊게 된다.

선과 불선 두 가지 모두에 똑같이 익숙하다면 먼저 떠오른 기억에서 물러서지 않고 다른 마음으로 변하지 않는다.

선을 행한 자는 죽을 때에 어둠 속에서 밝은 곳으로 나아가는 것과 같은 것을 느끼며 마치 꿈을 꾸듯이 나쁘지 않은 아름다운 여러 가지 형상을 보고 편안하게 죽게 된다. 임종 시 몸에서 큰 괴로움의 느낌[感受]이 생기지 않는다. 지속적으로 큰 선업을 행한 자들은 목숨이 끊어지는 괴로움이 매우 적다.

불선의 마음을 가지고 죽는 것이란, 스스로 불선을 떠올리거나 남이 기억하게 할 수 있는데, 탐착을 비롯한 불선의 기억들이 거친 의식이 흐를 때까지 생기는 것이다. 임종 시 그 육신에 큰 고통을 겪는다.

불선심으로 죽음

불선을 지속적으로 행한 자가 죽을 때는 이전에 행한 불선업의 과보의 징후들을 여기에서 보게 된다. 꿈처럼 무서운 형상을 보게 되고 밝은 곳에서 어둠 속으로 들어가는 것과 같은 것을 느낀다.

여기서는 소소한 불선을 지속적으로 행한 자를 뜻한다.

큰 불선을 행한 자들은 무서운 징후를 봄으로써 몸에 괴로움이 생기고, 털이 곤두서고, 사지가 뒤틀리고, 대소변이 나오고, 허공을 응시하고, 눈알이 돌아가고, 입에서는 거품이 나오는 것과 같은 현상이 생긴다.

만약 불선을 다소 행한 자라면 이러한 현상 가운데 일부가 생기며 일부는 생기지 않으므로 다 나타나지는 않는다.

죄업을 행한 이들에게는 목숨이 끊어지는 괴로움[263]이 매우 크다. 목숨이 끊어지는 괴로움이라는 것은 천신과 지옥중생을 제외한 모든 중생

천신에게 목숨이 끊어질 때 괴로움이 없는 것은 몸의 감수(感受)가 없기 때문이며, 지옥 중생은 극심한 고통을 겪어 왔던 터라 목숨이 끊어질 때 괴롭다고 느끼지 않는다. ® 중근기 131쪽

263) 해당 원어 གནད་གཅོད། gnad gcod 는 གནད།(급소)와 གཅོད་(끊기다)라는 뜻의 합성어를 의역한 것이다.

에게 존재한다.[264] 오랫동안 익숙하였던 '나에 대한 집착'은 그 어떤 경우라도 죽음의 과정에서 명료하지 않은 의식[想]에 이를 때까지 존재한다. 자신에게 집착함으로 인해 그 이후에 '내가 없어지는구나'라고 생각하여 몸에 탐착하게 되는데, 이것이 중음을 만드는 원인이다.

죽을 때 예류와 일래의 성현에게도 나에 대한 집착이 생기지만 지혜로 살펴 끊어서 지속되도록 내버려두지 않는다. 예컨대 힘센 자가 힘없는 자를 제압하는 것과 같다. 불환의 성현들은 나에 대한 집착이 아예 일어나지 않는다.

무기심으로 죽음

무기無記의 마음으로 죽는 것이란 지속적으로 선이나 불선을 행했든 행하지 않았든 간에 죽을 때 스스로 선악을 떠올리지 않거나 혹은 남이 떠올리게 하지도 못하는 것이다. 그런 자가 죽을 때는 선악의 두 가지 현상이 존재하지 않는다.

선의 마음으로 죽는다는 것은 거친 상념이 존재하는 때까지이며, 상념이 미세한 의식으로 들어가면 선심이 사라져 무기의 마음으로 변한다. 그 때는 이전에 익숙했던 선善에도 매진할 수 없으며 남이 떠올리게 하지도 못한다. 이것은 불선도 마찬가지이다. 그러므로 미세한 의식으로 들어가면 죽을 때의 마음은 모두 무기가 된다. 『구사석론』에서는 선이나 불선의 마음은 명료한 의식이므로 끊어지는 최후의 마음과 다르다고 말씀하셨다.

3-다. 몸의 온기가 사라지는 순서

세 번째, 죽을 때 몸의 온기는 어디서부터 사라지는가?

오직 불선을 행한 자는 의식이 상부에서부터 몸과 분리되기 시작하므

---

264) 『구사론』에 의하면 죽는 과정에서 몸을 구성하는 사대요소가 흩어지면서 목숨이 끊길 때 극심한 고수가 생긴다고 한다.(『아비달마구사론』499쪽 권오민 역주, 동국역경원 2002)

로 먼저 시신의 상부(머리)부터 차가워지며 가슴에 이르러 분리된다. 오직 선을 행한 자는 아래에서부터 몸과 분리되기 시작해서 먼저 발부터 차가워지며 가슴에 이르러 분리되므로 두 경우 모두 가슴에서 의식이 완전히 분리되는 것이다. 최초에 부모의 정혈精血 가운데 의식이 깃든 그곳이 몸의 가슴이 된다. 즉 최초로 의식이 든 그곳이 마지막에 의식이 떠나는 곳이다.

선업을 행한 사람은 발에서 가슴으로 그 다음은 머리에서 가슴으로 온기가 거둬진다.

그래서 몸의 온기는 먼저 정수리에서 가슴 혹은 발에서 가슴으로 거둬진다. 그 후에 나머지 온기는 아래에서 가슴 혹은 위에서 가슴으로 거둬짐을 직접 말씀하시지 않았으나 이치상 그러함을 알 수 있어야 한다.

3-라. 죽음 후 중음의 형성

네 번째 죽은 후 중음中陰이 형성되는 방식이다. 앞서 언급했듯이 의식이 떠나자마자 마치 한쪽이 내려가면 동시에 다른 한쪽이 올라가는 저울처럼 죽음과 동시에 중음이 형성된다. 중음의 원인은 죽을 때 생긴 몸에 대한 집착이나 이전의 희론戱論265)을 즐겨한 훈습 종자, 그리고 선과 불선이라는 두 업에 의한 것이다.

일반적으로는 죽을 때 생기는, 몸에 대한 강한 집착이 중음을 이루는 원인이 된다.

중음신도 눈을 비롯한 오근을 갖추고 있으며 장차 태어날 중생의 몸의 형태를 가지고 있다. 생을 받기 전까지 눈은 천신의 눈[天眼]처럼 걸림이 없고 몸도 신통을 가진 것처럼 걸림이 없다. 『구사론』에서도 다음266)과 같이 말씀하셨다.

> 태어날 생 본유의 육신을 가진 자
> 그것은 죽음의 이전이며,
> 태어남의 찰나 이후이네

---

265) 삼매의 즐거움에 대한 집착을 가리키며 이것은 불환과(不還果)의 성자가 중음을 이루는 원인이 된다. (© 400쪽)

266) 『구사론』 제3장 분별세품.

동종끼리, 청정한 천안으로 보이며

업의 신통력을 가지고 있으며

모든 근을 갖추고 걸림이 없고

변화가 없으며 식향食香이라네

이처럼 동류의 중음신끼리 볼 수 있으며 수행[修]으로 얻은 청정한 천안을 가진 자가 볼 수 있다. 『구사론』에서는 어떤 중생의 중음이 형성되면 거기에서 다른 생으로 변하는 것이 없다고 하지만 『대승아비달마집론』에는 변화가 있다고도 설명한다.

본유本有란 네 가지 유[四有] 가운데 죽어서 다음 생을 받기 전까지는 중유中有이고, 생을 받은 첫 번째 찰나는 생유生有이며 그것의 두 번째 찰나에서 죽는 마지막 찰나 전까지가 본유이다.

죽음의 마지막 찰나가 사유死有라는 『구사론』에서의 말씀 때문에 지금 생을 받았을 때의 사유(죽음)를 기준으로 그 이전을 본유라 하신 것을 오해하여 중음의 몸이 이전 생의 몸의 형태를 가지고 있다고 주장한다. 또 내생의 몸의 모습을 하고 있다는 『구사론』의 설명을 보고 중음의 한 주 중에 반은 이전 생의 모습을 하고 나머지 반은 내생의 모습을 하고 있다고 주장하는 것은 그 어떤 근거도 없으므로 지어 낸 것에 불과하다. 『유가사지론』에는 의식이 몸에 더 이상 머물지 않으므로 이전의 몸을 원하는 마음이 생기지 않는다고 말씀하셨기 때문에 이전의 몸을 보고 중음신이 마음의 괴로움을 일으킨다는 주장도 허구이다.

중음에서의 현상

불선을 행한 중음신은 검은 장막 혹은 어둠과 같은 것을 느낀다. 선을 행한 중음신은 흰색의 장막 혹은 달빛이 있는 밤과 같이 느낀다. 자신과 동류의 중음신과 그들이 태어나는 그러한 곳을 볼 수 있으며 자신이 태어날 장소[生處]도 볼 수 있다.

『입태경』에 의하면 지옥에 태어날 중음신의 몸의 색깔은 불탄 나무 등 중음신의 색깔
걸과 같고 축생의 중음은 연기와 같으며 아귀의 중음은 물과 같다고 한
다. 욕계의 천신과 사람으로 태어날 중음신은 황금색과 같으며 색계의
중음신의 몸은 희다고 하셨으니 색의 차이가 있다.

무색계에서 아래 두 세계에 태어날 때는 중음이 있고 이 두 세계에서 삼계의 중음 유무
무색계로 태어날 때는 죽자마자 무색계의 몸을 형성하여 중음이 없다.
경론에서는 이 외에 중음이 없는 특별한 경우를 설명하지 않기 때문에
상하上下의 무간업無間業[267]을 지은 자에게 중음이 없다고 주장하는 것
또한 이치에 맞지 않는 것이다.

천신으로 태어날 중음신은 위로, 사람의 중음신은 평행으로 간다. 죄 중음신의 이동 방식
업을 행한 자들의 중음신은 눈은 아래로 보고 머리(정수리)로 다닌다고
하셨는데 이는 삼악도 모두에 해당한다고 말씀하신 듯 하다. 『구사석
론』에서는 이와 다르게 사람과 아귀, 축생 세 가지는 자신의 모습 그대
로 다닌다고 설명하였다.

중음신의 수명은, 태어날 기회를 얻지 못하면 아무리 길어도 오직 7일 중음신의 수명
을 머문다. 태어날 기회를 얻으면 중음에 머무르는 기간이 특정되지 않
는다. 태어날 조건을 만날 기회를 얻지 못하면 다시 중음신의 몸을 바
꾸어서 7일, 7주(49일)까지 머물며 7주 전까지 반드시 기회를 얻기 때
문에 그 이상 머물지 않는다. 어떤 경론에서도 이보다 더 오래 머문다
고 말씀하지 않으므로 이보다 오래 머문다는 주장은 이치에 맞지 않다.
천신의 중음 같은 경우 7일째에 죽고 나서 천신의 중음이나 혹은 인간

---

267) 무간업이란 말 그대로 간극없이 내생에 즉시 과보를 받는 큰 업을 가리킨다. 상(上) 무간
업은 내생에 욕계 천신으로 태어나는 큰 복덕업을, 하(下) 무간업은 지옥에 떨어지는 오역죄
를 뜻한다. (ⓑ 58쪽) 성자가 죽지 않고 승천했다거나 무간죄를 지은 자가 산 채로 지옥에 떨어
졌다는 고사에 대한 오해로 중음이 없다고 주장하지만 그러한 경우는 실제 중음의 과정이 매
우 짧기 때문에 즉각적으로 과보를 받는다는 의미로 받아들여야 한다.

등의 중음을 이룬다. 다른 업의 영향으로 인하여 중음의 종자를 변화시
키기 때문이다. 이외의 경우에도 그와 마찬가지이다.

3-마. 중음 후 생유(生有)에서 생을 받는 방식

다섯 번째는, 중음 이후 생유에서 생을 받는 방식이다. 태생胎生이면
그 중음신이 태어날 곳에 자신과 동류의 중생을 보게 되고, 그들을 쳐
다보거나 어울리기를 원하여 태어날 곳으로 갈 마음이 생긴다. 중음신
에게 부모의 수정란[精血]이 전도되어 보이는 일이 생기는데 그 때 부모
인 두 사람이 잠자리를 하지 않음에도 잠자리를 하는 환영을 보고 이것
에 집착하게 된다. 게다가 여자로 태어나면, 여자와 떨어지려 하고 남
자에 집착하여 잠자리를 원한다. 남자로 태어나는 경우, 남자와 떨어
지려 하고 여자에게 집착하여 잠자리를 원한다. 이처럼 『유가사지론』
에 의하면 진짜 부모는 보지 못하고 수정란[精血]에 착각을 불러일으켜
잠자리를 하는 환영을 본다고 설명한다. 그와 같은 욕망이 생겨서 점점
가까이 다가갈수록 그 남자와 여자의 그 어떤 신체 부위도 보이지 않고
오직 남성과 여성의 성기만 보인다. 중음신이 그것에 분노하여 죽으면
중유가 끝나고 태어난다.

어디에, 어떻게 식(識)이 깃들어 생이 시작되는 것인가?

또한 부모인 두 사람이 서로 탐착하여 욕망이 최고조에 이르면 마지막
에 진액이 나오며 그 다음에 두 사람 모두에게서 정혈의 방울이 반드시
나오게 되는데 이 두 가지가 어미의 자궁[母胎]에서 결합된다. 비유하면
끓인 우유가 차가워질 때 생기는 막과 같다. 그러한 것이 형성됨과 동
시에 중유가 끝나는 것이다. 중유가 끝남과 동시에 장식藏識[268]의 힘으
로 인해 그것(부모의 정혈이 결합된 것)과 별개인 오근의 바탕이 될 미세한

---

268) 업의 종자를 보관하는 심식으로, 유식에서는 아뢰야식을 중관에서는 제6식을 가리킨다.

사대四大가 그곳에 결합된다. 그것은 부모의 정혈과 유사하나 오근五根의 종자를 갖춘 수정란[精血]이 되며 그때 그곳에 식識이 깃들면 생이 시작되는 것이다. 장식藏識을 인정하지 않는 이들은 제6식, 의식意識이 생을 받는다고 인정한다.

복이 적은 자는 미천하게 태어난다. 중음을 떠나 생유에 들어갈 때 굉음이 들리고 수렁으로, 암흑 속으로 들어가는 듯한 현상이 생긴다. 주로 선업을 행한 자라면 고귀한 가문에 태어나는데 평화롭고 아름다운 소리를 듣고 훌륭한 집이나 무량궁 등의 장소로 들어가는 현상이 생긴다.

태胎에 머무는 것 또한 38주 동안 자궁에서 사지와 마디를 모두 갖추게 된다. 그리고 나서 나흘이 지나 밖으로 나오게 된다. 『입태경』에서 다음과 같이 말씀하셨다.

> 그곳에 9개월이 훌쩍 지나야 매우 원만하게 된다. 8개월은 원만하나 매우 원만한 것은 아니며, 6개월이나 7개월은 원만하지 않아 사지가 갖춰지지 않는다.

여기에 대한 자세한 내용은 『입태경』을 통해 알도록 한다.

중음신이 태어날 곳에 갈 생각이 없으면 가지 않고, 가지 않는다면 거기에 태어나지 않는다. 그러므로 지옥에 태어나는 업을 짓고 쌓은 자 가운데 가령 양을 죽이거나 닭이나 돼지를 죽여서 파는 자 등 비율의非律儀[269]를 지닌 자들은 중유에서 태어날 곳에 양과 같은 것들을 마치 꿈

'태어날 곳을 원치 않아 갈 생각이 없으면 그곳에 태어나지 않는다고 한다면 누구든 지옥을 원치 않은데 어떻게 지옥에 태어나는가' 라는 의문에 대한 답이다.

---

269) 티벳어 '돔민(སྡོམ་མིན། sdom min)'은 생계를 위해 살생을 하겠다는 결심이나 다짐 따위를 뜻한다. 결의한 대로 실천하는 것은 계율과 유사하지만 선을 지향하는 계율과 상반되므로 '비율의'라고 한다.

자신이 태어날 곳에 양과 같이 자신이 집착하던 것이 더이상 보이지 않으면 분노를 느껴서 중유가 사라진다.

과 같이 보고 전부터 익숙한 것이라 좋아하여 거기로 달려간다. 그런 후에 태어날 곳의 형상에 분노를 느끼면 중유가 사라지고 생유에 태어난다. 그와 같이 지옥 중생과 유사한 혹부리 아귀[영귀癭鬼] 따위로 태어날 때도 그것과 유사하다.

축생과 아귀, 인간, 욕계 천신, 색계 천신으로 태어나면 태어날 곳에 자신과 동류의 중생을 보고 그곳을 좋아하고 원하는 마음을 일으켜 나아간다. 태어날 곳을 착각하여 분노하면 중유가 사라지고 생유에 태어난다고 『유가사지론』에서 말씀하셨으니 생계로 양계, 양돈, 도축업을 하는 자이거나 생계로 행한 것이 아닌 자가 지옥에 태어나는 방식도 이와 유사하다.

습생과 화생이 태어나는 방식

『구사론』에서

　　향과 장소를 크게 원하니 다른 생이 시작되네

라는 말씀처럼 습濕에서 태어나는 습생濕生이면 냄새[香]를 탐하고, 화하여 태어나는 화생化生이면 장소를 탐하여 태어난다고 하셨다. 또 화탕지옥에 태어나면 따뜻함을 탐하고, 한랭지옥에 태어나면 시원함을 탐하는 중음신이 된다고 주석서에서 설명한다. 난생도 태생과 유사하다고 『구사석론』에서 말씀하셨다.

여기까지 죽음과 생을 받는 방식에서 특별하지 않은 일반적인 부분들은 「본지분」에 나와 있는 대로 설명하였다.

두 번째, 십이연기를 통한 사유이다. 여기에 십이지十二支의 분류, 십이지의 네 가지 범주, 십이지는 몇 생이 소요되는가, 요결要訣을 설한다.

(2)-〈1〉 십이지(十二枝): 열 두 개의 가지

첫 번째(십이지의 분류), 십이지 가운데 무명이란 『구사론』에서 다음과 같이 말씀하신 것과 같다.

무명無明은 친하지 않음과 거짓 등과 같다

여기에 '친하지 않음'과 '거짓'이라는 것은 '친함이 없는 것'이나 '진실이 없는 것'[270]만을 의미하지도, 또 이 두 가지와 다른 어떤 것을 의미하지도 않는다. 그것은 '친함'과 '진실'의 반대가 되는 상반된 것을 뜻한다. 그와 마찬가지로 무명(밝지 않음)이라는 것은 그것의 대치對治인 명(밝음)이 없는 것만을 뜻하지 않고, 그것[明]이 아닌 다른 어떤 것도 아닌, 명과 완전히 반대가 되는 상반된 것을 뜻한다.

살가야견을 무명으로 인정하는 교의

여기에 대치對治로서의 명明은 인무아人無我라는 실상에 밝은 것이므로 이것과 상반되는 것은 인아집人我執이라는 살가야견이다. 이는 대아사

무명이 명(밝음)과 완전히 상반되는 것임을 알면 명이라는 대치법으로 무명을 온전히 없앨 수 있다는 것을 알게 되므로 그 관계성을 명확히 보여 주기 위해 그 의미를 설명한다.

---

270) 『사가합주』에서는 '친한 것'과 '진실이 없는 것'의 예로 친함이 없는 것과 거짓이 없는 것은 각각 친하지 않는 것과 거짓을 뜻하는 것이 아니라고 설명한다.

리 법칭法稱께서 인정하시는 바이다.

무명과 살가야견을 다르게 인정하는 교의

대아사리 무착 형제[271]들께서는 실상眞義에 대해 잘못 아는 것과 실상에 무지한 몽매함이라는 두 가지 무명 가운데 십이연기의 무명을 후자로 인정하신다. 요컨대, 잘못 아는 것과 알지 못하는 두 가지 마음 중에 십이연기의 무명은 실상을 알지 못하는 마음이다.

이처럼 두 교의는 무명에 대한 각기 다른 견해를 가지고 있다. 그럼에도 이 무명과 상반되는, 가장 주요한 대치법을 '무아를 깨달은 지혜'로 인정하는 점은 같다.

이 몽매함을 구분하면 인과에 몽매함과 진여의 뜻에 몽매한 두 가지가 있기 때문에 『대승아비달마집론』에서 전자로 인해 악도로 가는 행行[272]을 쌓고 후자로 인해 선취로 가는 행行을 짓는다고 하셨다.[273]

행行이란 업이며 이는 또한 악도로 이끄는 복이 아닌 업[非福業]과 선취로 이끄는 업이다. 후자에도 두 가지가 있으니 욕계의 선취로 이끄는 복업福業과 상계의 선취로 이끄는 부동업이다.

식識이란 경에서 여섯 가지 식[六識]을 말씀하셨지만 여기에서 말하는 주된 식은 아뢰야식을 인정하는 이들에 의하면 아뢰야식[藏識]이며, 아뢰야식을 인정하지 않는 이들에 의하면 제6식 의식意識이다.

악업에서 고고苦苦의 과보가 생기는 인과에 몽매하기 때문에 악업을 실

행은 윤회에 태어나는 결과를 가져다 주는 원인으로서의 업을 가리킨다.

식은 현생에서 지은 업의 종자가 저장되는 식과 그 업종자가 성숙하여 과보를 받는 때의 식, 이 두 가지로 설명한다. 원인이 형성되는 시기의 식과 과보가 형성되는 시기의 식은 각각 종자를 저장하는 역할과 과보를 받는 역할을 하는 것이다.

271) 무착보살과 그의 아우인 세친보살을 가리킨다.
272) 십이연기 가운데 두 번째 행(行)을 가리키며 업(業)을 뜻한다.
273) 인과를 알고 선업을 지어도 여전히 진여에 무지하면 그로 인한 선업은 선취에 태어나는 원인이 된다.

제 행하고 쌓는 것이다. 그러한 업의 종자가 저장되는 현생의 식識은 원인을 지을 때의 식이며, 이 악업으로 말미암아 미래에 악도의 생을 받는 식은 과보가 형성되는 때의 식이다.

그와 마찬가지로 무아의 진여에 무지몽매함으로써 선취의 중생들도 사실 고통스러운 것임에도 불구하고 고통스런 것임을 알지 못하고 그것을 행복이라 여겨 복업과 부동업을 짓는다. 업을 지을 때의 식은 원인 시時의 식이며 이로써 욕계와 상계의 선취에 생을 받는 식은 과보 시의 식이다.

명색名色에서 명이란 수受, 상想, 행行, 식識으로 색色이 아닌 네 가지 온蘊을 말한다. 색은, 무색계에 태어나면 색의 종자만 있고 색은 없으며 그밖에 욕계와 색계는 갈라람 등 색으로 알고 있는 모든 것이 색온의 영역에 포함된다.

명색은 오온을 가리킨다.

육처六處는 태생胎生이면 처음에 의식이 깃든 정혈(수정란)의 갈라람(색온)과 명(名: 사온)이 성숙하여 눈을 비롯한 사처[274]가 형성되는데 신처身處와 의처意處는 갈라람의 시기부터 형성되어 이미 존재한다. 화생化生이면 생을 받을 때 근根이 동시다발적으로 형성되므로 그와 같은 순서는 없으며, 난생과 습생은 태(胎)에서 태어남을 제외한 나머지 것은 태생과 유사하다고 「본지분」에서 말씀하셨다.

의문

그렇다면, 명색의 시기에 몸이 형성된다면 굳이 육처를 따로 구분할 필요가 있는가, 명색이 형성되면 몸의 본체를 이루게 되고 육처가 형성

화생으로 태어날 때 오처 혹은 오근이 동시에 형성된다면 무색계의 화생에게도 색에 해당되는 오처가 있는가라는 의문에 대한 답이다.

---

274) 육처는 안·이·비·설·신·의의 육근을 말하며 사처란 그 가운데 안·이·비·설근을 가리킨다.

되면 몸의 특징이 형성되므로 현생의 행·불행을 겪는 주체자가 형성되는 것이다.

육처 중에 색에 해당하는 오처가 무색계에는 없다.

촉觸이란 대상[境], 감각기관[根], 마음[識] 세 가지가 모여 좋거나 싫거나 혹은 좋지도 싫지도 않은 세 가지를 인지[275]하는 것이다. 경에서 육처의 조건으로 인한 것이라고 말씀하셨으므로 감각기관 뿐만 아니라 대상과 마음도 촉의 조건임을 나타낸다.

수受란 촉이 세 가지 대상을 인지할 때 낙수樂受, 고수苦受, 불고불락수 不苦不樂受가 생기는 것이다.

애愛란 즐거운 느낌(낙수)과 떨어지지 않으려 하고, 괴로운 느낌(고수)에서 멀어지려는 갈애이다.

그렇다면 청정지[276]의 보살이나 부처에게 갈애가 있으리라. 왜냐하면 그들에게 수가 있기 때문이라고 한다면 수의 조건으로 애가 생긴다고 말씀하신 것은 무명에 상응하는 촉의 조건으로 발생하는 수受로부터 애愛를 일으키는 것이며 무명이 없다면 수가 있어도 애가 생기지 않는 것이다. 따라서 촉은 경계[境]의 대상이며 수는 낙수 등의 발생 혹은 과보(이숙)의 대상이므로 이 두 가지가 다하면 인지하고 겪는 대상이 다하는 것이다.

여기에는 삼계의 세 가지[277] 갈애[愛]가 있다.

애·취 모두 집착이라는 점은 같다. 다만 그 대상이 다른데 가령 유루의 즐거움(낙수)이 지속되기를 원하는 것은 '애'이며 그러한 즐거움의 지속을 위해 오욕을 대상으로 한 집착이 '취'이다. (ⓓ 중권 113쪽)

---

275) ཡོངས་སུ་གཅོད་པ། '대상을 인지한다'는 이다. (ⓓ 중권 111쪽)
276) 번뇌장이 없는 8지, 9지, 10지의 보살지를 가리킨다.
277) 행복을 구하는 갈애[欲愛], 고통에서 벗어나려는 갈애[無有愛], 존재하려는 갈애[有愛]이다.

취取란 네 가지 대상[境]²⁷⁸)을 희구하는 네 가지 집착이다. 그 네 가지란 이와 같이 색·성·향 등의 오욕(五慾), 살가야견을 제외한 악견, 악견과 관련된 나쁜 계율이나 수행(禁行), 살가야[有身]를 대상으로 하여 희구하고 집착하는 것이다. 첫 번째는 욕취欲取이며 두 번째는 견취見取,²⁷⁹) 세 번째는 계금취戒禁取,²⁸⁰) 네 번째는 아어취我語取²⁸¹)이다.

유有란 전생의 행行으로 인해 식識에 저장된 업의 종자가 애·취로 발되어 다시 태어나는[再生] 내생으로 이끄는 강력한 힘이 생긴 상태이다. 이는 원인에 결과의 이름을 붙인 격이다.

존재(有)의 시작인 '생'이라는 결과를 초래하는 원인을 '유'라고 이름한 것이다.

생生이란 중생이 태어나는 네 곳에서 최초로 식이 깃드는 것이다.

노사老死에서 늙음[老]이란 몸이 성숙하며 생기는 또 다른 변화를 뜻한다. 죽음[死]이란 몸의 상속이 끊기는 것이다.

늙음은 태어남과 동시에 시작되는 것이다.

{2}-〈2〉 십이지의 네 범주

두 번째, 십이지十二支²⁸²)를 요약하면 『대승아비달마집론』에서 다음과 같이 말씀하신 것과 같다.

---

278) 오욕(五慾), 악견(惡見), 계금취견(戒禁取見), 나(我).

279) 살가야견 이외의 악견을 대상으로 한 집착.

280) 악견과 연관되는 잘못된 계율이나 삿된 수행을 대상으로 한 집착.

281) 자신의 몸(살가야)을 대상으로 '나'라고 말하며 집착하는 것이다.

282) 십이지에 의해 윤회하는 것이므로 윤회의 과정은 윤회로 이끄는 것(인지引支)과 윤회를 성립하는 것(성지成支)으로 나눈다. 인지는 다시 원인인 능인지(能引支)와 그것의 결과인 소인지(所引支)로 분류되며, 성지 또한 원인인 능성지(能成支)와 그것의 결과인 소성지(所成支)로 분류되어 네 가지 범주로 나뉜다. 이 네 범주의 복합적이고 유기적인 인과 과정에 의해 윤회가 성립된다.

능인지(원인)
무명, 행, 식
↓
소인지(결과)
명색, 육처, 촉, 수
−
능성지(원인)
애, 취, 유
↓
소성지(결과)
생, 노사

십이지十二支를 요약하면 어떠한가,

능인지와 소인지, 능성지 그리고 소성지이다.

능인지能引支는 무엇인가, 무명과 행과 식이다.

소인지所引支는 무엇인가, 명색과 육처, 촉과 수이다.

능성지能成支는 무엇인가, 애, 취, 유

소성지所成支는 무엇인가, 생과 노사이다.

그렇다면 인지引支의 인과와 성지成支의 인과라는 두 가지 인과는 한 중생이 생을 받는 인과의 한 과정을 말하는 것인가? 아니면 이중의 인과를 말하는 것인가?

과보가 형성되는 때에 생을 받는 식에서 명색·육처·촉·수까지가 성립되고 그 후에 애가 생긴다는 것은 이치에 맞지 않다. 왜냐하면 한 생을 이루기 위해 반드시 애·취가 업의 종자를 발현시켜야만 업력으로 생을 받는 것이 가능하므로 한 생을 이루는 인과 과정에서 애는 수 뒤에 성립될 수 없다.

전자라면 과보가 형성되는 때의 식識에서 수受까지 형성된 후에 애愛 등이 생긴다는 해석은 이치에 맞지 않다. 후자일 경우 성지成支의 인과에는 무명과 행과 인因을 형성하는 때의 식이 없고 인지의 인과에는 애·취·유가 없어서 그것 없이 생이 성립되는 모순이 생긴다고 한다면 거기에는 허물이 없다. 왜냐하면 능인지라는 원인이 가져다줄 그 결과[소인지]는 실제 능성지라는 원인으로 형성되는 것이며 그것이 형성되었을 때 그것을 생生과 노사老死라고 하는 까닭이다.

그렇다면 두 가지 인과 과정으로 설명하는 것은 무엇 때문인가? 능인지의 결과인 고제와 능성지의 결과인 고제의 본질이 다르다는 것을 나타내기 위해서이다. 전자는 인지引支의 시기에 능인지가 가져다줄 소성지라는 결과는 종자로 존재하며 아직 그 본체가 형성되지 않았으므로 미래에 고통이 되는 것이다. 후자는 그 고통이 형성되는 때이므로 금생에 고통이 되는 것이다.

그 뿐만 아니라 과보로 생을 받는 데에는 능인지라는 원인과 그것으로 생기게 될 지분(명색에서 수까지)을 능히 형성하는 것(능성지)이라는 원인으로, 이 두 가지 원인이 있다는 것을 인식하기 위해서 두 가지 인과를 설명한 것이다.

「본지분」에 의하면 "식 등에서부터 수受에 이르는 것들과 생과 노사가 혼재하는 성상이라면 어째서 두 가지로써 설하는 것인가 하면 고통이 되는 대상의 본질이 다르다는 것을 보이기 위한 것이자 능인지와 능성지의 분명한 구분을 온전히 보여 주기 위해서이다."라고 하였으며, "열 두 가지 중에서 몇 가지가 고제에 포함되며 이생의 고통이 되는가 하면 두 가지로 생과 노사이다. 몇 가지가 고제에 포함되는 것이며, 내세에 오직 고통이 되는 것인가 하면 식識에서 수受에 이르는 것은 종자가 되는 것이다."라고 하신 까닭이다.

그러므로 능성지의 애愛와 이것이 일으킨 소인지의 수受, 이 두 가지는 동일한 인과의 과정에 있지 않으므로 애愛를 일으키는 수受는 또 다른 인과 과정에서의 과果의 상태이다.

능인지가 소인지의 과를 이끄는 방식

능인지와 소인지는 네 가지로써 이해해야 한다.

무엇을 이끄는가? 과보가 형성되는 때의 식에서 수에 이르는 것까지 네 가지 반이다.[283]

무엇이 이끄는가? 무명에 의한 행이 결과를 이끈다.

어떻게 이끄는가? 원인을 짓는 때의 식에 업의 종자를 심는 형태로써 이끈다.

이끈다[리]는 뜻은 무엇인가? 애愛 등의 능히 형성케 하는 원인(능성지)이 있으면 그러한 윤회의 결과가 이루어질 수 있음을 뜻한다.[284]

---

283) 십이지 가운데 세 번째 식은 원인을 짓는 때의 식과 생을 받는 때의 식이 있으므로 두 가지를 하나로 보며 생의 결과가 이루어질 때의 식을 반으로 보는 것이다.

284) '애, 취, 유'라는 조건이 있으면 생을 이루지만 '이끈다'는 것은 주된 원인을 나타낸다.

능성지가 소성지의 과를 이루는 방식

능성지와 소성지는 세 가지로써 이해해야 한다.

무엇이 능히 형성하는가? 애愛라는 조건에 의해 취取가 결과를 형성한다.

무엇을 형성하는가? 생과 노사이다.

어떻게 형성되는가? 행行으로 인해 식에 저장된 업 종자의 힘이 극대화됨으로써 형성된다. 『연기경석緣起經釋』[285]에는 오직 생生만을 소성지로 보고 노사老死는 그러한 것들[286]의 허물[過患]이라 하였다.

요컨대, 업의 인과에 무지한 무명이 동기가 되어 불선의 행이 식識에 나쁜 업의 종자를 심는다. 삼악도라는 과보가 형성되는 때의 식에서 수受에 이르는 것을 형성할 수 있게 하는 그것이 바로 애·취이며, 이 두 가지가 업의 종자를 재차 발현시키고 그 힘이 극대화되어 악도라는 내생에서 생·노生老 등을 형성하는 것이다.

뿐만 아니라 무아의 실상에 무지한 무명이 동기가 되어 욕계의 계율을 비롯한 복덕의 행行과 상계의 사마타 수행 등 부동不動의 행으로 식에 선의 업종자를 심어 욕계의 선취와 상계 천신의 식識에서 수受까지를 형성하게 되어 애·취가 재차 발현되고 업종자의 힘이 극대화 되어 선취라는 내생에서 생·노 따위를 이룬다.

이와 같은 12지분은 또한 번뇌, 업, 고통의 세 가지 범주[도道]로 포괄된다. 용수보살께서 다음[287]과 같이 말씀하신 것과 같다.

---

285) 세친보살의 저술로 『연기경(緣起經)』을 해석한 논서이다.
논서명 『རྟེན་ཅིང་འབྲེལ་པར་འབྱུང་བ་དང་པོ་དང་རྣམ་པར་བྱེད་པའི་མདོ་སྡེ་རྣམ་པར་འགྲེལ་པ།rten cing 'brel bar 'byung ba dang po dang rnam par 'byed pa'i mdo sde rnam par 'grel pa』
286) 세친보살은 노사를 생을 제외한 나머지 지분들의 부정적 결과라고 보았다.
287) 용수보살의 저술로 십이연기에 관한 논서. 논서명은 『རྟེན་ཅིང་འབྲེལ་པར་འབྱུང་བའི་སྙིང་པོའི་ཚིག་ལེའུར་བྱས་པ། rten cing 'brel bar 'byung ba'i snying po'i tshig le'ur byas pa』.

첫, 여덟, 아홉 번째는 번뇌이고

두 번째와 열 번째는 업이며

나머지 일곱 가지는 고통이네

무명·애·취는 번뇌이고, 행·유는 업이며 나머지는 고이다.

『도간경稻竿經』에서는 십이지를 네 가지 원인과 조건으로 설한다. 종자를 심는 '무명'이라는 농부가 '업'의 밭에 '식'이라는 종자를 심어서 '갈애愛'의 물을 대고 어미의 태에 '명색名色'이라는 싹을 틔운다고 설명한다.

⑵-〈3〉 몇 생이 소요되는가

세 번째 십이지는 몇 생이 걸리는가? 능인지와 소인지 사이에 무량겁이 넘는 세월이 걸릴 수도 있으며 다른 생으로 그 사이가 끊어지지 않고 두 번째 생에서 다할 수도 있다.

능성지와 소성지 이 두 가지는 사이가 끊어짐 없이 이어질 수 있어서 빠르면 두 생에 끝날 수 있다. 예를 들면 현재의 생과 같은 어느 한 생에서 천신으로 태어날 새로운 순생업을 짓는다면 그 때 무명, 행, 식(원인을 짓는 때)이라는 두 가지 반과 임종 시의 애·취·유 세 가지가 다하고, 내생에서 네 가지 반의 소인지(과보를 받는 때의 식, 명색, 육처, 촉, 수)와 두 가지의 소성지(생, 노사)가 다하기 때문이다.

아무리 오래 걸려도 능성지와 소성지가 다하는 데 삼생을 넘지 않는다. 능성지와 소성지 그리고 능인지 이 세 가지에는 각각의 생이 필요하며 소인지는 소성지에 일부로 포괄되기 때문에 따로 생이 필요하지 않다. 또한 능인지와 능성지 사이에 오랜 생이 걸리지만 다른 인과의 생이지 동일한 인과 과정의 생이 아니기 때문이다.

여기에서는 중음의 생을 별개로 따지지 않는다.

실체가 없는 과(果)가 생기는 이치를 모르는 허물

그처럼 이 결과의 지분[果支分][288]이 형성될 때도 업을 짓는 자와 과보를 받는 자의 실체[人我]가 없으며 앞서 설명했듯이 실체가 없는[289] 원인의 지분[因支分]에서 실체가 없는 결과의 지분들이 생기는 윤회의 이치를 알지 못한 채 그것에 우매하여 실체[我]로 여기며 나의 행복을 바라고 구하는 까닭에 삼문[신구의]으로 선과 불선을 실질적으로 행한다. 그로써 다시 유전하기 때문에 세 가지 번뇌[무명·애·취]로 인하여 두 가지 업[행·유]이 생기고 여기에서 일곱 가지 고통이 생긴다. 일곱 가지로부터 또한 번뇌가 일어나고 그 번뇌로부터 또 업이 생겨 이전과 마찬가지로 유전하게 되니 윤회의 바퀴가 끊임없이 도는 것이다. 용수보살께서 다음[290]과 같이 말씀하셨다.

> 세 가지에서 두 가지가 생기니
> 둘에서 일곱이 생기고 일곱에서도
> 세 가지가 생기어 윤회의 바퀴가
> 그 때문에 또 다시 돌아간다네

이러한 이치로써 윤회에 떠돌게 된다는 것을 생각한다면 이것은 윤회의 염증을 일으키는 뛰어난 방편이 된다. 이숙과가 발생하지 않거나 대치로써 훼손되지 않는 한, 무량겁에 지은 선과 악의 그 어떤 인업[引業]이라도 현생의 애·취로 발현되면 그로 인해 선취나 악도를 떠돌게 된다. 아라한에게도 범부였을 때 지은 인업이 무수히 있지만 번뇌가 없기 때문에 윤회에 태어나지 않는 것도 같은 이치이다. 이러한 이치

세 가지 무명·애·취에서 행·유라는 두 가지가 생기고 이 두 가지에서 나머지 식·명색·육처·촉·수·생·노사 등의 일곱 가지가 생겨서 끊임없이 윤회하게 된다.

---

288) 과(果)에 해당하는 소인지와 소성지인 여섯 지분을 뜻한다.
289) 『사가합주』를 근거로 ཆོས་ཅན་ 을 의역한 것. (ⓒ 420쪽)
290) 앞의 저술과 동일.

에 대한 깊은 확신을 얻었을 때 비로소 번뇌를 적으로 여기게 되며 그 것을 없애기 위해 정진하려는 마음이 일어난다.

대선지식 푸충와는 오직 십이연기로 마음을 닦으셨으며 도차제도 십이 연기의 환멸문[291]과 유전문[292]을 통해 수행하셨다.

다시 말해 악도의 십이지에 역관[293]과 순관[294]은 하근기의 도에 관한 것이며 또 두 선취의 십이지의 역관과 순관은 중근기에 관한 것이다. 이처럼 자신의 경험과 처지에 비추어 어머니 중생들도 십이연기를 통 해 윤회에 떠도는 것을 사유하여 사랑과 자비를 일으키고 그들을 위하 여 부처를 얻고자 하는 마음을 닦고 그 도를 배우는 것은 상근기에 관 한 것이라 말할 수 있다.

(2)-〈4〉 요결

네 번째, 요결은 앞서 설명하였듯이 업과 번뇌라는 윤회의 원인[집集]에 서 오온이라는 윤회의 고통이 형성되는 이치를 관하고, 더욱이 십이연 기의 과정을 통해 윤회의 바퀴가 돌아가는 이치들을 잘 알고 이를 통찰 하여 닦는다면 다음과 같은 큰 이익이 있다.

그것은 모든 불행의 뿌리인 어리석음의 거대한 암흑을 없애고, 원인 없 이[無因] 생기거나 불상응인不平等因에서 안팎의 만물이 생긴다고 여기는 사견을 모두 없애며, 부처님의 말씀 보장寶藏의 진귀한 보물이 늘어나 고, 윤회의 본질을 여실히 알아서 깊은 출리심으로 해탈의 도로 마음 이 향하게 되며, 이전부터 그와 같이 닦은 이들에게는 성현지를 얻는

---

291) 원인이 없으므로 결과가 없다는 인과 불성립의 순서를 관하는 것.
292) 원인이 있으므로 결과가 있다는 인과의 순차적 발생을 관하는 것.
293) 유전문의 순서대로 관하는 것을 말한다.
294) 환멸문의 순서로써 관하는 것을 말한다.

씨앗을 틔우는 좋은 방편이 된다.

이와 같이 또한 『묘비청문경』에서는 "치痴에는 연기緣起의 도로써 다스
린다."라고 하셨고 『도간경』에서는 "십이연기를 잘 관찰하면 과거와
미래의 변견邊見295)과 현재의 악견296)들을 모두 없앤다고 하셨다. 용수
보살께서는 논에서 "이 십이연기는 심오한 것이니 부처님의 가르침의
보장 가운데 귀한 보물이다."라고 하셨다.

여기서 용수보살의 논은 『친우서』를 가리킨다.

율장297)에 의하면 목건련과 사리자는 한 조를 이뤄 다니되 그 소임이
란 것이 오도의 중생계를 때때로 시찰하는 것이라서 그러한 곳을 둘
러보고 세상[남섬부주]에 돌아오신 후에 그러한 곳의 고통들을 사부대
중에게 설하시곤 하셨다. 청정범행을 좋아하지 않는 공주共住298)제자
와 근주近住299)제자들을 이끌어 두 존자께 가르침을 주시기를 청하면
두 분도 그러한 이들에게 가르침을 주시었다. 윤회세계의 고통을 가
르치면 방일한 자들도 곧 범행을 좋아하고 또한 도를 깨치게 되었다.
이를 부처님께서 보시고 아난존자에게 물으시니 그 연유를 모두 아뢰
었다. 그러자 부처님께서 "저들과 같이 뛰어난 한 조가 앞으로는 나올
수 없을 터이니 사원 입구에 다섯 바퀴 윤회도의 배경에 십이연기의
유전문과 환멸문의 게송도 쓰고 그리라." 하셨고 그 후로 사원에 윤회
의 바퀴를 그리게 된 것이다.

빔비사라 왕이 선물로 우뜨라야나(선대) 왕에게 그 불화佛畫를 보냈는데
그 아래에 써서 보낸 십이연기의 유전문과 환멸문의 게송을 왕이 파악

---

295) 현재를 기점으로 과거의 시작과 미래의 끝이 존재하는지에 대하여 존재한다는 상견과 존
재하지 않는 다는 단견을 가리킨다.
296) 현재의 존재하는 중생이 어떠한 실체(atman, 我)가 있어서 오고 간다고 여기는 견해.
297) 『본사교』
298) 대중과 함께 사는 자.
299) 홀로 사는 자.

하여 몸을 바로 세우고 마음은 정념에 두어 두 가지 연기의 이치를 낱낱이 관함으로써 이튿날 성현의 지위[聖賢地]를 얻었다고 한다.[300]

300) 서신과 선물로써 친교를 맺으며 우호적인 관계에 있던 우뜨라야나 왕이 어느 날 빔비사라 왕에게 매우 귀한 보물을 선물로 보내자, 그는 답례로 어떤 선물을 보낼지 근심하게 되었다. 소국의 왕이었던 빔비사라는 적어도 우뜨라야나 왕이 보낸 것과 같은 값어치의 물건을 보내지 않는다면 자신을 무시한다고 오해하여 그의 심기를 건드리게 될 것이라며 크게 근심하였다. 그러던 중 그의 지혜로운 공주가 부처님께 조언을 구할 것을 제안하였다. 부처님께서는 "윤회바퀴가 그려진 불화를 답례의 선물로 보내라."고 하셨고, 특히 "불화에 유전문과 환멸문의 게송을 쓰고 우뜨라야나 왕보다 더 귀한 물건을 보내니 친히 마중하고 받들 것을 청하라."고 말씀하셨다. 그로 인해 불화를 선물 받게 된 왕은 윤회도를 보고 깨달음을 얻게 되었으며 부처님의 말씀대로 가장 귀한 선물이 되었다. (ⓒ 423쪽)

Ⅱ. 중근기 의요의 경계

두 번째는 중근기의 의요가 일어난 경계이다.

그와 같이 '고제'와 '집제'라는 두 가지 진리와 십이연기를 통해 윤회의 본질을 깊이 이해하게 되면 '고통[苦]'과 '고통의 원인[集]'을 끊어버리려는 마음과 그것이 사라진 적멸을 얻으려는 마음이 생긴다. 그러한 마음이 생기기 시작하였다면 그것은 분명 출리심이 틀림없으나 그것만이 다가 아니다. 그러므로 『육십정리론석』[301]에서 무상無常의 불이 일어나는 삼계에 있는 자는 마치 불타는 집안에 있는 것처럼 반드시 그곳에서 벗어나길 원하여야 한다고 하신 것이다. "마치 죄수가 감옥으로부터"라고 앞[302]에서도 인용했듯이 불타는 집에 들어가 있는 자와 감옥에 갇힌 자가 그러한 곳에 있기를 원치 않고 그곳에서 벗어나길 바랄 때 생기는 절박한 마음처럼 그만큼 절박한 마음을 내야 하며 그 이후에도 그 절박함을 더욱 키워야 한다.

이러한 출리심의 마음이 쌰라와의 말씀처럼 술에 탄 보릿가루처럼 겉돌기만 한다면 윤회의 원인인 집제를 진정으로 원치 않는 것으로 보는 마음도 그저 그런 마음일 수밖에 없다. 그렇다면 고와 집이 소멸된 해탈이라는 적멸을 원하는 마음도 그와 비슷할 것이다. 그런 까닭에 해탈도를 이루려는 것도 말뿐인 것이 되고 윤회에 떠도는 중생의 고통을 견디지 못하는 연민심이 생길 수도 없다. 마음을 움직이는 힘을 지닌 진정한 보리심[무상정등각심 無上正等覺心] 또한 생기지 않으므로 대승도 말을 쫓아가는 정도의 이해에 그치게 된다. 그러므로 이러한 중근기의 법을 모든 가르침의 정수精髓로 여겨 배우고 익혀야 할 것이다.

---

301) 월칭보살의 저술.

302) 『보리도차제광론1』 예비수습편에서 『섭수대승도방편론』의 인용한 대목 186쪽 (도서출판나란다, 2018)

세 번째 중근기의 도차제에 대한 사견을 불식하기 위해 먼저 그 배경을 살핀다.

만약 윤회에 염증과 환멸을 느껴서 출리심을 닦는다면 성문과 같이 윤회에 머무는 것을 싫어하는 까닭에 결국 적멸의 변에 떨어지게 된다. 따라서 출리심을 닦는 것은 소승에게 어울리는 것이며 보살에게 그런 수행은 맞지 않는 것이다. 왜냐하면 『불가사의비밀경不可思議秘密經』[303]에서 "보살들은 중생을 온전히 교화하는 것만을 추구하여 윤회를 미덕으로 보지만 대열반에 대해서는 그와 같지 않다."라고 하셨고 또 "만일 보살이 윤회라는 경계를 두려워한다면 경계가 아닌 것에 떨어지는 것이다."라고 하셨으며 "세존이시여, 성문들은 윤회의 경계를 두려워하나 보살들은 다시 무량한 윤회를 가지게 되나이다."라고 말씀하신 까닭이다.

혹자가 이와 같이 말한다면 그것은 경의 의미를 그릇되게 해석한 큰 잘못이다. 보살이 "이처럼 윤회를 싫어하지 않느니라."라고 설하신 뜻은 업과 번뇌로 인해 윤회 세계를 떠돌며 겪는 생로병사 등의 고통을 싫어하지 않는다는 말씀이 아니라, 보살이 중생을 위해 윤회계가 다할 때까지 보살행을 실천케 하는 갑옷을 입으면 설령 중생의 모든 고통을 합한 고통이 찰나마다 심신에 가해지더라도 그것을 싫어하거나 두려워하지 않고 위대한 보살행들을 기뻐하는 정진을 행하기에 윤회를 싫어하지 않는다는 말씀이기 때문이다.

이뿐만 아니라 월칭논사께서 "윤회계가 다할 때까지 매 찰나마다 각기 다른 형태로 몸과 마음을 해하는, 중생의 고통이 남김없이 닥쳐오더라

여기에서의 사견이란, 보살은 윤회계에서 중생을 이롭게 하기 위해 윤회를 싫어하지 않는다고 오인하여 중근기 도의 첫 번째 출리심 수행은 보살에게 불필요한 수행이라 여기는 것이다. 이러한 사견으로 인해 상근기의 도를 가는 자는 중근기 도를 닦을 필요가 없다고 생각한다.

여기서 말하는 갑옷이란 보살계를 뜻한다.
(ⓡ 중근기 179쪽)

---

303) 『불설여래부사의비밀대승경(佛說如來不思議秘密大乘經)』의 21품 「용력보살선행품」

도 그러한 고통의 해악을 두려워하지 않으며 도리어 한꺼번에 닥치는 중생의 고통으로 윤회계가 다할 때까지 기꺼운 마음으로 정진하고 매 순간이 모든 중생을 위한 일체지의 가없는 자량이 생기는 원인임을 알아 또다시 수 백생을 마땅히 받으리라."라고 말씀하시고 그 근거로 저 경[304]문들을 인용하셨기 때문이다.[305]

윤회를 미덕으로 보는 이유에 있어서도 상기의 경에 따르면 보살은 중생을 위하여 정진하고 그와 같이 정진하면 할수록 마음이 행복해진다고 하셨으므로 윤회를 싫어하지 않는다는 뜻은 윤회에서 중생을 이롭게 하는 것을 싫어하지 않고 좋아한다는 의미로 말씀하신 것이기 때문이다. 따라서 업과 번뇌로 인해 윤회에 떠돌게 된다면 많은 고통에 시달려서 자신조차 이롭게 할 수 없고, 자신을 이롭게 하지 못한다면 남을 이롭게 하지 못하는 것은 말할 것도 없다. 윤회에 태어남은 모든 불행의 시작이므로 소승보다 더욱 윤회에 염증을 느껴서 버려야 하며 원력과 자비심과 같은 마음으로 윤회계에서 생을 취하는 것을 기꺼워해야 한다. 이러한 이유에서 이 두 가지는 같지 않다.

이와 같음을 구별하지 못하고 그와 같은 말을 한다면 그런 말을 하는 자에게 만약 보살계가 있으면 염오악작(染汚惡作)[306]이 생기게 된다고 『유가사지지론』의 「보살지」에서 말씀하셨으니 말이 길어질 것을 염려하여 다 적지 않는다.[307]

보살은 업력으로 윤회에 태어나지 않고 원력으로 윤회계의 생을 취한다.

---

304) 『불가사의비밀경』

305) 사백론의 주석서 『བྱང་ཆུབ་སེམས་དཔའི་རྣལ་འབྱོར་སྤྱོད་པ་བཞི་བརྒྱ་པའི་རྒྱ་ཆེར་འགྲེལ་པ། byang chub sems dpa'i rnal 'byor spyod pa bzhi brgya pa'i 'grel pa rgya cher bshad pa』

306) 보살계 가운데 18중계(重戒)를 어기면 타승죄라고 하고 46경계(輕戒)를 어기면 악작이라고 한다. 악작은 다시 번뇌를 기반으로 하는 염오악작과 그렇지 않은 비염오악작으로 나눈다.

307) 보살계율의 46경계 가운데 14번째는 윤회에서의 일시적 쾌락에 집착하는 악작이다. 보살이 윤회를 싫어하지 않는다는 경의 말씀을 오인하고 또 그것을 근거로 삼아 보살은 어차피 윤회를 통해서 정각을 이룬다고 여기며 윤회와 윤회에서의 쾌락 추구를 합리화하는 것이다.

그런 까닭에 윤회의 모든 허물을 다 알아 환멸을 느끼지만 대비大悲의 마음에 이끌려 윤회를 버리지 않는 것은 참으로 희유한 것이다. 반면 윤회의 원만구족을 천상의 무량궁과 같이 보는 애착이 조금도 줄지 않으면서 이타를 이룬다는 구실로 '우리들은 윤회를 버리지 않는다'고 한다면 그것을 과연 성현들이 반기실까. 『중관심요中觀心要』[308]에서도 다음과 같이 말씀하였다.

> 허물로 보는 까닭에 윤회에 머무는 것도 아니며
> 중생을 향한 사랑으로 열반에도 머물지 않으니
> 이타를 이루기 위해 수행 [禁行]을 행하는 자가
> 윤회에 또한 머무는 것이라네

또한 모든 중생에게 대비심을 일으키는 원인으로 「보살지」에서 설하신 대로 110가지 고통과 같은 한량없는 고통을 보는 것이며 그러한 것을 보고 보살의 마음에 견딜 수 없는 깊은 연민심을 오래토록 일으키게 된다. 이러한 사실과 보살이 윤회를 결코 싫어하지 않는다고 하는 것은 매우 모순되는 것이다.

먼저 윤회에서 벗어나려는 진정한 출리심이 일어나야 하며 그런 출리심이 일어난 연후에야 중생들을 자신의 가족으로 보게 되며, 또 그들을 이롭게 하기 위해 윤회라는 고통의 바다[苦海]로 들어가게 되는 것이다. 그러한 도의 과정[次第]은 보살 수행을 논하는 『사백론』의 견해이기도 하다. 대아사리 월칭보살께서도 『사백석론』에서 다음과 같이 명확하게 말씀하시고 있다.

윤회의 해악을 알고 윤회의 생을 버리므로 윤회의 변에 떨어지지 않고, 중생에 대한 사랑으로 적멸의 변에도 떨어지지 않으므로 대승의 보살은 윤회와 적멸 그 어디에도 머물지 않는 무주처열반을 구한다.

중생들이 겪는 한량없는 윤회의 고통을 관찰함으로써 중생이 고통에서 벗어나길 바라는 자비심이 일어나기 때문에 보살이 고통의 근원인 윤회를 싫어하는 것은 당연한 것이다. 따라서 중생에 대한 깊은 자비심을 오랫동안 일으킨다는 사실과 보살이 윤회를 결코 싫어하지 않는다는 말은 모순일 수밖에 없다.

---

308) 청변 저.

유회의 해악을 설함으로써 두려운 마음에 윤회로부터 벗어나려는 이들을 대승에 들게 하기 위해서 세존께서 "비구들이여, 오랫동안 윤회에서 유전하는 이들에게 아버지이거나 어머니이거나 혹은 아들이거나 딸이거나 형제이거나 친척과 같은 이가 아니라고 할 수 있는 자는 중생 가운데 그 어떤 중생도 있지 않느니라."라고 하셨으며 보살들도 세존의 말씀을 깨달아 무시이래 끊임없는 윤회 속에서 아버지와 어머니 등 가족이었던 불쌍하고, 의지할 곳 없는 그들 모두를 대승이라는 배로 건너게 하기 위해서 윤회에 뛰어들어 인고하는 것이다.

이러한 방식은 금강승 최상[無上]의 근기309)에도 필요한 것인데 『섭거행론攝行炬論』310)에 성천보살께서 다음과 같이 말씀하신 까닭이다.

이 차제로써 극무희론極無戲論311)의 밀행에 들어가야 한다. 그 차제는 이것이다. 여기에 맨 처음 수행자는 무시이래로 윤회의 고통을 떠올려 열반의 행복을 바라기 때문에 모든 쾌락을 완전히 버릴 뿐 아니라 크게는 전륜성왕의 원만구족조차도 고통으로 여겨 관찰해야 하는 것이다.

---

309) 『사가합주』에서는 금강승의 6종 근기에서 가장 뛰어난 무상근기라고 설명(© 428쪽)하고, 링린포체는 현교보다 뛰어난 밀교 금강승 그 자체를 뜻한다고 설명한다. 두 가지 해석 모두 의미상에서 크게 다르지 않지만 여기서는 『사가합주』를 근거로 번역하였다.

310) 밀교의 무상요가탄트라 구야싸마자(Guyasamāja)에 관한 성천보살의 저술이다.

311) 최상의 근기가 행하는 밀교 행법의 하나로 부처의 깨달음을 얻는 방편행을 뜻한다.

Ⅳ. 해탈도
Ⅳ-[1]- 어떠한 몸으로 벗어나는가
Ⅳ-[2]- 어떠한 도로써 벗어나는가

네 번째, 해탈로 나아가는 법[解脫道]을 정립한다.
씨리 자카따 미뜨라(Śrī Jagad Mitrānanda)께서 다음[312]과 같이 말씀하셨다.

> 한없이 깊은 고통의 바다
> 윤회의 소용돌이에 빠져 있으면서도
> 싫어하거나 두려움 없이 좋아하며 들떠 있네
> 우리의 심장에는 무엇이 들어 있는 것인가
>
> 궁핍해 구하여도 지키고 잃어버리는 어려움
> 헤어짐과 병듦과 늙음의 참혹함으로
> 항상 훨훨 타는 화염 속에 있건만
> 행복이라 착각하는 것은 미치광이일 터
>
> 아이고, 세간 사람 눈 뜬 장님이라
> 언제나 바로 느끼고 보이건만
> 여전히 조금도 생각하지 않는 것은
> 그대 심장이 금강석이 아니고 무엇인가

이와 같은 말씀처럼 스스로를 독려하여 윤회의 해악을 사유하고 관찰하여야 한다. 따라서 『칠동녀인연론七童女因緣論』[313]에서 다음과 같

궁핍하여 재물을 구하려고 하여도 얻지 못하는 어려움, 힘들게 얻은 것을 지키는 어려움, 또 그것을 잃게 되는 어려움과 좋아하는 것과 헤어지는 고통, 병듦과 늙음이라는 고통의 화염에 시달려도 그것을 행복이라 생각하는 것은 미친 자나 다름없다. 윤회의 고통이란 언제든 바로 느끼고 볼 수 있는 것임에도 보지 못하는 것은 장님과 다름없고 느끼지 못하는 것은 금강석과 다름없다.

---

312) 찬드라 왕에게 보내는 편지라는 논서. 『རྒྱལ་པོ་ཟླ་བ་ལ་སྤྲིངས་པའི་སྤྲིང་ཡིག rgyal po zla ba la springs pa'i spring yig』
313) 가섭불의 보시자 끄리끄리 왕의 일곱 공주 이야기를 논사 쌍와진(gsang ba byin)께서 게송으로 엮은 것.

이 말씀하셨다.

"세간에 머문다는 것은 물속에 비친 달의 형상처럼 요동치듯 보이고, 오욕이란 똬리를 틀고 있는 성난 뱀 머리의 그늘처럼 보이며, 이 중생들은 고통의 불길 속에 타고 있는 것으로 보았나이다. 그런 고로 왕이시여, 우리들은 벗어나기 위해 참으로 바라마지 않는 화장터로 가겠나이다."

이와 같은 말씀처럼 기세간과 유정세간이라는 윤회는 바람에 일렁이는 물속의 달처럼 잠시도 가만히 있지 않고 변하는 무상한 것이며, 욕계의 덕이란 이익이 적고 위험하여 독사의 그늘 밑과 같으며, 오도의 중생들이 삼고三苦라는 큰 불에 시달리고 있음을 보고 윤회에 대한 깊은 집착에서 벗어나려는 유목민 아이처럼 윤회의 모든 것에 싫증내는 마음이 생긴다면, 해탈을 진심으로 좋아해서 해탈을 얻고자 하는 출리심이 생기는 것이다.

'유목민 아이' 이야기는 이와 같다. 장(byang)[314] 지역에는 짬바[315]가 매우 귀해서 늘 순무를 먹었는데, 어느 날 배가 고프고 짬바를 먹고 싶은 마음에 아이는 어머니에게 먹을 것을 달라고 보채었다. 짬바가 없었던 어머니는 생 순무를 주었지만 아이는 그것이 싫다고 했다. 그러자 어머니는 말린 순무를 주었는데 아이는 여전히 싫다고 했다. 그래서 이번에는 삶은 순무를 주었지만 그것마저 싫다고 해서 그 다음은 쪄서 식힌 순무를 주었다. 그러자 그 아이는 "나는 그것도 싫어."하고 결국 짜증을 내며 "이건 다 순무잖아!"라고 소리쳤다.

이러한 비유처럼 우리들 역시 세간의 어떤 행복을 보고, 듣고, 생각하

314) 북 티벳 지역을 가리키며 대부분 유목으로 삶을 영위한다.
315) 티벳의 주식으로 보리를 볶아서 만든 가루.

든 간에 '그 모든 것은 세간의 것이다. 이것도 세간의 것이고, 저것도 세간의 것이다. 이 모든 것이 고통이라서 무엇이든 이렇다 할 만한 것이 없다.'고 생각하여야 한다. 순무에 넌더리가 나듯이 세간에 신물이 나야 한다는 옛 말씀과 같다.

이처럼 무시이래 오도 윤회에 떠도는 것을 생각하여 염증과 환멸을 느끼고 장차 계속해서 떠돌아야 할 것을 생각해서 두렵고 무서운 마음이 일어나야 한다. 그와 같이 말뿐이 아닌 참된 염리심이 일어난 자라면 『친우서』에서 다음과 같이

> 윤회가 이러하기 때문에 천신과 인간
> 지옥, 아귀, 축생의 세계에
> 태어남은 좋은 것이 아니니 생이란
> 많은 해악의 그릇임을 아셔야 하나이다

라고 말씀하셨듯이 반드시 모든 해악의 뿌리인 윤회에 태어남을 종식하여야 한다. 그것은 또한 업과 번뇌라는 두 가지 원인을 없애는 것에 달려있으며 이 두 가지 중에서도 번뇌가 없다면 아무리 업이 있어도 태어나지 않고, 번뇌가 있다면 이전에 지은 업이 없더라도 즉시 새로운 업을 쌓게 되므로 반드시 번뇌를 없애야만 하는 것이다.

이 번뇌를 없애는 것은 또한 바르고 완전한 도를 닦는 것에 달려 있다.

Ⅳ-[1] – 어떠한 몸으로 벗어나는가

여기에서 어떤 몸으로 벗어나는가, 어떠한 도를 닦아서 벗어나는가 두 가지를 설한다.

첫 번째, 어떠한 몸으로 윤회를 벗어나는가는 『친우서』에서 다음과 같이 말씀하셨다.

수명이 긴 천신으로 태
어나도 그곳은 수행을
할 여유가 있는 곳이 아
니므로 무가의 여덟 생
중 하나이다.

명이 긴 천신 그 어떤 생이라도

무가의 여덟 가지 생이라고 한다네

이런 것을 벗어난 여유를 얻어서

생을 없애기 위해서 노력하소서

이와 같은 말씀처럼 가만의 몸을 얻은 이 때에 윤회로부터 빠져나올 수
있어야 한다. 왜냐하면 무가無暇에서는 벗어날 기회가 없기 때문이다.
이는 앞에서 이미 설명하였다.

낼졸빠 첸뽀께서 "이번 생은 축생과의 차별을 분별할 수 있는 때이다."
고 하셨으며 뽀또와께서도 "이전에 그만큼 떠돌았지만 저절로 벗어나
지 못하지 않았는가. 앞으로도 저절로 벗어나는 것은 불가능하니 이제
는 벗어나야 한다. 벗어나는 때라는 것도 바로 지금 가만의 몸을 얻은
이 때이다."라고 하셨다.

가만의 몸을 얻은 자 중에서도 재가자는 법을 성취하는 데 걸림돌이 많
고 여러 죄를 짓게 되는 문제가 생긴다. 사문은 그와 달리 수행의 장애
가 적고 죄를 짓는 허물이 적어서 윤회를 벗어나는 가장 뛰어난 몸은
사문이다. 따라서 현자는 사문을 좋아하는 것이다.

재가자의 단점과 사문의 장점에 대한 반복적 사유는 이미 사문이라면
출가자의 마음을 견고하게 만들고, 아직 사문이 아닌 자들은 선근을 심
거나 이전의 선근을 발현시키기 때문에 이러한 것에 관해서 조금 언급
하겠다. 먼저 재가자는 무언가를 얻게 되면 그것을 지키려는 노력으로
괴롭고, 궁핍하면 구하는 괴로움으로 몸이 고단하므로 안락함이 없다.
어리석음으로 인해 고통을 행복으로 여기는 것은 나쁜 업의 결과임을
알아야 한다. 『본생담』에서 다음과 같이 말씀하셨다.

감옥과 같은 집을
결코 안락하다 생각지 마시오
부유하든 가난하든
집에 머무는 것은 큰 병이오

한 사람은 지켜서 괴롭고
다른 사람은 구해서 야윈다오
부유하든 혹은 가난하든
어디에도 안락이 없다오

그것을 좋아하는 어리석음은
악업의 과보가 익은 것이오

개와 돼지가 오물을 좋아하듯이 고통스러운 것을 행복한 것이라 여기는 것은 악업의 결과이다. (ⓒ 433쪽)

그런 까닭에 많은 물건을 가지고도 만족하지 못하여 또 구하는 것은 사문의 일이 아니다. 그렇지 않다면 재가자와 별반 다르지 않기 때문이다. 뿐만 아니라 세속에 머무는 자는 법을 거스르게 되므로 세속에서 법을 성취하는 것은 어려운 것이다. 따라서 『본생담』에서 다음[316]과 같이

세속의 생업에 종사하면
거짓말을 하지 않고는 불가능하며
상대가 잘못을 행한 것을
벌하지 않고서는 불가능하네

---

316) 『본생담』 18품의 내용으로 전생에 부잣집 아들로 태어난 부처님은 일찍이 세속의 허물을 보았다. 아버지가 돌아가시고 모든 재산을 회향한 후에 숲속으로 들어가 수행을 하자 부친의 벗이 찾아와 "왜 스스로 거지가 되어 어렵게 지낼 필요가 있는가? 세속에서도 얼마든지 법을 행할 수 있다."고 설득하자 그것에 대한 답으로 말씀하신 게송이다.

가령 법을 행하면 세속의 생업을 잃고
세속으로 향하면 법을 어찌 이루리
법의 일은 지극히 평온한 것이나
세속 일은 거친 것으로 이뤄지는 것이오

그러므로 법을 거스르는 허물이 있는 까닭에
자신을 이롭게 하려는 그 누가 세속에 머물리오

라고 하셨고 또한 다음과 같이 말씀하신 까닭이다.

교만함과 자만, 어리석음이란 뱀의 소굴
적멸을 좋아하는 행복이 사라지리니
세속은 크고 많은 고통의 근원
뱀굴과 같은 곳에 누가 머물 것인가

이와 같이 세속에 머무는 허물을 거듭 사유하여 출가자가 되기를 염원해야 한다. 남루한 법의와 발우, 탁발로 만족하고 적정처에서 자신의 번뇌를 닦아 타인의 공양처가 되기를 바라는 염원은 『칠동녀인연론』에서 다음과 같이 말씀하신 것과 같다.

머리카락을 삭발하여
분소의糞掃衣를 입고
곤빠[적정처]317)에 있길 원하니
어느 날 그와 같이 되면 좋으리

---

317) 곤빠(དགོན་པ། mgon pa)는 광의로는 오지, 적정처, 수행처를 뜻하고 협의로는 절, 사원이라는 뜻을 가진다.

멍에를 씌운 소처럼 앞만 보며
손에는 흙 바리때를 들고서
공납公納의 걸림없이 이집 저집으로
걸식한 것을 언제 먹을 수 있으리

재물과 명예에 대한 집착이 없고
가시덤불의 진흙탕 같은 번뇌를
닦아서 마을 사람들의
공양처가 언제 될 것인가

풀로 만든 잠자리에 지붕 없는 곳에서 자고 나서 밤이슬로 묵직해진
옷과 조악한 음식에 만족하며 나무 아래에 부드러운 풀 위를 처소로
삼아 법의 기쁨으로 살고 잠들기를 다음과 같이 염원한다.

풀로 엮은 자리에서 일어나
밤이슬로 묵직해진 옷가지와
조악한 먹거리, 마실 거리로
몸에 대한 집착이 사라질 날 언제 올까

나무아래 앵무새처럼 녹색의
부드러운 강아지풀 자리에서
행복한 법의 향연을 만끽하며
내가 누을 수 있는 날이 언제 올까

선지식 뽀또와께서는 "카르톡[318]에 눈이 내려서 엊저녁은 『칠동녀인

---

318) 티벳의 수도 라싸와 가까운 팬보 지역에 있는 지명. (ⓓ 중권 142쪽)

연론』의 고사古事에서 말씀하신 수행자가 된 것 같은 그런 느낌이 들어 기뻤다. 그런 식으로 수행하려는 마음뿐 다른 생각이 없다.”고 말씀하셨다.

약초가 무성한 산야와 강변에 머물며 물결이 생기고 사라지는 것을 살펴 자신의 육신과 목숨이 그와 같음을 사유하고, 윤회의 뿌리이자 모든 사견을 일으키는 아집을 관찰지觀察知로 없애며, 윤회의 쾌락을 혐오하고 기세간과 유정세간이 허깨비 따위와 같음을 거듭해서 사유하기를 염원하는 것은 다음과 같다.

> 언젠가 약초 가득한 강변에 머물며
> 일어났다 사라지는 물살과
> 살고 있는 세상이 같다는 것을
> 거듭 거듭 보게 되기를
>
> 모든 견해의 모태인
> 살가야견을 제거하고
> 윤회의 재화를 원치 않는
> 내가 언제 될 것인가
>
> 유정과 유정 아닌 세간[319]이
> 꿈, 신기루, 허깨비, 구름
> 건달바의 마을[320]과 같음을
> 언제 깨닫게 될 것인가

---

319) 기세간을 뜻함.

320) 인도 논사 쌍게쌍와에 의하면 건달바가 원하는 곳에 마을이 갑자기 만들어지거나 때로는 사라지기 때문에 건달바의 마을은 실체가 없는 것의 비유로 쓰인다고 한다. (ⓑ 60쪽)

이 모든 것은 또한 출가자의 몸이 되어 그러한 행을 하기를 염원하는 것이다.

체까와께서도 "인간으로 태어나 고행의 산속에서 선인의 모습으로 머물 수 있다면 비로소 아비가 아들을 키운 보람이 있듯이 그제야 부처님의 제자가 된 의미가 있는 것이다."고 하셨다.

쌰라와께서도 말씀하시길 "재가자가 일로 바쁠 때 잠시 제일 좋은 옷을 차려입고 어떤 절에 가서는 '스님들은 좋겠다'라는 생각이 들면 그것으로 미래에 출가자가 될 종자를 심는다."고 하셨다. 『용맹장자청문경勇猛長者請問經』에서도 다음과 같이 말씀하셨다.

> 나 또한 고통의 근원지인 세속의 집에서 나와 언제 이와 같은 행을
> 할 것인가? 나 또한 언제 승가의 일과 포살의 일, 해제의 일, 예경의
> 일을 하게 될 것인가? 라고 생각하여 그는 그처럼 출가자의 마음을
> 좋아하였느니라.

재가자 보살이 그와 같이 염원하였다고 하였는데 이는 주로 구족계를 염원함을 의미한다고 말씀하셨다. 『장엄경론』에서도 다음과 같이 말씀하셨다.

> 출가자의 쪽에 있는 자들은
> 무량한 공덕을 지니고 있는 자
> 고로 계를 수지한 자는 재가의
> 보살보다도 뛰어나다네

그러므로 윤회에서 벗어난 해탈을 이루기 위해 출가자의 몸을 찬탄할 뿐 아니라 현교 바라밀승과 밀교 금강승에서 일체지를 이루는 데에도

세 가지 계율이란 별해
탈계, 보살계, 금강승
계를 말한다.

출가자의 몸이 최상의 몸이라 말씀하셨다. 출가자의 계율은 세 가지 계율 중에서 오직 별해탈계를 뜻하기 때문에 불법佛法의 근본인 별해탈계를 귀하게 여길 줄 알아야 한다.

Ⅳ-[2]- 어떠한 도로써 벗어나는가

두 번째 어떠한 도를 닦아서 벗어나는가는 『친우서』에서 다음과 같이 말씀하셨다.

> 머리나 옷에 갑작스레 불이 붙었다면
> 그 불을 끄기 위한 일을 제쳐두고라도
> 다시 윤회하지 않도록 하기 위해 노력하는 것
> 이것보다 더 긴요한 것은 그 어디에도 없다네
>
> 계율들과 지혜와 선정으로
> 열반, 적寂, 정定, 무구無垢의
> 지위, 늙음과 죽음과 다함이 없는 것
> 지수화풍과 일월을 여읜 것을 성취하시라

일부 외도는 해탈의 경
지를 지수화풍의 사대
요소로 이루어진 물질
과 일월신과의 합일로
보기 때문에 그러한 것
을 여읜 참된 해탈을
얻으라는 의미이다.
(ⓒ 437쪽)

이와 같은 말씀처럼 고귀한 삼학의 도를 수행해야 한다.

[2]-{1} 삼학의 법수

여기에는 삼학이라는 세 가지 법수法數로 정해져 있으며 그 이유는 세 가지이다. 그 가운데에서 첫 번째는 마음을 다스리는 순서에 따라 법수가 정해진 것으로 산란한 마음을 산란하지 않도록 하는 것이 계학이고, 평정하지 못한 마음을 평정하게 하는 것이 정학定學 혹은 심학心學이며, 해탈하지 못한 마음을 해탈케 하는 것이 혜학이다. 이 세 가지로써 수행자의 일체 수행이 원만히 완성되는 것이다.

두 번째는 과보에 따라 법수가 정해진 것이다. 지계의 과보는 욕계의 두 가지 선취(욕계천,인간)이고 계율을 어긴 과보는 악도이다. 정학의 과보는 색계와 무색계라는 두 상계의 선취에 태어나는 것이며 혜학의 결과는 해탈이다. 요컨대, 삼학의 목적은 선취와 해탈이고 선취에는 두 상계와 하계의 선취가 있으므로 그것을 이루는 방법에도 세 가지가 있는 것이다. 마음을 다스리는 순서와 과보에 따른 이 두 가지 법수는 「본지분」에서 말씀하시고 있다.

세 번째, 선대 스승들께서 끊어야 하는 바[所斷]인 번뇌에 따라 또한 법수를 설명하신다. 즉 번뇌가 일어나지 않도록 하는 것(계학)이고, 현행하는 번뇌의 머리를 누르는 것(정학)이며, 번뇌의 종자를 뿌리뽑는 것(혜학)이니 삼학이다.

[2]-(2) 순서의 의미

두 번째 계, 정, 혜 삼학의 단계는 「본지분」에서 『범문경梵問經』을 다음과 같이 인용하여 설명하고 있다.

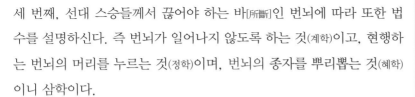

지극히 견고한 뿌리와
적정의 마음을 즐기고
뛰어난 견해를 갖추어
나쁜 견해를 끊으라

여기에서 계학은 뿌리이다. 이는 다른 두 가지가 계학으로부터 생기기 때문이다. 계학에 의지하여 마음의 평정을 이루기를 좋아하는 것이 두 번째 단계(정학)이다. 그처럼 평정한 마음으로 실상을 여실히 보는 까닭에 뛰어난 견해를 갖추고 나쁜 견해를 여의는 것이 세 번째 단계(혜학)이다.

[2]-(3) 삼학의 본질

세 번째 삼학의 본질은 『범문경』에서 다음과 같이 설하였다.

> 여섯 가지[六支]를 갖추고 있고
> 네 경계의 행복을 갖추고 있으며
> 네 가지[321]의 각 네 가지 모습[行相]을
> 항상 깨닫는 청정한 지혜[智慧]라네[322]

여기에서 계학이란 여섯 가지[323]를 갖춘 것이다. 그 가운데 지계[324]와 별해탈계의 제어[325] 이 두 가지는 해탈로 이끄는 출리出離 계율의 청정함을 나타낸다. 궤범軌範[326]과 위의威儀[327] 이 두 가지는 위엄 있는[328] 계율의 청정함을 나타낸다. 작은 죄라도 두렵게 봄은 흠결 없는 계율의 청정함을 나타낸다. 계율의 학처學處를 바르게 수지하고 나서 계행을 익히고 행함은 전도되지 않은 계율의 청정함을 나타낸다.

마음의 네 가지 경계란 사선四禪이다. 그 자체로 이생에서 선정의 즐거

---

321) 네 가지는 사성제이고 사제 각각의 네 가지 특징을 16행상이라 한다.

322) 應圓滿六支四樂往成就, 於四各四行, 智慧常淸淨 『유가사지론』 16권(ABC, K0570 v15, p.587a01)

323) 何等六支一安住淨尸羅, 二守護別解脫律儀, 三軌則圓滿, 四所行圓滿, 五於諸小罪見大怖畏, 六受學學處, 如是六支, 顯示四種尸羅淸淨. 安住淨尸羅者, 是所依根本. 守護別解脫律儀者, 顯示出離尸羅淸淨, 爲求解脫, 而出離故. 軌則, 所行, 俱圓滿者, 此二顯示無所譏毀尸羅淸淨, 於諸小罪, 見大怖畏者, 顯無穿缺尸羅淸淨. 受學學處者, 顯無顚倒尸羅淸淨, 如是六支, 極圓滿故, 增上戒學與餘方便所依止. 『유가사지론』 16권(ABC, K0570 v15, p.594a10-a21)

324) 계를 지닌다는 의미의 댄바(ལྡན་པ། ldan pa)는 어떠한 계율의 근본 계율을 어기지 않아 계체가 온전한 상태를 말한다. 비구계를 예로 성죄를 짓지 않아 바라이죄가 생기지 않은 상태를 말한다.

325) 별해탈계 가운데 비구계를 예로 들면 250계로써 모든 행위를 제어함이 있는 것을 말한다.

326) 염불과 공양, 스승에 대한 봉양, 병자를 돌보는 방식이나 그때마다 행해야 하는 선법의 규범 등을 가리킨다. (ⓒ 439쪽)

327) 승복을 입거나 변을 보거나, 물을 마시거나 치목을 버리거나 마을에 가거나 할 때 사문으로 행해야 하는 몸가짐으로 바깥으로 보이는 모습을 뜻한다. (ⓒ 439쪽)

328) མ་སྨད་པ། (ma smad pa)는 흉을 보아 깔보거나 업신여김이 없다는 의미를 의역한 것.

움에 머물 수 있기 때문에 행복을 갖춘 것으로 그것이 곧 정학定學이다. 네 가지란 네 가지 진리[四諦]를 가리키며, 이 사제 각각의 네 가지 행상이란 고제苦諦에는 무상無常, 고苦, 공空, 무아無我의 네 가지 상과 집제集諦에는 인因, 집集, 생生, 연緣의 네 가지 상, 멸제에는 멸滅, 정靜, 묘妙, 이離의 네 가지 상, 도제에는 도道, 여如, 행行, 출出의 네 가지 상이다. 이러한 열여섯 가지 행상을 깨닫는 지혜가 혜학이다.

여기서 중근기의 도만을 가르친다면 이 부분에서 삼학으로 이끄는 여러 방식과 자세한 설명이 필요하겠지만 중근기의 도만을 가르치지 않기 때문에 혜학의 관[觀, 위빠사나]과 정학의 지[止, 사마타]를 일으키는 방법은 상근기의 도에서 자세히 설명할 것이므로 여기에는 이 이상 설명하지 않는다.

따라서 여기에서는 계학을 배우는 방법만을 요약하여 설명한다.

지계의 이로움과 공덕의 사유

계학을 배우는 데 있어 가장 먼저 계율의 공덕을 거듭 사유하여 진심으로 깊은 환희심을 일으켜야 한다. 『대열반경』에서 다음과 같이 말씀하셨다.

> 계율은 모든 선법의 발판이니라
> 나무 등의 근간이 대지이듯이 모든 선법의 근간이니라
> 계율은 대상인이 모든 상인의 선두에 가듯이
> 모든 선법의 선두에 가느니라
>
> 계율은 제석천의 휘날리는 승전의 깃발처럼
> 모든 법의 승리를 알리는 장엄이니라

계율은 모든 악업과 악도의 길을 완전히 끊게 하느니라
계율은 악업의 일체 병을 고치므로 약초와 같으니라

계율은 척박한 윤회 길의 풍족한 식량이니라
계율은 번뇌의 적을 쳐부수는 무기이니라
계율은 번뇌의 독사를 없애는 주문[呪]이니라
계율은 악업의 강을 건너는 교량이니라

용수보살께서도 다음과 같이 말씀하셨다.

『친우서』의 게송

계율이란 유정과 무정을 지탱하는 대지처럼
모든 공덕의 바탕이라고 말씀하셨네

『묘비청문경』에서도 다음과 같이 말씀하셨다.

이와 같이 모든 곡식이 땅에
의지하여 흠 없이 자라나듯이
그처럼 계율에 의지하여 수승한 선법이
자비의 물기를 머금고 자라난다네

이와 같은 말씀처럼 계율의 이익과 공덕을 사유한다.

범계의 허물과 해악의 사유

계율을 수지하여서 지키지 않는다면 매우 큰 해악이 있다. 『필추진애
경苾芻珍愛經』에서 다음과 같이 말씀하셨다.

어떤 이는 계율로 행복하고
어떤 이는 계율로 불행하네
계를 지니는 것이 행복이고
계를 범하는 것이 불행이네

이처럼 지계의 이로움과 범계의 해악 이 두 가지를 모두 말씀하셨기 때문에 범계의 해악까지도 잘 사유하여 계율을 귀하게 여길 수 있어야 한다.

지계의 실천

계율을 어떻게 익히고 행할 것인가? 타죄墮罪가 생기는 네 가지 원인은 무지함과 방일함, 불경함, 많은 번뇌이다.

그 가운데 무지함의 대치법으로는 배울 바를 듣고 배워서 아는 것이다. 방일함의 대치법으로는 해야 할 바와 하지 않아야 할 바를 잊지 않는 정념正念과 즉각적으로 삼문을 살펴 잘잘못을 알아차리는 정지正知, 스스로를 이유로 혹은 법을 이유로 죄를 삼가는 참慚과 '남들이 뭐라 하지 않을까' 하고 꺼리는 괴愧와 죄행의 과보를 두려워하여 주의하는 것 등을 실천하는 것이다.

불경함의 대치법으로는 교조이신 부처님과 부처님의 율법과 청정범행을 행하는 사문들을 귀하게 여기는 것이다.

많은 번뇌의 대치법으로는 마음을 살펴서 번뇌 가운데 강한 번뇌를 다스리는 대치법을 수행하는 데 노력하고 그것에 의지하는 것이다.[329]

이와 같이 노력하지 않고 '이 정도는 어겨도 작은 허물에 지나지 않는다.'고 대수롭지 않게 생각해서 부처님의 율법에 방만하게 행한다면 오

---

329) 탐의 번뇌가 강한 사람은 부정관을, 진의 번뇌가 강하면 자애관을 닦는 것이 대치법이다.

직 고통을 얻게 될 것이다. 그래서 『분별율경』에서 다음과 같이 말씀하신 까닭이다.

> 어떤 대자대비하신 부처님의 법을
> 가벼이 여기고 조금 어긴 것으로
> 그는 그것으로부터 고통을 얻으리
> 대나무 울타리를 없애면 망고 숲이 망가지듯이
>
> 여기에 어떤 이가 왕의 어명을 또한
> 어겨도 몇 번의 벌을 피할 수 있겠으나
> 부처님의 말씀을 이유 없이 어긴다면
> 축생으로 태어난 에라[330]용처럼 되리라

그러므로 계율의 허물이 생기지 않도록 노력하고 만약 허물이 생겼더라도 대수롭지 않게 여기지 말고 부처님께서 말씀하신 대로 타죄墮罪와 악업을 정화하는 방법을 그대로 실천하는 데 노력해야 한다. 『범문경』에서 다음과 같이 말씀하셨다.

> 계율의 가르침에 의지하라
> 그것에 진심으로 신중하라
> 받은 후에 버려서는 안 되며
> 목숨을 버릴지언정 파하지 마라

---

330) 한때 부처님께서 설법을 마치시며 대중에게 다음에는 자신의 본모습을 그대로 드러내지 않고 모습을 바꿔서 참석하는 것을 불허한다고 말씀하셨다. 그러자 다음 법회에 머리에 나뭇가지가 돋은 기괴한 모습의 용이 나타났고 그의 모습을 본 대중들은 크게 놀라고 동요하였다. 부처님께서 전에 법을 듣던 그 소녀라고 하시며 그런 모습을 하게 된 인연을 설하셨다. 과거 가섭불 시대 비구였던 그는 머리에 에라 나무가 부딪히자 계를 어기는 것임을 알면서도 홧김에 나뭇가지를 꺾어버렸고, 그 과보로 머리에 에라의 나뭇가지가 돋은 용으로 태어나 바람이 불 때마다 큰 고통을 겪게 된 것이었다. 부처님께서 알면서 저지른 범계와 죄는 그 과보가 무겁다는 경각심을 불러일으키기 위해 그의 모습을 사원에 그리라고 하신 것이다.

항상 노력으로 머물러라
다스림[制御]을 행하라

『성취진실시라경成就眞實尸羅經』[331]에서 다음과 같이 말씀하셨다.

비구들이여, 목숨을 버리고 죽는 것이 나으리라. 계율이 기울고 무너짐은 그와 같지 않느니라. 그것은 어째서인가? 목숨을 버리고 죽음으로써 이생의 명만이 다하는 것이나 계율이 기울고 무너짐으로써 수천 생 동안 종성[332]에서 멀어지고 행복이 끊어지며 큰 타죄의 고통을 겪게 되느니라.

이처럼 목숨보다 지계가 중한 이유를 설하셨듯이 목숨을 다하여 계율을 지킬 수 있어야 한다. 그와 같이 계를 지키지 않는다면 '내가 머리 깎고 승복을 입는 것은 의미 없는 것이다.'라고 생각할 수 있어야 하는데 『삼마지왕경』에서 다음과 같이 말씀하신 까닭이다.

이 부처님의 법에 출가하여
악한 업들을 크게 행하면서
재물과 곡식을 귀하게 여기고
탈 것과 소, 마차들에 집착하며
계율을 중하게 여기지 않는 이들
이러한 이들까지 어째서 머리를 깎는가

---

331) 율장에 의하면 포살 하루 전에 비구들은 반드시 서로 법을 설하고 들어야 하는데 그러한 시간이 없다면 포살하는 날 이 경을 읽으면 법을 듣고 설하지 않는 비구계의 허물이 생기지 않는다고 한다.

332) 선취에 태어나는 종성을 뜻한다.

윤회에서 탈출하기를 원하여 해탈의 마을로 가기 위해서는 계율이라
는 다리가 부실하면 갈 수 없을 뿐더러 윤회에 다시 유전하여 고통으
로 무너지게 된다. 그러한 비유를 『삼마지왕경』에서 다음과 같이 말
씀하셨다.

한 사람이 도적떼에게 큰 해를 당해
살고자 도망가려 애를 써 보았지만
그의 다리로는 가고 달릴 수 없어
도적들이 그를 잡아 해하듯이

그처럼 어리석어 계를 범한 자
윤회로부터 도망치려 하여도
계율이 기울어 벗어나지 못하니
병노사로써 큰 해를 입느니라

따라서 해탈하기 위해서는 지계에 노력해야 한다.

말법시대 지계의 이익이 큰 이유
뿐만 아니라 상기의 경에서 다음과 같이 말씀하셨다.

속복을 입은 재가자에게
내가 설한 계율[學處]
그 때는 비구에게
그 계율조차 없어지니라

그처럼 우바새를 위해 설하신 오계를 원만히 지키는 비구조차 없다고

말씀하신 이 말법 시대에 계를 지키는 노력은 그 선의 과보가 더 크기 때문에 더욱 지계에 노력해야 하는 것이다. 이는 곧 같은 경에서 다음과 같이 말씀하신 까닭이다.

말법시대는 마음을 다스리는 데 장애가 많아 계율을 지키기 힘든 시대이다. 힘든 여건에서 계율을 지킨 까닭에 그 과보가 이전보다 큰 것이다.

항하사 수만큼의 겁 동안
신심으로 먹거리와 마실 거리,
산개傘蓋와 당번, 등불로
무수한 부처님께 봉양한 것

어떤 이가 정법이 다 멸하고
여래의 법이 사라지게 될 때
하루 동안 한 가지 계율을 행한
이 복덕이 그보다 더 뛰어나느니라

참회하면 그만이라는 생각으로 계를 파하는 잘못

그뿐만 아니라 계를 파하는 죄[墮罪]가 생기더라도 참회하면 된다고 생각하여 두 번 다시 어기지 않겠다는 다짐[改心]없이 또다시 잘못을 행하는 자는 마치 치료하면 된다고 하며 독을 먹는 것과 같다.
『미륵불사자후경彌勒佛獅子吼經』에서

미륵이여, 이후 마지막 후오백세에 세속에 머무는 보살과 몇몇 출가자가 이와 같이 말하느니라. 악한 업이란 죄를 참회하면 모두 없어진다고 떠드느니라. 그러한 자들은 악한 행위를 실제 행하여서 또다시 참회하는 것이라고 하며 타죄를 특히 없애려 하여도 이후에 다시 악업을 하지 않겠다고 마음을 고쳐먹지 않는 자들이 나오게 되느니라. 그러한 이들을 죽음의 업을 가진 자들이라고 나는 말하나니 죽음은 또한 무엇인가 하면 이와 같으니라. 비유하면 독을 먹은 사람과 같아 죽었을 때 잘못된 나락으로 나아가게 되느니라.

라고 하셨으며 또 다음과 같이 말씀하신 까닭이다.

미륵이여, 성현의 이 율법에서 독이라고 하는 것은 이와 같으니 곧 계율의 학처를 어기는 것이라, 그대들은 독을 먹지 말지어다.

이와 같은 이치로써 계율을 지키는 것은 별해탈계를 수지한 밀교 수행자라 하더라도 마찬가지이다. 왜냐하면『묘비청문경』에서

승리자[大雄] 내가 말한 별해탈의
청정한 계율 모든 율의 가운데
재가 밀행자는 **징표**와 의궤를 제외한
그 나머지들을 실천해야 하리라

라고 말씀하셨듯이 재가 밀교 수행자도 출가자의 징표[333]에 관한 것과 승가의 일에 관한 의궤, 특수한 일부 계율을 제외하고 율장에 나와 있는 대로 행해야 한다면 출가한 밀교 수행자는 말할 필요도 없기 때문이다.

지계 없이는 금강승의 그 어떤 성취도 이룰 수 없으며 선취에 태어날 수도 없다[334]

계율은 금강승의 도를 성취하는 근본이기도 하다. 왜냐하면『묘비청문

---

333) 삭발염의를 가리키며 주로 승복, 가사 따위의 복장과 두발로 사문임을 나타내는 외적인 표식.

334) 티벳의 왕이 국가적으로 아티샤를 초청한 것은 당시 티벳에 사법과 정법이 뒤섞인 탓에 매우 혼란스러워 그것을 가려줄 스승이 필요했기 때문이다. 아티샤의『보리도등론』과 그것의 해설서인『보리도차제광론』은 혼란했던 당시 시대상이 반영된 가르침이라고 볼 수 있다. 밀교 수행을 이유로 계율을 무시하고 막행하는 자들은 그 어떤 성취도 이룰 수 없으며 막행의 과보로 악도에 태어나게 되는 것을 부처님의 경에 근거하여 쫑카파 대사가 역설하고 있다.

경』에서 다음과 같이 말씀사신 까닭이다.

금강승의 근본으로 처음에는 계율이며
그 다음으로는 정진과 인욕 그리고
부처님에 대한 신심과 보리심이고
비밀진언(수행)과 게으름이 없는 것이네

가령 전륜성왕이 칠보를 갖추어
수순하게 유정을 조복하듯이
그처럼 밀행자가 이 일곱 가지를
갖추면 악업을 조복하게 되리라

『문수사리근본속 文殊師利根本續』[335]에서도 다음과 같이 말씀하신 까닭이다.

이 진언 수행자에게 계율이 기울면
그에게는 최상의 성취가 없고
중간의 성취 또한 있지 않으며
하위의 성취조차 있지 않으리

계율을 범한 자에게 대능인께서
비밀을 이룬다고 말씀하시지 않으니
열반의 마을로 나아가는
대상과 방향 또한 아니라네

이 악하고 어리석은 아이에게
비밀의 성취가 어디 있으랴

---

335) 문수사리 본존수행에 관한 밀교 경전이다.

계율의 흠결 있는 이 사람에
그에게 선취가 어디 있으랴

증상생增上生에도 나지 못하고
최상의 행복도 얻을 수 없다면
대웅께서 말씀하신 비밀들
그 성취들은 말할 필요도 없으리

캄룽빠(kham lung pa)께서 말하시길, "기근이 생기면 모두 곡식이 있는 곳으로 모이기 마련이다. 그처럼 고통을 원치 않는 이들 모두 계율로 모여드는 것이니 이것에 전념하라. 청정계율도 인과를 사유하지 않고서는 불가능한 것이니 고로 인과를 사유하는 것이 그 비법이니라."라고 하셨다.

또한 쌰라와께서 말씀하시길 "좋고 나쁜 그 어떤 일이 생기더라도 일단 법에 의지하고 그 중에서도 율장에 나와 있는 대로 의지한다면 시행착오를 거듭할 필요가 없고, 거리낌이 없으며, 흔들림 없고, 즐겁고, 결말이 좋다."고 하셨다.

선지식 돔띤빠께서 "어떤 부류는 율律에 의지하여 밀교를 버리고 또 어떤 부류는 밀교에 의지하여 율을 버리는데 계율은 밀교 수행의 조력자이고 밀교 수행은 계율의 조력이 되는 것[336]이라는 가르침은 우리 스승의 전승이 아닌 다른 데에는 없는 것이다."고 말씀하셨다.

---

336) 가령 비구가 오후의 음식을 먹게 되면 율장에서 말씀하신 사문의 오후불식 계를 어기는 정도에 그치지만, 밀교 수행을 하는 비구가 그것을 어겼다면 밀종계의 중계에 해당하는 계율 즉 부처님의 말씀을 어기는 근본 타죄가 생겨 밀종계까지 파계하게 된다. 금강승 도에 입문하여 밀교수행을 하기 위해서 반드시 밀종계를 받아 지켜야 하므로 밀교 수행을 하지 않는 비구보다 밀교 수행을 하는 비구가 계율을 더욱 엄중하게 여기고 작은 죄라도 삼가게 되는 것이다. (ⓒ 448쪽)

아티샤께서도 "우리 인도에서는[337] 중요한 일이나 갑작스러운 일이 생기면 삼장법사들이 회합하여 삼장에서 금하거나 삼장과 어긋나지 않는지를 규명하여 그 기준에서 결정한다. 우리 비크라마실라 승가에는 그에 더하여 보살행의 경장에서 금하고 있는지 혹은 그것과 어긋남이 없는지를 살피는 하나의 전통이 있으며 논의한 내용의 결론은 율의에 정통한 자들이 내린다."고 하셨다.

청정한 지계는 번뇌와의 투쟁이 있을 때 가능한 것

이처럼 청정한 지계에 있어서 또한 네우술빠(sne'u zur pa)[338]께서 다음과 같이 말씀하셨다.

> 지금 내 안의 번뇌와 싸우는 것, 오직 이것만이 중요하다. 번뇌와 싸우지 않으면 청정한 지계가 불가능하고, 그렇게 되면 번뇌의 머리를 누르는 정학과 번뇌의 뿌리를 근절하는 혜학이 불가능하니 결국 윤회계를 영원히 떠돌아야 한다고 말씀하신 대로이다. 고로 앞서 말했듯이 번뇌를 잘 알며 번뇌가 가져다주는 해악과 그것을 떨쳐버린 이로움을 깊이 사유하여야 한다. 정념과 정지라는 감독관을 심어서 어떤 번뇌가 고개를 들고 살살 올라오려고 하면 고개를 들지 못하도록 거듭거듭 머리를

---

337) 라싸의 숄(ཞོལ)판본의 1551쪽 앞장 4번째 줄에는 'རང་རྒྱ་གར་ན(우리 인도에서는)'라고 되어 있다. 이 판본 이외는 모두 'རང་རྒྱ་གར་བ་ལ(우리 인도인에게)'라는 사람의 뜻을 나타내는 접미사가 붙어 있어 '인도인'이나 '인도 승가'라고 번역할 수 있으나 번역했을 때 더 자연스러운 문장을 선택하였다.

338) (1042-1118): 법명은 예쎄 바르(ye shes 'bar), 삼매력을 타고난 자로 알려졌다. 어릴 때 출가하여 26세에 라딩으로 가, 스승 곤바빠를 만나 아티샤 전승의 법을 모두 받았다. 한 번은 곤바빠께서 머리에 손을 얹어 가피를 내리셨는데, 스승의 세 손가락의 흔적이 죽을 때까지 남아 있었다고 한다. 주로 소작탄트라의 수행을 하였으며 그 법맥의 본존과 보살들을 친견하였다. 곤바빠의 입적 후에는 뽀또와를 스승으로 모시고 수행하였고 이후 네우술(라싸에서 멀지 않은 지금의 호가르 지역)이라는 곳에 가서 사원을 짓고 머물며 제자를 키웠기 때문에 네우술빠라고 불렀다. 주로 도차제를 가르치며 천 명 이상의 많은 제자와 후학을 양성하였고 77세에 입적하셨다. 삼매의 힘이 견고하여 밀라래빠와 벗으로 교류하였다고도 전해진다. (『동깔칙죄(東噶西學大事典)』1252쪽, 中國藏學出版社 2002.)

때려야 한다. 또 어떠한 번뇌가 자신의 마음에 불쑥 올라오면 즉시 그것을 적으로 보고 분투할 수 있어야 한다. 그렇게 하지 않고 처음 생겼을 때 방치하고, 잘못된 분별[非如理作意]이 더해지면 감당하고 대적할 수 없는 상대가 되기 때문에 결국 완전히 그것에 잠식되어 버린다.

그와 같은 노력을 해서 완전히 사라지지 않더라도 '물속에 그린 그림'처럼 번뇌가 지속되지 않도록 즉시 처리하여야 하며 '돌에 새긴 그림'처럼 되어선 안 된다. 『친우서』에서 말씀하셨다.

> 마음이란 물과 흙, 그리고 돌에
> 그림을 그리는 것과 같음을 알아야 하네
> 그중에 번뇌의 마음에는 첫 번째가
> 제일이고 법을 구하는 자들에게 마지막이네

이처럼 법의 편에 있는 마음은 그와 반대로 돌에 그림을 그리듯 하고 번뇌의 마음은 물에 그림을 그리듯 금세 사라지도록 해야 한다. 『입행론』에서도 다음과 같이 말씀하셨다.

이 번뇌가 오래 전부터 나를 해하였던 것을 생각하여 그것에 집착하고 또 그런 이유로 원한을 품어 싸워 이기겠다는 마음은 일으키지 않아야 하는가? 대상에 원한을 지닌 그러한 모습의 번뇌는 일으켜서는 안 되지만 그것은 번뇌를 부수는 까닭에 예외이다. (ⓒ 451쪽)

> 이 번뇌에 내가 집착하며
> 원한을 품고 싸워 이기려는
> 그러한 모양의 번뇌는
> 번뇌를 부수는 것이니 예외라네

> 나를 태우고 죽이거나
> 내 목을 쳐도 상관없으나
> 언제 어디서든 번뇌라는
> 적에게는 굴복하지 않으리

선지식 푸충와께서 "나는, 번뇌에 제압되더라도 적어도 그 아래서 이를 갈며 분개한다."고 하셨다. 뽀또와께서 이 말을 들으시고 "그렇게 하면 그 사이에 번뇌가 사라진다."고 하셨다.

일반적으로 보통의 적敵은 한번 쫓아내더라도 다른 곳에서 힘을 길러 다시 보복하러 올 수 있지만 번뇌라는 적은 그와 다르게 마음에서 한 번 완전히 뿌리 뽑히면 다른 곳으로 갈 수도 없고 다시 돌아오는 것도 불가능하다. 번뇌에게 그와 같은 장점이 있음에도 불구하고 번뇌를 없애기 위해 정진하지 않는 것은 우리의 잘못이다. 『입행론』에서 다음과 같이 말씀하셨다.

> 보통의 적은 나라에서 쫓아내도
> 다른 곳에 머물러 비밀스레
> 힘을 길러 다시 되돌아오나
> 번뇌라는 적은 그와 같지 않네
>
> 미약한 번뇌는 지혜의 눈으로 끊어져
> 나의 마음에서 사라져 어디로 갈 것인가
> 어디에 머물러 나를 해하러 다시 올 것인가
> 지혜가 미약한 내게 정진이 없을 뿐이네

늒룸빠(bsnyug rum pa)[339]께서 말씀하시길, "번뇌가 스멀스멀 일어나면 게으름을 피우지 말고 즉시 대치법으로 없애라. 없어지지 않는다면 자리에서 일어나 만달라와 공양물을 준비하고 스승과 본존에게 공양과 기도를 하며 그 번뇌를 향해 분노진언을 염하면 가라앉는다."고 하셨다.

---

339) 까담파의 선지식으로 생몰년은 알 수 없으나 11세기 인물로 선지식 짼응아와의 제자이며, 밀라래빠의 제자로 알려진 감뽀빠도 이분으로부터 도차제의 가르침을 받았다고 전해진다. 본존관의 수행을 주로 하였으며 번뇌를 다스리는 수행에 대한 특별한 가르침이 전해진다.

랑리탕빠와 랑리탕빠의
말씀은 번뇌를 없애는
갖가지 방법을 말씀하
시고 곤바빠와 아티샤
존자의 일화는 번뇌를
없애는 최고의 방법이
항상 자신의 마음을 살
피는 것임을 보여 준
다. (ⓒ 433쪽)

랑리탕빠(glang ri thang pa)[340]께서도 "그는 자리를 옮기고 목을 이리저리 돌리는 것만으로도 가라앉는다고 말씀하셨는데 그분이 번뇌와 투쟁을 벌이고 있는 것이 보인다."라고 하셨다.

곤바빠께서도 "밤낮으로 자신의 마음을 살피는 일 외에 달리 무엇이 있을까라는 말씀처럼 그렇게 하는 자에게 번뇌와 대적하는 것이 가능하다."라고 하셨다.

아티샤 존자는 누구를 하루에 몇 번을 만나더라도 "마음이 번뇌에 흐르지 않고 그 사이에 선한 마음이 일어나는가"라고 물으시곤 하셨다고 한다.

근본 번뇌를 다스리는 법(대치법)

그러한 번뇌를 어떻게 끊을 것인가. 여섯 번뇌를 다스리는 방법(대치법)은 다음과 같다.

치심[痴]은 허물이 크고 끊기 어려우며 다른 모든 번뇌의 근간이 되므로 이를 다스리는 대치법으로 십이연기관을 많이 닦는 것이다. 윤회의 유전문流轉門과 환멸문還滅門에 통달하여 이 연기관을 익히면 다섯 가지 견해를 비롯한 모든 악견 또한 생기지 않는다.

진瞋은 이생과 내생 모두에 고통을 주고 지어놓은 선근들을 파괴하는 적이다. 따라서 『입행론』에서 "분노[瞋]와 같은 악이 없다네."라고 하였으며 그런 까닭에 항상 진심瞋心에 틈을 주지 않고 인욕에 힘써야 하는 것이다. 분노의 마음이 생기지 않는다면 이생에서도 크게 편안할 것이며

---

340) (1054-1123): 『로종칙게마(བློ་སྦྱོང་ཚིགས་བརྒྱད་མ། blo sbyong tshigs brgyad ma, 修心八訓)』의 저자. 본명은 도르제 쎙게(rdo rje seng ge) 팬보 지방에서 태어나 어릴 때 출가하였으나 수학하는 동안 많은 어려움을 겪는다. 삼장에 정통하였으며 삼장의 정수가 응축된 도차제를 주로 수행하고 설파하였다. 까담파의 선지식 돔뙨빠의 제자 세 분의 정신적 아들인 뽀또와, 푸충와, 짼응아와의 제자이며 까담파의 여러 선지식 가운데에서 가장 알려진 선지식 중 한 분이다. 1093년에 랑탕 사원을 세워 삼장에 정통한 많은 제자를 배출하였으며 70세에 입적하였다.

"어떤 이가 전념하여 분노를 없앤다면, 그로써 이생과 내생이 편안하리라."
라는 『입행론』에서 말씀처럼 내생까지도 편안할 것이다.

탐貪은 전생에 지은 모든 선업과 불선업이 윤회의 생을 형성하는 데 원
동력이 되며 그 힘을 점점 키우는 욕망이다. 욕계의 중생에게 대상을
감지하는 촉觸이라는 조건에 의한 느낌受을 맛봄으로써 탐이 생기는 것
이다. 따라서 안팎의 부정관不淨觀을 닦고, 오욕五慾[341]을 탐하는 해악
을 사유함으로써 이를 없앤다. 대아사리 세친 보살께서는 다음[342]과 같
이 말씀하셨다.

사슴, 코끼리, 나방과 물고기
파리 다섯 중생은 오욕으로 무너지네[343]
한 가지로 무너진다면 다섯 가지에
늘 의지하는 자, 어찌 무너지지 않으리

이밖에도 탐과 관련하여 생기기 쉽고 벗어나기 어려운 것이 재물과 명
예, 칭송과 행복이라는 이 네 가지의 집착이다. 그러한 네 가지의 집착
과 그와 반대로 그러한 네 가지를 싫어하는 세속팔풍[344]을 다스리는 데
힘써야 한다. 이는 또한 윤회의 보편적인 해악을 관찰하며 특히 죽음의
무상관이 제대로 이루어진다면 그와 같은 마음은 사라진다.

---

341) 탐의 대상이 되는 색(色, 형상), 성(聲, 소리), 향(香, 냄새), 미(味, 맛), 촉(觸, 감촉)의
다섯 경계.
342) 세친보살의 저술. 논서명 『스승에게 보내는 편지(ᨵᨀᨱᨱᨴ ᨱᨡᨡ│ bla ma la springs pa)』
343) 사슴은 소리, 코끼리는 감촉, 나방은 색, 물고기는 맛, 파리는 냄새를 탐하여 죽음에 이른다.
344) 내가 ①재물을 얻으면 좋아하고, ②잃으면 싫어하고, ③좋은 일(행복)이 생기면 좋아하
고 ④나쁜 일(불행)이 생기면 싫어하고, ⑤알려지면 좋아하고, ⑥알려지지 않으면 싫어하고,
⑦칭찬받으면 좋아하고, ⑧칭찬받지 못하면 싫어한다. 이러한 세속인의 여덟 가지 마음으로
는 참된 수행이 불가능하다.

만慢은 이생에 도를 일깨우는 데 있어 최대의 걸림돌이자 내생에 남의 종으로 태어나는 원인이므로 버려야 하는 것이다. 버리는 방법은 『친우서』에서 다음과 같이 말씀하셨다.

전생에 지은 업의 과보로 겪는 모든 것은 내가 겪어야 하는 '나의 것'이라는 범주를 벗어나지 못한다. 아플 것이 아픈 것이며 늙을 것이 늙는 것이기에 거기에서 벗어날 자유가 없는 처지를 사유하여 교만함을 다스린다.
(Ⓡ 중근기 228쪽)

> 나의 병노사, 사랑하는 것과의 이별, 그처럼
> 업은 나의 것이라는 범주를 넘지 않는다고
> 그와 같이 거듭해서 생각하는 것
> 이 대치로써 교만함이 없어지리

의疑는 진리에 대한 사유로써 다스린다. 사유를 통해 사성제와 삼보와 업의 인과에 확신을 얻으면 부정적 의심[345]이 생기지 않는다.

수번뇌를 다스리는 법

20종의 수번뇌가 있으나 여기에서는 주로 선을 방해하는 수번뇌를 다룬다.

근본번뇌 뿐만 아니라 잠[眠]과 혼침昏沈, 도거掉擧,[346] 게으름[懈怠], 방일放逸, 무참無慚,[347] 무괴無愧,[348] 실념失念,[349] 부정지不正知[350] 등의 수번뇌隨煩惱들은 선한 쪽의 행위를 방해하며 쉽게 일어나는 것이므로 그 해악을 잘 알아야 하며 대치법에 의지하여 즉각적으로 그 힘을 누그러뜨려야 한다. 수번뇌의 해악을 『친우서』에서 다음과 같이 말씀하셨다.

---

345) 의심이란 긴가 민가 하는 양가적 생각을 말하며 그 정도에 따라 세 가지가 있다. 인과로 예를 들면 ①인과는 없는 것 같다고 의심하는 것, ②있을 수도 있고 없을 수도 있다고 의심하는 것, ③있는 것 같다고 의심하는 것이다. 이 중에 첫 번째와 두 번째의 의심스러운 생각이 부정적 의심이자 번뇌로써 끊어야 할 바이며 도에 장애를 일으킨다.

346) 애착하는 대상에 마음이 이끌려 들뜬 마음 상태.

347) 자신에게 부끄러워하지 않는다는 뜻으로 죄를 짓는 데 양심에 가책을 느끼지 않는 것이다.

348) 남에게 부끄러워하지 않다는 뜻으로 죄를 짓는 데 타인의 시선에 거리낌이 없는 것이다.

349) 선법을 위해 자신이 해야 할 바와 하지 않아야 할 바를 잊지 않고 기억하는 정념의 반대 개념.

350) 자신이 알고 기억하고 있는 대로 제대로 하고 있는지 매순간 점검하고 알아차리는 정지의 반대 개념.

들뜸과 후회, 해하는 마음, 혼침과

잠, 오진에 대한 욕망[五欲], 의심[疑]

이 다섯 장애[351]는 선善의 보물을

빼앗는 도적임을 아셔야 하나이다

『권발증상의요경勸發增上意樂經』에서

잠과 혼침을 좋아하는 어떤 이

연涎,[352] 기氣[353]와 마찬가지로 담膽[354]

그것들이 그의 몸에서 지나치게 되면

그의 오행이 크게 흐트러지게 되리라[355]

『불설여래부사의비밀대승경』에 의하면 기를 풍(風), 담을 황(癀), 연을 담(痰)이라는 용어로 쓰고 있다. 2권(ABC, K1486 v41, p.263c23)

라고 하셨으며 또한 다음과 같이 말씀하셨다.

잠과 혼침을 좋아하는 어떤 이

음식으로 탈이 나서 배에서 썩고

몸 또한 무겁고 가뿐하지 못하며

그는 말조차 어눌하게 되느니라

---

351) 쫑카파 대사의 스승이신 렌다와(re mda'ba gzhon nu blo gros)의 『친우서』 주석에 의하면 ①들뜸(掉擧)과 후회(悔)는 마음을 흔들리게 하는 것이므로 하나로 묶어 혜학의 장애로, ②해하는 마음(害)과 ③오욕은 계학의 장애로, ④혼침과 잠(眠)은 명징하지 않는 상태이므로 하나로 묶어 정학의 장애로, ⑤의심은 정학과 혜학 두 가지의 장애로 본다.

352) 몸을 구성하고 있는 사대요소 가운데 지대와 수대의 작용이 커진 상태를 의미하기도 하며 차갑고 습한 기운의 수액과 같은 것을 뜻하기도 한다. 이것의 비중이 지나치면 냉증, 소화불량, 관절염 등이 생긴다.

353) 사대요소 가운데 풍대를 의미하며 이것의 비중이 커지면 불면증, 부정맥, 이명 등이 생긴다.

354) 사대요소 가운데 화대를 의미하며 이것의 비중이 커지면 두통, 구토, 황달 등이 생긴다.

355) 티벳 의학에 의하면 모든 병은 기·담·연의 균형이 깨짐으로써 생기며, 이는 순서대로 탐·진·치가 원인이 되어 일어나는 현상이라고 한다.

수면과 혼침의 해악	잠과 혼침을 좋아하는 어떤 이
	그는 우매하고 구법심이 기울어
	세간의 모든 공덕에서 퇴보하며
	선법이 기울고 어둠으로 나아가네

이와 같이 수번뇌의 해악을 누누이 말씀하셨다. 『염처경』에서는 다음과 같이 말씀하셨다.

게으름의 해악	번뇌의 토대가 되는 한 가지는
	누군가에 있는 게으름이니
	하나의 게으름이 있는 자
	그에게 일체 선법이 없느니라

『법구경』에서는 다음356)과 같이 말씀하셨다.

방일함의 해악	방일放逸함을 행하는 자
	방탕하고 어리석은 범부이니
	대상大商이 재물을 보호하듯이
	지혜로운 자, 방일하지 말지니라

『본생담』에서는 다음357) 과 같이 말씀하셨다.

---

356) 스라바스티(Sravasti)에 두 상인이 있었는데 한 명은 재물이 많았고 다른 한 명은 재물이 많지 않았다. 대부호였던 상인은 여색과 유흥으로 재물을 탕진하였고 재물이 적은 상인은 노력하여 후에 큰 부를 이루자 파사익(波斯匿) 왕이 이 사실을 부처님께 아뢰었는데 그때 부처님께서 설하신 게송이다.

357) 부처님께서 전생에 한 때 바라문의 아들로 태어났는데 어느 날 바라문의 스승이 제자들의 생각을 알아보기 위해 말하기를 "본래 도둑질은 악업이지만 스승이 가난할 때 도둑질을 해서 봉양하는 것은 죄가 되지 않는다."고 하였다. 이 말을 들은 제자들 모두 그의 말을 따랐으나 오직 부처님만이 그 말을 따르지 않고 이 게송을 읊었다.

제석천의 권능을 위해 수치심을 버리고

마음으로 법에 어긋나는 짓을 하느니

깨진 그릇을 들고 초라한 행색으로

원수의 집에 가서 구걸하는 것이 나으리

무참, 무괴의 해악

『친우서』에서는 다음과 같이 말씀하셨다.

대왕이여, 신념처身念處는 여래께서

나아가는 한길임을 친히 보이셨으니

그것에 집중하여 잘 지켜야 하며

실념하면 모든 선법이 사라지나이다

실념(失念)의 해악

『입행론』에서는 다음과 같이 말씀하였다.

들음이 있고 신심이 있는 자와

정진에 매진하는 많은 이들조차

정지正知가 없는 허물이 생겨

범계犯戒의 허물에 물들게 되네

부정지(不正知)의 해악

수번뇌의 실질적인 대치법

그처럼 근본 번뇌와 수번뇌들을 지금 당장 온전히 차단할 수 없더라도 번뇌를 보호하거나 번뇌의 편에 서지 않고 번뇌를 적으로 보는 것이 반드시 필요하다. 따라서 번뇌를 다스리는 대치법의 편에서 번뇌를 없애는 데 노력하며 자신이 수지한 계율을 청정히 지켜야 한다.

번뇌를 조복하는 것이 성취의 핵심

아티샤의 제자 뺄댄 곤바빠께서도 네우술빠에게 이와 같이 말씀하셨다. "예바르(ye ábar)[358]야, 장래에 너의 제자에게 누군가가 '그대의 모든 스승들은 수행의 정수精髓를 무엇으로 삼는가'라고 묻는다면 아마 신통이나 본존을 친견하는 것에 있다고 답할 것이다. 그러나 업의 인과에 더욱 확신을 가지고 번뇌와 투쟁하여 자신이 지닌 계율을 청정히 지키는 것에 있다고 말할 수 있어야 한다."

그러므로 수행한 결과로 얻어지는 성취도 무명을 비롯한 번뇌를 줄이는 것에 있다는 말씀처럼 그처럼 번뇌를 조복하는 것이 수행과 성취의 핵심임을 알아야 한다.

번뇌를 없애는 자가 진정한 승리자이자 영웅

타인과의 싸움은 이생과 내생 모두에 악업과 고통을 일으킨다. 그럼에도 불구하고 싸우는 동안 목숨을 걸어 모든 고통을 인내하며 상처 따위가 생겨도 '이것이 그때 생긴 것이다.'고 자랑한다. 그렇다면 번뇌를 없애기 위해 정진할 때에 고생을 감내해야 하는 것은 지극히 당연한 일이다. 『입행론』에서 다음과 같이 말씀하셨다.

> 적이 낸 의미 없는 상처까지도
> 그 몸을 훈장 같이 여긴다면
> 대의를 이루기 위한 바른 정진으로
> 내게 오는 고통이 어찌 해가 되리오

이처럼 번뇌라는 적과 싸워 이기는 자를 진정한 영웅이라고 하는 것

---

358) 네우술빠의 본명인 예쎄 바르(ཡེ་ཤེས་འབར་ ye shes 'bar)를 줄여 부른 것.

이지 이 밖의 적과 싸우는 것은 죽이지 않아도 결국 저절로 죽는 것을 죽이는 것이므로 송장을 죽이는 것과 같다. 『입행론』에서 다음과 같이 말씀하셨다.

　　모든 고통을 대수롭지 않게 여기고
　　미움[瞋]과 같은 번뇌를 부수는 것
　　그러한 것을 넘어서는 자가 영웅이니
　　나머지는 송장을 죽이는 것에 불과하네

그러한 말씀처럼 도의 장애가 되는 모든 조건[逆緣]이 우리 자신을 해하지 않도록 그러한 대상들을 극복할 수 있어야 한다.

여기까지 중근기와 공통이 되는 도차제를 모두 설명하였다.

부록

참고문헌 (서명, 저자 및 편집자, 출판사, 출판년도 순서로 기명)

※ 티벳 문헌

■ བྱང་ཆུབ་ལམ་རིམ་ཆེན་མོའི་མཆན་བཞི་སྦྲགས། byang chub lam rim chen mo'i mchan bzhi sbrags
Drepung Gomang Library, 2005.

■ ལམ་རིམ་འབྲིང་པོ། lam rim 'bring po (བྱང་ཆུབ་ལམ་གྱི་རིམ་པའི་ཁྲིད་ཡིག །སྐྱེགས་བམ་གཉིས་པ། Vol. 2)
རྗེ་ཙོང་ཁ་པ། rje tsong kha pa
Yongzin Lingtsang Labrang, 2012.

■ ཞྭ་དམར་ལམ་རིམ། zhwa dmar lam rim (བྱང་ཆུབ་ལམ་གྱི་རིམ་པའི་ཁྲིད་ཡིག །སྐྱེགས་བམ་བཞི་པ། Vol. 4)
ཞྭ་དམར་བ་དགེ་འདུན་བསྟན་འཛིན། zhwa dmar ba dge 'dun bstan 'dzin
Yongzin Lingtsang Labrang, 2012.

■ རྣམ་གྲོལ་ལག་བཅངས། rnam grol lag bcangs (བྱང་ཆུབ་ལམ་གྱི་རིམ་པའི་ཁྲིད་ཡིག །སྐྱེགས་བམ་ལྔ་པ། Vol. 5)
སྐྱབས་རྗེ་ཕ་བོང་ཁ་པ། skyabs rje pha bong kha pa
Yongzin Lingtsang Labrang, 2012.

■ ལམ་རིམ་ཆེན་མོའི་བཤད་ཁྲིད། lam rim chen mo'i bshad khrid
གླིང་རིན་པོ་ཆེ་ Ling Rinpoche / ཞུ་སྒྲིག་པ། 편집자 དགེ་བཤེས་ཐུབ་བསྟན་བསོད་ནམས། dge bshes thub bstan bsod nams
나란다불교학술원 파일 자료, 2018.

■ བྱང་ཆུབ་ལམ་རིམ་ཆེན་མོའི་བཀའ་ཁྲིད། byang chub lam rim chen mo'i bka' khrid/_bar cha
རྒྱལ་མཆོག་སྐུ་ཕྲེང་བཅུ་བཞི་པ་ཆེན་པོ། rgyal mchog sku phreng bcu bzhi pa chen po
Center for compilation and Editing of His Holiness The 14th Dalai Lama's writing and discourses 2018.

■ ལམ་རིམ་བརྡ་བཀྲོལ། lam rim brda bkrol (Losel Literature Seties Vol. 21)
འཇམ་དབྱངས་དགའ་བློ། 'jam dbyangs dga' blo
Drepung Loseling Educationa Society, 1996.

■ ལམ་རིམ་བླ་བརྒྱུད་རྣམ་ཐར། lam rim bla brgyud rnam thar
ཡོངས་འཛིན་ཡེ་ཤེས་རྒྱལ་མཚན། yongs 'dzin ye shes rgyal mtshan
སྟོང་སྐོར་ནང་གཏེར་དཔེ་མཛོད། stong skor nang gter dpe mdzod, 2015.

■ མདོ་བཏུས་ལམ་སྒྲིག ། mdo btus lam sgrig
དགེ་བཤེས་ཐུབ་བསྟན་དཔལ་བཟང་། dge bshes thub bstan dpal bzang
Tse—Chok Ling Monastery, 2005.

■ བྱང་ཆུབ་ལམ་རིམ་ཆེན་མོ་དཔེ་བསྡུར་མ། byang chub lam rim chen mo dpe bsdur ma
དགེ་བཤེས་ཡེ་ཤེས་ཐབས་མཁས། dge bshes ye shes thabs mkhas
ཨ་རི་ནིའུ་འཛར་སི་བསླབ་གསུམ་བཤད་སྒྲུབ་གླིང་ཆོས་ཚོགས། bslab gsum bshad sgrub gling chos tshogs in New Jersey, 2016.

■ བྱང་ཆུབ་ལམ་རིམ་ཆེན་མོ་དཔེ་བསྡུར་མ། byang chub lam rim chen mo dpe bsdur ma
རྗེ་ཡབ་སྲས་གསུམ་གྱི་གསུང་འབུམ་སྡུད་སྒྲིག་ཁང་། rje yab sras gsum gyi gsung 'bum sdud sgrig khang
JE YABSE SUNGBUM PROJECT, 2019.

■ ལམ་རིམ་རྟགས་གསལ་མ། lam rim rtags gsal ma (དག,གས་པ,སྤྲོན་ཆེན་པ,གསུང་འབུམ་ལས་སྒྲིགས་བས་དང་པ།)
སྒོམ་ཆེན་ངག་དབང་གྲགས་པས་མཛད། sgom chen ngag dbang grags pas mdzad
ཀུན་བཏུས་འཕྲུལ་དེབ་ཁང་། kun btus 'phrul deb khang, 2013.

■ ཆེད་དུ་བརྗོད་པའི་ཚོམས་ཀྱི་རྣམ་པར་འགྲེལ་པ། ched du brjod pa'i tshoms kyi rnam par 'grel pa
སློབ་དཔོན་པྲ་ཛྙ་ཝརྨས་མཛད། slob dpon pra dz+nyA warmas mdzad
སྡེ་གེ་བསྟན་འགྱུར།_མངོན་པ། sde ge bstan 'gyur/_mngon pa
Dege Tengyur ADARSHA, Dharma Treasure Corp, 2018.

■ བཤེས་པའི་སྤྲིངས་ཡིག་གི་འགྲེལ་པ་དོན་གསལ། bshes pa'i springs yig gi 'grel pa don gsal
རྗེ་བཙུན་རེད་མདའ་བས་མཛད། rje btsun red mda' bas mdzad
A Sakya Digital Library.

※ 티벳 사전

■ རྒྱ་བོད་ཚིག་མཛོད་ཆེན་མོ། rgya bod tshig mdzod chen mo
藏漢大事典, 民族出版社, 1998.

■ དུང་དཀར་ཚིག་མཛོད་ཆེན་མོ། dung dkar tshig mdzod chen mo
東噶西學大事典, 中國藏學出版社, 2002.

■ སྒོམ་སྡེ་ཚིག་མཛོད། sgom sde tsig mzod
སྒོམ་སྡེ་ལྷ་རམས་པ། སེར་བྱེས་རིགས་མཛོད་ཆེན་མོའི་ཚོམ་སྒྲིག་ཁང་། 2012.

■ སྐད་གསུམ་ཤན་སྦྱར་གྱི་ཚིག་མཛོད་རྒྱས་པ། (བོད་ཧིན་དབྱིན) skad gsum shan sbyar gyi tshig mdzod rgyas pa
Comprehensive Tri-Lingual Dictionary
Dr. Sanjib Kumar Das, Central Institute of Buddhist Studies, 2014.

※ 기타 문헌

■ 유가사지론(瑜伽師地論), 현장(玄奘) 역, K15-0464.

■ 아비달마구사론(阿毘達磨俱舍論) 권오민 역주, 동국역경원, 2002.

■ 영역본 THE GREAT TREATISE on the STAGES OF THE PATH TO ENLIGHTENMENT,
Snow Lion Publication, 2000.

보리도차제광론 하근기·중근기 편 인용경전 목록

※ 인용된 순서로 기명 : 한글 한문 서명, 티벳어 서명(약칭/본 명칭), 동북 목록 명, 기타 이명, 저자명 등

■ 『사백론(四百論)』, བཞི་བརྒྱ་པ།, [東北] བསྟན་བཅོས་བཞི་བརྒྱ་པ་ཞེས་བྱ་བའི་ཚིག་ལེའུར་བྱས་པ།/ 四百論頌(사백론송)/ No.3846/ 中觀部/ 通帙第199Tsha/ 1b1-18a7, Catuḥśatakaśāstrakārikā-nāma, T30n1570 廣百論本(광백론본), 성천(聖天. Āryadeva. འཕགས་པ་ལྷ།)

■ 『입보살행론(入菩薩行論)』, སྤྱོད་འཇུག, [東北] བྱང་ཆུབ་སེམས་དཔའི་སྤྱོད་པ་ལ་འཇུག་པ།/ 入菩薩行(입보살행)/ No.3871/ 中觀部/ 通帙第207La/ 1b1-40a7, Bodhisattvacaryāvatāra, T32n1662 菩提行經(보리행경), 적천(寂天. 샨티데와. Śāntideva. ཞི་བ་ལྷ།)

■ 『열반경(涅槃經)』, མྱང་འདས་ལས་འདས་པ།, [東北] འཕགས་པ་ཡོངས་སུ་མྱ་ངན་ལས་འདས་པ་ཆེན་པོའི་མདོ།/ 聖大涅槃經(성대열반경)/ No.121/ 經部/ 通帙第54Tha/ 151a4-152b7, Ārya-mahāparinirvāṇasūtra, T12n0390 佛臨涅槃記法住經(불임열반기법주경)

■ 『법구경(法句經)』, ཚོམས་པའི་ཚོམས།, [東北] ཆེད་དུ་བརྗོད་པའི་ཚོམས།. 法句經(법구경). T04n0212 出曜經(출요경). T04n0213 法集要頌經(법집요송경), 법구(法救 ཆོས་སྐྱོབ།)

■ 『본생담(本生譚)』, སྐྱེས་རབས།/ དྲེ་དུ་ཀ་སྨྲ་བ།/ T03n0160 菩薩本生鬘論(보살본생만론)/ Jātakamāla/ 마명(馬鳴 སློབ་དཔོན་དྲ་དབྱངས།)

■ 『교수승광대왕경(教授勝光大王經)』, འཕགས་པ་རྒྱལ་པོ་ལ་གདམས་པ་ཞེས་བྱ་བ་ཐེག་པ་ཆེན་པོའི་མདོ།

■ 『입태경(入胎經)』, མངལ་དུ་འཇུག་པ།, དགའ་བོ་མངལ་འཇུག་གི་མདོ།, [東北] འཕགས་པ་ཚེ་དང་ལྡན་པ་དགའ་བོ་ལ་མངལ་དུ་འཇུག་པ་བསྟན་པ་ཞེས་བྱ་བ་ཐེག་པ་ཆེན་པོའི་མདོ།/ 聖為長者難陀說入胎大乘經(성위장자난타설입태대승경)/ No.58/ 寶積部/ 通帙第41Ga/ 237a1-248a7, Ārya-āyuṣmannandagarbhāvakrāntinirdeśa, T11n0310_013 大寶積經(대보적경) 第13卷. T11n0317 佛說胞胎經(불설포태경)

■ 『대유희경(大遊戲經)』, འཕགས་པ་རྒྱ་ཆེར་རོལ་པ་ཞེས་བྱ་བ་ཐེག་པ་ཆེན་པོའི་མདོ།

■ 『사백송석(四百頌釋)』, བྱང་ཆུབ་སེམས་དཔའི་རྣལ་འབྱོར་སྤྱོད་པ་བཞི་བརྒྱ་པའི་རྒྱ་ཆེར་འགྲེལ་པ།/ 월칭(月稱 སློབ་དཔོན་ཟླ་བ་གྲགས་པ།)

■ 『파사도론(破四倒論)』, ཕྱིན་ཅི་ལོག་བཞི་སྤང་བའི་གཏམ། / 마명(馬鳴 སློབ་དཔོན་རྟ་དབྱངས།)

■ 『까니까의 편지(迦尼迦書)』, རྒྱལ་པོ་ཆེན་པོ་ཀ་ནིས་ཀ་ལ་སྤྲིངས་པའི་སྤྲིང་ཡིག། / 마명(馬鳴 སློབ་དཔོན་མ་ཇི་ཅི་དུ།)

■ 『구사론(俱舍論)』, མཛོད། [東北] ཆོས་མངོན་པའི་མཛོད་ཀྱི་ཚིག་ལེའུར་བྱས་པ། / 阿毗達磨藏頌(아비달마장송)/ No.4080/ 阿毘達磨部/ 通帙第242Ku/1b1-25a7, Abhidharmakoṣakārikā, T29n1560 阿毘達磨俱舍論本頌 (아비달마구사론본송), 세친(世親. Vasubandhu. དབྱིག་གཉེན།)

■ 『중관보만론』, མགོན་པོ་ཀླུ་སྒྲུབ། དབུ་མ་རིན་ཆེན་ཕྲེང་བ། [東北] རྒྱལ་པོ་ལ་གཏམ་བྱ་བ་རིན་པོ་ཆེའི་ཕྲེང་བ། / 王譚寶鬘(왕담보만)/ No.4158/ 書翰部/ 通帙第274Ge/ 1b1-126a4, Rājaparikathāratnamālā, T32n1656 寶行王正論 (보행왕정론), 용수(龍樹. Nāgārjuna. ཀླུ་སྒྲུབ།)

■ 『친우서(親友書)』, བཤེས་སྤྲིངས། [東北] བཤེས་པའི་སྤྲིང་ཡིག / 親友書翰(친우서한)/ No.4182/ 書翰部/ 通帙第275Ṅe/ 40b4-46b3/ བཤེས་པའི་སྤྲིང་ཡིག / 親友書翰(친우서한)/ No.4496/ 阿底沙小部集/ 通帙第315Pho/ 60a365b6, Suhṛllekha, T32n1672 龍樹菩薩爲禪陀迦王說法要偈(용수보살위선타가왕설법요게), T32n1673 勸發諸王要偈(권발제왕요게), T32n1674 龍樹菩薩勸誡王頌(용수보살권계왕송), 용수(龍樹. Nāgārjuna. ཀླུ་སྒྲུབ།)

■ 『유가사지론 본지분(本地分)』, ཉན་ས། ཉན་ཐོས་ཀྱི་ས། རྣལ་འབྱོར་སྤྱོད་པའི་ས་ལས་ཉན་ཐོས་ཀྱི་ས། / 瑜伽行地中 本地分 (瑜伽師地論(유가사지론) 卷4, 미륵(彌勒. Maitreya. བྱམས་པ་-byams pa) 무착(無着. Asaṅga. ཐོགས་མེད།)

■ 『제자서(弟子書)』, སློབ་སྤྲིངས། སློབ་མ་ལ་སྤྲིངས་པ། [東北] སློབ་མ་ལ་སྤྲིངས་པའི་སྤྲིང་ཡིག/ 致弟子書翰(치제자서한)/ No.4183/ 書翰部/ 通帙第275Ṅe/ 46b3-53a6, Śiṣyalekha, 짠드라고민(Candragomin. ཙནྡྲ་གོ་མིན་□ tsan+d+ra go min)

■ 『구사석론(俱舍釋論)』, མཛོད་འགྲེལ། [東北] ཆོས་མངོན་པའི་མཛོད་ཀྱི་བཤད་པ། / 阿毗達磨藏疏(아비달마장소)/ No.4090/ 阿毘達磨部/ 通帙第242Ku-243Khu/ 26b1-95a7, Abhidharmakoṣabhāṣyā, T29n1559 阿毘達磨俱舍釋論(아비달마구사석론), 세친(世親. Vasubandhu. དབྱིག་གཉེན།)

■ 『친우서』의 주석서. བཤེས་སྤྲིངས་འགྲེལ་པ། བཤེས་སྤྲིངས་འགྲེལ་པ། [東北] བཤེས་པའི་སྤྲིང་ཡིག་གི་རྒྱ་ཆེར་བཤད་པ་ཚིག་གསལ་བ། / 親友書翰廣疏語句明(친우서한광소어구명)/ No.4190/ 書翰部/ 通帙第275Ne/ 73b6-112a7, Vyakta nadāsuhṛllekhaṭīkā, 마하마띠(Mahāmati. བློ་གྲོས་ཆེན་པོ།)

■ 『본사교(本事敎)』 ལུང་གཞི། འདུལ་བ་ལུང་གཞི། [東北] འདུལ་བ་གཞི། / 律本事(율본사) /《事敎》,《事阿笈摩》/ 한역 의정(義淨) 根本說一切有部毗奈耶事(근본설일체유부비나야사)

■ 『찬드라 왕에게 보내는 편지』/ 呈月王書翰(정월왕서한)/ རྒྱལ་པོ་ཟླ་བ་ལ་སྤྲིངས་པའི་སྤྲིང་ཡིག། / 씨리 자카따 미뜨라 (Sʹrī Jagad Mitrānanda ཤྲཱི་ཛ་ག་ད་མི་ཏྲ་ཨ་ནནྡ།)

■ 『백오십찬송(百五十讚頌)』 བརྒྱ་ལྔ་བཅུ་པ་ཞེས་བུ་བའི་བསྟོད་པ། / 마명(馬鳴 སློབ་དཔོན་ཏ་དབྱངས།)

■ 『귀의칠십론(歸依七十論)』 གསུམ་ལ་སྐྱབས་སུ་འགྲོ་བ་བདུན་ཅུ་པ། / 월칭(月稱 སློབ་དཔོན་ཟླ་བ་གྲགས་པ།)

■ 「섭결택분(攝決擇分)」, གདན་ལ་དབབ་པ་བསྡུ་བ། [東北] རྣལ་འབྱོར་སྤྱོད་པའི་རྣམ་པར་གདན་ལ་དབབ་པ་བསྡུ་བ། / No.4038/ 瑜伽行地攝決擇(유가행지섭결택)/ 唯識部/ 通帙第232Shi-233Zi/ 1b1-127a4, Yogacaryābhūmivi niścaya saṃgraha, T30n1579_051-080 瑜伽師地論(유가사지론)卷51-80, 미륵(彌勒. Maitreya. བྱམས་པ།) 무착(無着. Asaṅga. ཐོགས་མེད།)

■ 『찬응찬(讚應讚)』, སངས་རྒྱས་བཅོམ་ལྡན་འདས་ལ་བསྟོད་པ་བསྔགས་པར་འོས་པ་བསྔགས་པ་ལ་བས་བསྟོད་པར་མི་ནུས་པར་བསྟོད་པ་ཞེས་བུ་བ། / 마명(馬鳴 སློབ་དཔོན་ཏ་དབྱངས།)

■ 『보적경(寶積經)』의 「제자품(諦者品)」 བདེན་པ་པོའི་ལེའུ།

■ 『사분율(四分律)』, ལུང་གཞི། འདུལ་བ་ལུང་གཞི། [東北] འདུལ་བ་གཞི། 律本事(율본사)/No.1/律部/通帙第1Ka-4ṅa/1b1-302a5, Vinaya-vastu, T23n1444 根本說一切有部毘奈耶出家事(근본설일체유부비나야출가사). T23n1445

■ 『삼마지왕경(三昧地王經)』, ཏིང་ངེ་འཛིན་རྒྱལ་པོ། ཏིང་ངེ་འཛིན་གྱི་རྒྱལ་པོ་ཞེས་བུ་བ་ཐེག་པ་ཆེན་པོའི་མདོ། [東北] འཕགས་པ་ཆོས་ཐམས་ཅད་ཀྱི་རང་བཞིན་མཉམ་པ་ཉིད་རྣམ་པར་སྤྲོས་པ་ཏིང་ངེ་འཛིན་གྱི་རྒྱལ་པོ་ཞེས་བུ་བ་ཐེག་པ་ཆེན་པོའི་མདོ། 顯一切法自性平等三昧王大乘經

(성현일체법자성평등삼매왕대승경)/ No.127/ 經部/ 通帙第55Da/ 1b1-170b7, Ārya-sarvadharma svabhāvasamatāvipañcitasamādhirāja-nāma-mahāyānasūtra, T15n0639 月燈三昧經(월등삼매경), T15n0640 佛說月燈三昧經(불설월등삼매경)

■ 『정섭법경(正攝法經)』, ཆོས་ཡང་དག་པར་སྡུད་པ།, འཕགས་པ་ཆོས་ཡང་དག་པར་སྡུད་པ་ཞེས་བྱ་བ་ཐེག་པ་ཆེན་པོའི་མདོ།

■ 『수승찬(殊勝讚)』 ཁྱད་པར་དུ་འཕགས་པའི་བསྟོད་པ། / སློབ་དཔོན་པོ་བ་ཟུན་བྱུ་བ་སྟེ། / Udabhattasiddhasvami

■ 『잡사(雜事 Vinaya-kṣudraka-vastu)』, འདུལ་བ་ཕྲན་ཚེགས་ཀྱི་གཞི། (근본설일체유부비나야잡사 根本說一切有部毘奈耶雜事)

■ 『권발증상의요(勸發增上意樂)』, ལྷག་བསམ་བསྐུལ་བ།, [東北] འཕགས་པ་ལྷག་པའི་བསམ་པ་བསྐུལ་བ་ཞེས་བྱ་བ་ཐེག་པ་ཆེན་པོའི་མདོ། / 聖僧上意樂促進大乘經(성증상의락촉진대승경)/ No.69/ 寶積部/ 通帙第43Ca/ 131a7-153b7, Ārya-adhyāśayasañcodana-nāma-mahāyānasūtra, T11n0310_025 大寶積經(대보적경) 第25卷, T12n0327 發覺淨心經(발각정심경)

■ 『건립삼삼매야경(建立三三昧耶經)』 དམ་ཚིག་གསུམ་བཀོད་པའི་རྒྱལ་པོ་ཞེས་བྱ་བའི་རྒྱུད།

■ 『화엄경(華嚴經)』 ཕྱོགས་པོ་བཀོད་པ།, ཕྱོགས་པོ་བཀོད་པའི་མདོ།, [東北] སངས་རྒྱས་ཕལ་པོ་ཆེ་ཞེས་བྱ་བ་ཤིན་ཏུ་རྒྱས་པ་ཆེན་པོའི་མདོ། / 佛華嚴大方廣經(불화엄대방광경)/ No.44/ 華嚴部/ 通帙第35Ka-38A/ 1b1-363a6, Buddha-avataṁsaka-nāma-mahāvaipūlya-sūtra, T09n0278 大方廣佛華嚴經(대방광불화엄경), T10n0279 大方廣佛華嚴經(대방광불화엄경), T10n0297 普賢菩薩行願讚(보현보살행원찬)

■ 『보운경(寶雲經)』 དགོན་མཆོག་སྤྲིན།, [東北] འཕགས་པ་དགོན་མཆོག་སྤྲིན་ཞེས་བྱ་བ་ཐེག་པ་ཆེན་པོའི་མདོ། / 聖寶雲大乘經(성보운대승경)/ No.231/ 經部/ 通帙第64Wa/1b1-112b7, Ārya-ratnamegha-nāma-mahāyānasūtra, T14n0489 佛說除蓋障菩薩所問經(불설제개장보살소문경), T16n0658 寶雲經(보운경), T16n0659 大乘寶雲經(대승보운경)

■ 『무사고음다라니(無死鼓音陀羅尼)』 འཕགས་པ་ཆེ་དང་ཡེ་ཤེས་དཔག་ཏུ་མེད་པ་ཞེས་བྱ་བ་ཐེག་པ་ཆེན་པོའི་མདོ།

■ 『반야팔천송(般若八千頌)』 བརྒྱད་སྟོང་པ།, [東北] འཕགས་པ་ཤེས་རབ་ཀྱི་ཕ་རོལ་ཏུ་ཕྱིན་པ་བརྒྱད་སྟོང་པ་ཞེས་བྱ་བ་ཐེག་པ་ཆེན་པོའི་མདོ། / 聖般若波羅蜜多一萬八千頌大乘經(성반야바라밀다일만팔천송대승경)/ No.10/ 般若部/ 通帙第29Ka-31Ga/ 1b1-206a7, Ārya-aṣṭādaśasāhasrikā-prajñāpāramitā-nāma-mahāyānasūtra, T05n 0220_003 大般若波羅蜜多經(대반야바라밀다경)第1卷-第200卷)

■ 『집학론(集學論)』, བསླབ་བཏུས།, [東北] བསླབ་པ་ཀུན་ལས་བཏུས་པ། / 學集(학집)/ No.3940/ 中觀部/ 通帙第213Khi/ 3a2-194b5, Śikṣāsamuccaya, T32n1636 大乘集菩薩學論(대승집보살학론), 적천(寂天, 샨티데와. Śāntideva, ཞི་བ་ལྷ།)

■ 『사자청문경(師子請問經)』, སེང་གེས་ཞུས་པ།, འཕགས་པ་སེང་གེས་ཞུས་པ་ཞེས་བྱ་བ་ཐེག་པ་ཆེན་པོའི་མདོ།

■ 『귀의육지론(歸依六支論)』 སྐྱབས་འགྲོ་ཡན་ལག་དྲུག་པ། / 비말라 སྟོན་དཔོན་བི་མ་ལ།

■ 『해룡왕청문경(海龍王請問經)』, འཕགས་པ་ཀླུའི་རྒྱལ་པོ་རྒྱ་མཚོས་ཞུས་པ་ཞེས་བྱ་བ་ཐེག་པ་ཆེན་པོའི་མདོ།

■ 『비나야경(毗奈耶經)』 འདུལ་བའི་མདོ།, འདུལ་བ་མདོ་ཙ་ན།, [東北] འདུལ་བའི་མདོ། / 律經(율경)/ No.4117/ 律部/ 通帙第261Wu/ 1b1-100a7, 윤댄외(德光. ཡོན་ཏན་འོད་)

■ 『입중론(入中論)』, དབུ་མ་ལ་འཇུག་པ།, [東北] དབུ་མ་ལ་འཇུག་པ་ཞེས་བྱ་བ། / 入中觀(입중관)/ No.3861/ 中觀部/ 通帙第204Ha/ 201b1-219a7, Madhyamakāvatāra-nāma, 월칭(月稱 Candrakīrti ཟླ་བ་གྲགས་པ།)

■ 『지장경(地藏經)』 འདུས་པ་ཆེན་པོ་ལས་སའི་སྙིང་པོའི་འཁོར་ལོ་བཅུ་པ་ཞེས་བྱ་བ་ཐེག་པ་ཆེན་པོའི་མདོ།

■ 『능입발생신력계인경(能入發生信力契印經)』, འཕགས་པ་དད་པའི་སྟོབས་བསྐྱེད་པ་ལ་འཇུག་པའི་ཕྱག་རྒྱ་ཞེས་བྱ་བ་ཐེག་པ་ཆེན་པོའི་མདོ།

■ 『능입정부정계인경(能入定不定契印經)』, འཕགས་པ་ངེས་པ་དང་མ་ངེས་པར་འགྲོའི་ཕྱག་ལ་འཇུག་པ་ཞེས་བྱ་བ་ཐེག་པ་ཆེན་པོའི་མདོ།

■ 『극선적정결정신변경(極善寂靜決定神變經)』, འཕགས་པ་རབ་ཏུ་ཞི་བ་རྣམ་པར་ངེས་པའི་ཆོ་འཕྲུལ་གྱི་ཏིང་ངེ་འཛིན་ཞེས་བྱ་བ་ཐེག་པ་ ཆེན་པོའི་མདོ།

■ 『보온경(寶蘊經)』 འཕགས་པ་རིན་པོ་ཆེའི་ཕུང་པོ་ཞེས་བྱ་བ་ཐེག་པ་ཆེན་པོའི་མདོ།

■ 『제벌범계경(制罰犯戒經)』, སངས་རྒྱས་ཀྱི་སྡེ་སྣོད་ཚུལ་ཁྲིམས་འཆལ་པ་ཚར་གཅོད་པ་ཞེས་བྱ་བ་ཐེག་པ་ཆེན་པོའི་མདོ།

■ 『분별율경(分別律經)』 ལུང་རྣམ་འབྱེད། [東北] ལུང་ཕྲན་ཚེགས་ཀྱི་རྣམ་པར་བཤད་པ། / 阿含小事解說(아함소사해경)/ No.4115/ 律部/ 通帙第260Dsu/ 1b1-232a5, Āgamakṣudrakavyākhyāna, 실라빨라(silapala. ཚུལ་ཁྲིམས་བསྐྱངས)

■ 『대승아비달마집론(大乘阿毗達磨集論)』 ཆོས་མངོན་པ་ཀུན་ལས་བཏུས་པ། / 무착(無着. Asaṅga. ཐོགས་མེད)

■ 『설사법경(說四法經)』, འཕགས་པ་ཆོས་བཞི་བསྟན་པ་ཞེས་བྱ་བ་ཐེག་པ་ཆེན་པོའི་མདོ།

■ 『묘비청문경(妙臂請問經)』 དཔུང་བཟང་གིས་ཞུས་པ། [東北] འཕགས་པ་དཔུང་བཟང་གིས་ཞུས་པ་ཞེས་བྱ་བའི་རྒྱུད། / 聖賢臂所問 怛特羅(성현비소문달라특라)/ No.805/ 十萬怛特羅部/ 通帙第96Wa/ 118a1-140b7, Ārya-subāhu parīpṛcchā-nāma-tantra, T18n0895 蘇婆呼童子請問經(소바호동자청문경), T18n0896 妙臂菩薩 所問經(묘비보살소문경)

■ 『일장경(日藏經)』, འཕགས་པ་ཉིན་དུ་རྒྱལ་བ་ཆེན་པོའི་སྙེ་མའི་སྙིང་པོ་ཞེས་བའི་མདོ།

■ 『분별치연론(分別熾然論)』 དབུ་མའི་སྙིང་པོའི་འགྲེལ་པ་རྟོག་གེ་འབར་བ། / 청변(清辯. Bhavaviveka སློབ་དཔོན་ལེགས་ལྡན་འབྱེད)

■ 『변섭일체연마경(遍攝一切研磨經)』/ 섭연경(攝研經)』 རྣམ་པར་འཕག་པ་ཐམས་ཅད་བསྡུས་པ། [東北] འཕགས་པ་རྣམ་པར་ འཕག་པ་ཐམས་ཅད་བསྡུས་པ་ཞེས་བྱ་བ་ཐེག་པ་ཆེན་པོའི་མདོ། / 聖攝一切細破大乘經(성섭일체세파대승경)/ No.227/ 經部/ 通帙第63Dsa/ 177a3-188b7, Ārya-sarvavaidalyasaṁgraha-nāma-mahāyānasūtra, T09n 0274 佛說濟諸方等學經(불설제제방등학경), T09n0275 大乘方廣總持經(대승방광총지경)

■ 『장엄경론(莊嚴經論)』 མདོ་སྡེའི་རྒྱན། [東北] ཐེག་པ་ཆེན་པོ་མདོ་སྡེའི་རྒྱན་ཞེས་བྱ་བའི་ཚིག་ལེའུར་བྱས་པ། / 大乘經之莊嚴頌 (대승경지장엄송)/ No.4020/ 唯識部/ 通帙第225Phi/ 1b1-39a4, Mahāyānasūtrālaṃkāra/ Mahāyānasūtrālaṃkāra-nāma-kārikā, T31n1604 大乘莊嚴經論(대승장엄경론), 미륵(彌勒. Maitreya. བྱམས་པ) 무착(無着. Asaṅga. ཐོགས་མེད)

■ 『섭공덕보경(攝功德寶經)』, ཡོན་ཏན་རིན་པོ་ཆེ་སྡུད་པ།, འཕགས་པ་ཤེས་རབ་ཀྱི་ཕ་རོལ་ཏུ་ཕྱིན་པ་སྡུད་པ་ཚིགས་སུ་བཅད་པ།

■ 『보성론(寶性論)』 རྒྱུད་བླ་མ།, ཐེག་པ་ཆེན་པོ་རྒྱུད་བླ་མའི་བསྟན་བཅོས།, [東北] ཐེག་པ་ཆེན་པོ་རྒྱུད་བླ་མའི་བསྟན་བཅོས་རྣམ་པར་བཤད་པ། / 大乘上怛特羅論解說(대승상달특라론해설)/ No.4025/ 唯識部/ 通帙第225Phi/ 74b2-129a7, Mahāyānottaratantraśāstravyākhyā, T31n1611 究竟一乘寶性論(구경일승보성론), 미륵(彌勒. Maitreya. བྱམས་པ།) 무착(無着. Asaṅga. ཐོགས་མེད།)

■ 『섭바라밀다론(攝波羅蜜多論)』 ཕ་རོལ་ཏུ་ཕྱིན་པ་བསྡུས་པ་ཞེས་བྱ་བ། / 마명(馬鳴 སློབ་དཔོན།)

■ 『제우론(除憂論)』 མྱ་ངན་བསལ་བ། / 마명(馬鳴 སློབ་དཔོན་ཏ་དབྱངས།)

■ 『자량론(資糧論)』 ཚོགས་ཀྱི་གཏམ། / 세친(世親. Vasubandhu. དབྱིག་གཉེན།)

■ 『석량론(釋量論)』 རྣམ་འགྲེལ།, [東北] ཚད་མ་རྣམ་འགྲེལ་གྱི་ཚིག་ལེའུར་བྱས་པ། / 量釋頌(양석송)/ No.4210/ 因明部/ 通帙第276Ce/ 94b1-151a7, Pramāṇavārttikakārikā, 법칭(法稱. Dhrmakirti. ཚོས་ཀྱི་གྲགས་པ། chos kyi grags pa)

■ 『연기경석(緣起經釋)』 རྟེན་ཅིང་འབྲེལ་པར་འབྱུང་བ་དང་པོའི་རྣམ་པར་དབྱེ་བ་བཤད་པ། / 세친(世親. Vasubandhu. དབྱིག་གཉེན།)

■ 『도간경(稻竿經)』, ས་ལུ་ལྗང་པ།, འཕགས་པ་སཱ་ལུའི་ལྗང་པ་ཞེས་བྱ་བ་ཐེག་པ་ཆེན་པོའི་མདོ།

■ 『섭수대승도방편론(攝修大乘道方便論)』 ཐེག་ཆེན་གྱི་ལམ་གྱི་སྒྲུབ་ཐབས་བསྡུས་པ། / 아티샤 ཇོ་བོ་རྗེ་དཔལ་ལྡན་ལམ་མཛད། ᠂

■ 『불가사의비밀경(不可思議秘密經)』, གསང་བ་བསམ་གྱིས་མི་ཁྱབ་པ།, དེ་བཞིན་གཤེགས་པ་གསང་བ་བསམ་གྱིས་མི་ཁྱབ་པའི་མདོ།, [東北] འཕགས་པ་དེ་བཞིན་གཤེགས་པའི་གསང་བ་བསམ་གྱིས་མི་ཁྱབ་པ་བསྟན་པ་ཞེས་བྱ་བ་ཐེག་པ་ཆེན་པོའི་མདོ། / 聖說如來秘密不思議大乘經(불설여래비밀불사의대승경)/ No.47/ 寶積部/ 通帙第39Ka/ 100a1-203a7, Ārya-tathāgatācintyaguhyanirdeśa-nāma-mahāyānasūtra, T11n0310_003 大寶積經(대보적경) 第3卷. T11n0312 佛說如來不思議秘密大乘經(불설여래불사의비밀대승경)

■ 『중관심요(中觀心要)』 དབུ་མའི་སྙིང་པོ།, [東北] དབུ་མའི་སྙིང་པོའི་ཚིག་ལེའུར་བྱས་པ། / 中觀心頌(중관심송)/ No.3855/ 中觀部/ 通帙第200Dsa/ 1b1-40b7, Madhyamakahṛdayakārikā, 청변(清辨. Bāviveka/ Bhavaviveka/

Bhavya. ལེགས་ལྡན་འབྱེད་)

- 『섭행거론(攝行炬論)』 སྤྱོད་བསྡུས་སྒྲོན་མ།, སྤྱོད་བསྡུས་སྒྲོན་མེ།, [東北] སྤྱོད་པ་བསྡུས་པའི་སྒྲོན་མེ། / 行集燈(행집등)/ No.4466/ 阿底沙小部集/ 通帙第315Pho/ 4b4−5b3, Caryāsaṁgrahapradīpa, 아띠샤 디빰가라슈리즈냐나 (atiśa dīpaṃkaraśrījñāna. 阿底峽/ དཔལ་མར་མེད་མཛད་དཔལ་ཡེ་ཤེས། / ཨ་ཏི་ཤ་མར་མེ་མཛད་དཔལ་ཡེ་ཤེས། / ཇོ་བོ་རྗེ་དཔལ་ལྡན་ཨ་ཏི་ཤ)

- 『칠동녀인연론(七童女因緣論)』, གཞོན་ནུ་མ་བདུན་གྱི་རྟོགས་པ་བརྗོད་པ། / 쌍와진 སྤྱིན་དཔོན་གསང་བ་བྱེད།

- 『용맹장자청문경(勇猛長者請問經)』, འཕགས་པ་ཚོངས་པས་ཞུས་པ་ཞེས་བྱ་བ་ཐེག་པ་ཆེན་པོའི་མདོ།

- 『범문경(梵問經)』, འཕགས་པ་ཚོངས་པས་ཞུས་པ་ཞེས་བྱ་བ་ཐེག་པ་ཆེན་པོའི་མདོ།

- 『필추진애경(苾芻珍愛經)』, དགེ་སློང་ལ་རབ་ཏུ་གཅེས་པའི་མདོ།

- 『성취진실시라경(成就眞實尸羅經)』, ཚུལ་ཁྲིམས་ཡང་དག་པར་ལྡན་པའི་མདོ།

- 『미륵불사자후경(彌勒佛獅子吼經)』, འཕགས་པ་སེང་གེས་ཞུས་པ་ཞེས་བྱ་བ་ཐེག་པ་ཆེན་པོའི་མདོ།

- 『문수사리근본속(文殊師利根本續)』, འཕགས་པ་འཇམ་དཔལ་གྱི་རྩ་བའི་རྒྱུད།

찾아보기

역자 박은정(朴濦涏)

대학졸업 후 도미渡美하였다가 달라이라마와의 인연으로 2000년에 인도로 건너갔다. 그 후 13년간 티벳의 전통학제에서 티벳어와 티벳불교를 수학하였다. 달라이라마가 설립한 승가대학(Institute of Buddhist Dialectics)의 분교(College for Higher Tibetan Studies)에 입학하여 티벳어학 및 기초논리학을 배우고 Institute of Buddhist Dialectics에 진학하여 반야와 중관 과정을 졸업하였다. 2002년에 달라이라마 한국어 공식 통역관으로 발탁되어 2018년까지 활동했다. 귀국 후 동국대학교 경주캠퍼스 ㈜티벳장경연구소에서 전임연구원을 지냈으며, 현재는 동국대학교에서 강의를 하고 나란다불교학술원에서 티벳원전을 번역하는 일에 매진하고 있다.

역경 불사에 후원해 주신 분들

리종린포체(102대 겔룩파 종정), 삼동린포체
비구니 원로위원 혜운스님, 백관스님, 문정섭
이사장 동일스님, 이사 묘덕스님 외 이사진
박진현 외 나란다불교학술원 회원

보리도차제광론 2

발행일 _ 2022년 6월 15일
발행인 _ 이호동

지은이 _ 쫑카파
옮긴이 _ 박은정
감수 _ Drepung Loseling Geshe, Thudten Sonam Gurung
교정교열 _ 문정섭 공혜조
디자인 _ 안종국

펴낸곳 _ 도서출판 나란다
출판등록 _ 제 505-2018-000002
출판등록일 _ 2018. 5. 14
주소 _ 경상북도 경주시 금성로 189, 1층
전화 _ 054-624-5353
홈페이지 _ www.nalanda.or.kr
e-mail _ nalandakorea@gmail.com

ISBN 979-11-963653-0-1-94220
이 책의 수익금은 전액 역경사업 기금으로 사용됩니다.
책값은 뒤표지에 있습니다.